IT로 경영을 하라!

박형철 십여 년간 대기업, 벤처기업, 중소기업을 거치면서, 기업 경영의 다양한 실무 경험을 쌓았고, 2000년 초 당시 국내에서는 드물게 대학원에서 e비즈니스 전략을 전공하였다. 다양한 기업 활동 경험을 토대로 IT, 인터넷을 경영에 접목하는 IT경영, e비즈니스 경영 연구를 지속적으로 하고 있다. 'e비즈니스 전략연구' 포럼(SERI.org)을 2000년부터 운영하면서 각계의 목소리에 귀를 기울이고 있다. 대학에서 'IT경영' 분야의 강의를 5년간 지속하였다.

본 책은 이런 연구와 활동, 대학에서 강의한 내용을 지속적으로 발전, 변화시킨 것을 종합하여 집필한 것이다.

박은영 대학원에서 국문학을 전공하고, 교육기관, 사단법인 평생교육진흥연구원 등을 거치면서, 실천적인 관점에서 글의 역할, 글의 효과적인 전달과 활용, 자료 분석 등에 대한 연구를 하였다. 정보의 쉬운 전달을 위한 내용의 구성, 자료의 활용과 분석 등을 중심으로 본 책의 집필에 참여하였다.

IT로 경영을 하라!

박형철 · 박은영 공저

초판 1쇄 인쇄 2008년 10월 2일 | **초판 1쇄 발행** 2008년 10월 7일
발행인 김종량 | **발행처** 한양대학교출판부
주소 133-791 서울 성동구 행당동 17번지
전화 02)2220-1432~4 | **팩스** 02)2220-1435
홈페이지 www.press.hanyang.ac.kr | **전자우편** presshy@hanyang.ac.kr
출판등록 제4-7호(1972년 2월 29일) | **인쇄처** 미르P&P

값 18,000원

ISBN 978-89-7218-342-6 03320

IT로 경영을 하라!

e비즈니스에서 정보화, 유비쿼터스까지
0.3%의 잘나가는 기업은 다하고 있는 IT경영 해부
그리고 그들도 어렵다는 창의적인 IT경영의 길

박형철 · 박은영 공저

한양대학교 출판부

병형상수
兵形象水

손자병법에서는
이기려면 물을 닮아야 한다고 하였다.
물은 어떤 지형에서도 흐르고, 모든 그릇에 담길 수 있는
뛰어난 적응력, 판단력, 포용력을 가지고 있어,
물보다 강한 것은 없다고 하였다.

변화의 시대를 맞았다.
기업은 물처럼 움직이고, 경영해야 한다.
그러나 기업의 힘만으로는 어렵다.
'물의 경영'을 하기위해서는,
'물의 속성'을 가진 'IT(정보통신기술)'를 활용할 줄 알아야 한다.
'IT'는 어떤 변화된 형태의 경영이라도 효율화를 지원할 수 있는
가장 훌륭한 수단이다.
또한, 'IT'를 통해 전혀 새로운 형태의 경영을 할 수도 있다.

이제 기업은 'IT'를 경영에 어떻게 활용할지,
어떤 새로운 그릇에 담아낼지,
창조해야 한다.

창조나 새로운 발견은 현상(現狀)을 제대로 바라보는 것에서 시작된다.
현상을 파악하고, 사고(思考)하고, 적용하는 창의적인 활동을 통해 창조를 할 수 있다.
이 책은 'IT'가 경영에 어떻게 활용되고 있는지, 현상을 파악할 수 있도록 도와줄 것이다.
새로운 눈으로 현상을 바라보고, 창조적인 사고를 하기 바란다.
그것을 통해 '물의 경영', '창의적인 IT경영'의 길로 들어서기를 기대한다.

박형철, 박은영

차 례

제 3 부 IT로 경영을 하라

제 1 부

IT의 이해

'IT란 무엇입니까?'라는 질문을 받게 된다면, '정보통신(Information Telecommunication)', '정보기술(Information Technology)'이라는 표면적인 의미를 얘기하는 것 말고는 다른 대답을 하기가 쉽지 않을 것이다. 그것은 'IT'가 모든 산업에, 사회전반에, 삶의 곳곳에 이미 널리 활용되고 있어서, 'IT'라는 용어가 굉장히 광범위한 의미를 지니게 되었기 때문이다. 'IT'를 뭐라고 쉽게 정의하지 못하는 것이 어찌 보면 당연한 것이리라. 이러한 IT를 제대로 이해하고자 하는 것이 제1부의 목표이다.

한때, 인터넷 기반을 활용한 비즈니스라는 의미로 'e비즈니스'라는 용어가 유행처럼 사용되었다. 인터넷을 기반으로 한 e비즈니스는 기존의 유통이나 제조, 서비스업보다 쉽게 시작할 수 있어서, 수많은 e비즈니스가 새롭게 생겨나고 사라졌다. 그런 과정에서 인터넷이 발전하였고, 인터넷의 개방과 융합 속성으로 인해 모든 산업전반에서 인터넷이 활용되게 되었다. 따라서, 인터넷을 접목하였다고, 모두 'e비즈니스'라고 하기에는 무리가 생기기 시작했다. 예를 들어, 휴대용 게임기에서 무선 인터넷을 활용해 다자간의 게임이 가능하도록 한 제품을 놓고, 인터넷을 접목하였으니 'e비즈니스 제품'이라고 한다면 어딘가 어색하다. 또한, 단순히 '전자제품'이라고 하기에는 설명이 부족하다. 결국, 좀 더 포괄적인 의미를 지닌 용어가 필요하게 된 것이다. 이럴 때 적합한 용어가 바로 'IT'이다. '혁신적인 IT제품', '새로운 IT비즈니스', '최첨단의 IT박람회'와 같은 방식으로, 'IT'라는 용어가 많이 사용되고 있다.

'IT'라는 용어는 과거에 '정보기술(Information Technology)'이라는 의미로 많이 쓰였다. 최근에는 'IT'가 정보기술을 포함하여 통신, 인터넷, 전자, 소프트웨어 등 전반을 포괄하는 '정보통신(Information Telecommunication)'이라는 광의의 개념으로 주로 쓰이고 있다.

정보통신(IT)기술이 근래에 비약적으로 발전하면서, 우리가 흔히 이야기 하는 '정보화 시대'를 맞이하게 되었다. 정보통신기술을 통해 정보의 생산과 전파가 빠르게 진행되고 있다. 과거와 비교하지 못할 만큼 정보의 파급력이 점점 더 커지고 있다. 따라서 넘쳐나는 정보를 어떻게 효율적으로 통제하고, 활용하느냐가 중요한 이슈가 되고 있다. 정보의 효율적 관리를 가능하게 하는 다양한 IT(정보통신)기술의 중요성이 부각되고 있는 것이다.

산업화시대에 경제성장을 주도했던 제조업은 주로 손으로 만질 수 있는 하드웨어형의 제품을 생산했다. 반면, 정보화시대에 경제성장을 주도하고 있는 'IT'는 정보통신기술과 인터넷 등을 총망라하여, 하드웨어형의 제품, 소프트웨어형의 제품, 하드웨어와 소프트웨어가 결합된 형태의 다양한 제품을 생산하고 있다. 디지털기기, 컴퓨터, 기타 전자기기 등의 하드웨어형의 제품과 인터넷, 소프트웨어, 게임, 멀티미디어 콘텐츠 등의 소프트웨어형의 제품이 있다. 효율적인 업무 프로세스와 노하우를 프로그램화하여, 기업의 업무를 지원하는 정보화시스템은 결합형의 제품이라고 할 수 있다.

정보화 시대를 맞이하여 IT 기술의 중요성은 점점 더 부각되고 있고, IT를 통해 무한한 가치가 창출되고 있다. 전 세계가 IT를 전략적으로 육성하고 있는 것은, 그 속에 무궁무진한 기회와 누구도 예상할 수 없는 엄청난 파급력이 있기 때문이다. 따라서 IT에 대한 올바른 이해를 바탕으로 새로운 기회를 찾아야 한다.

여기서 제시하고 있는 내용을 근간으로 IT에 대한 이해를 돕고, 스스로 지속적인 지식의 확장을 통해 미래를 내다볼 수 있는 안목을 가질 수 있기를 바란다.

1

IT 비즈니스 기반 지식

IT 비즈니스 전반에 대한 기본적인 이해를 돕는다. 정보통신(IT)의 속성에 관한 내용, IT 비즈니스의 트랜드, 디지털 시대의 경영환경 변화, 관련용어 등에 대해서 살펴본다. 이를 통해서 IT에 대한 기반지식을 쌓고, 비즈니스에 응용할 수 있는 토대를 마련하기 바란다.

IT비즈니스, e비즈니스, IT경영, 디지털 경영, 정보화

IT 분야에서는 매일 새롭게 신조어들이 생겨나고, 유사한 용어들이 범람하고 있다. 이로 인해 상대방이 잘 모르는 용어를 사용하거나, 잘못된 용어를 사용하는 등 용어의 무분별한 사용이 이루어지고 있다. 올바른 지식을 전파해야 하는 언론이나 학교에서조차 잘못된 용어를 사용하기 쉬운 것이 현실이다.

IT의 이해는 이러한 용어들의 정리와 이해에서부터 시작해야 한다. 스포츠에서 자세가 50%를 차지한다는 말이 있다. 농구를 예로 들면, 슛하는 자세가 좋아야 골도 잘 들어간다는 것이다. 올바른 자세에서 좋은 결과가 나온다는 것인데, 바로 용어의 대한 이해가 올바른 자세를 만드는 과정이다. 본 책의 곳곳에서 등장하는 용어에 대해 제대로 이해하기 바란다.

<도표> IT 관련 용어 의미의 폭

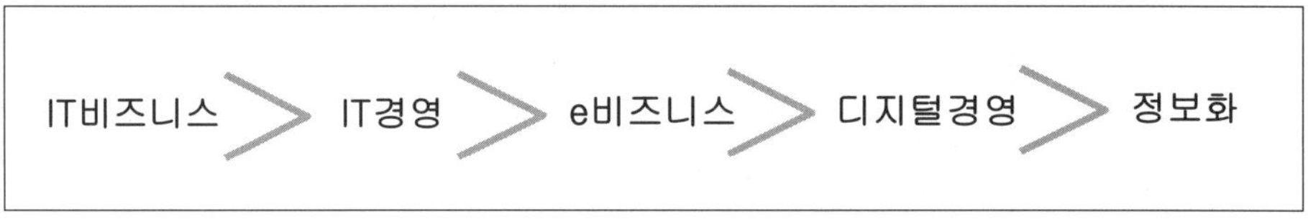

'IT비즈니스'에 대한 용어 설명은, 서언(序言)에서 잠시 언급하였다. 'IT비즈니스'는 IT(Information Telecommunication, 정보통신)기술을 활용하여, 유·무형의 재화를 만들어 가치를 생산하는 비즈니스라고 할 수 있다. 전자, 인터넷, 반도체, 컴퓨터, 소프트웨어, 멀티미디어, 통신, 정보시스템 등 정보통신 전반에 걸친 비즈니스를 곧 'IT 비즈니스'라 할 수 있다. 가장 포괄적으로 사용할 수 있는 용어이다.

'IT경영'과 'e비즈니스', 즉 '인터넷 비즈니스'는 의미의 폭에 다소 차이가 있지만, 거의 유사한 의미로 사용되고 있다. 인터넷 접속에 필요한 소프트웨어, 하드웨어를 개발하는 직접연관 비즈니스와 인터넷, IT기술을 접목하여 활용하는 모든 비즈니스를 포괄한다. 예를 들어, 전자상거래와 같은 기업 대외적인 비즈니스뿐 만아니라, 기업내부의 업무를 수행하기 위해 인터넷, IT기술 등을 활용하고 있다면, 그것 또한 'IT경영', 'e비즈니스'라고 할 수 있다. 정보통신 산업의 급속한 발전과 융합 기술을 바탕으로, 새로운 상품에 인터넷과 같은 네트워킹 기술이 접목되면서 'e비즈니스', 'IT경영'은 다양한 형태로 나타나고 있다.

'디지털 경영'과 '정보화'도 유사한 의미로 사용되고 있다. 유행에 따라 그때그때 상황에 맞는 용어를 만들어 사용하다 보니 다양하게 나타난 것이다. 기업들은 정보화 시대를 맞아 정보의 홍수 속에서, 기업 대내외에서 발생하는 정보의 생산, 처리, 가공, 공유 등 정보에 대한 관리가 얼마나 중요한지를 알게 되었다. 정보에 대한 관리를 쉽게 할 수 있는 기반은 정보통신기술, 인터넷 등의 발전으로 자연스럽게 구축되었다. 모든 정보가 디지털화 되어 네트워크를 통해 물 흐르듯이 흘러갈 수 있게 되었고, 정보의 꼭지를 열기만 하면 쉽게 원하는 정보를 얻을 수 있게 되었다. 이렇게 해서 얻어지는 정보를 기업경영에 활용하여, 업무를 효율화하고 수익을 극대화하는 것이 '디지털 경영'이고, '정보화'라고 할 수 있다. 이것은 기업의 정보 흐름을 재설계하고 기존의 프로세스를 개선하는 등 기업 혁신의 성격도 가지고 있다.

디지털 시대, 경영환경 변화의 패러다임

이 세상에 존재하는 모든 것은 끊임없이 변한다. 자연과 사람, 사물 모든 것이 변한다. 그들이 속해있는 환경도 계속해서 변한다. 기업들이 그런 변화에 민감하게 적응하지 못하면, 지속적으로 영위해나가기 어렵다. 아무리 확고한 자리를 차지하고 있는 기업일지라도 경영환경 변화에 잘 적응하지 못한다면, 5년 뒤, 10년 뒤에는 사라지고 말 것이다.

기업이 환경의 변화에 잘 적응해야 한다는 것은 어제 오늘의 얘기가 아니다. 모든 기업은 내외부의 환경 변화를 읽으려고 전력을 다하고 있다. 경쟁에서 살아남기 위해 발버둥 치고 있는 것이다. 그런데도 여전히 도태되는 기업이 나온다. 경쟁의 세계에서는 아주 자연스러운 현상이다. 결국, 변화를 읽어내는 속도의 차이, 그것을 기업경영에 적용하는 적응력의 차이에서 기업의 생존 여부가 결정된다.

경영환경 변화는 속도의 차이는 있지만, 계속해서 변화해 오고 있다. 최근의 경영 환경 변화는 인터넷, 정보통신 기술의 발달로 예측하기 힘들 정도로 빠르게 일어나고 있다. 예를 들어, 정보통신 기술로 많은 정보에 빠르게 접근할 수 있게 된 소비자들의 니즈(Needs)가 과거와는 달리 단시간에 변화하고 있다. 기업에게 변화에 대한 더욱 빠른 판단과 대응이 절실히 요구되고 있는 것이다.

"변화의 시대에 미래를 예측하기는 어렵고, 차라리 파괴적인 혁신을 통해 미래를 스스로 창조하는 것이 경쟁에서 이기는 좋은 방법"이라고 피터 드러커(Peter Ferdinand Druker)가 지적했지만, 그게 어디 그리 쉽겠는가? 그래도 해야만 한다면 하자. 그러기 위해서는 최소한 지금 일어나고 있는 **경영환경 변화의 방향**

이라도 제대로 알고 있어야 한다.

스피드가 경쟁력

고객은 기업에게 더 빠르게 변화할 것을 주문하고 있다. 많은 정보로 무장한 고객은 이제 더 이상 수동적이거나, 정적인 존재가 아니다. 활동적이고, 적극적인 고객들이 기업들에게 빠른 혁신을 요구하고 있다. 기업들은 조금이라도 더 빨리 고객이 원하는 제품을 출시해야 경쟁에서 이길 수 있다. 스피드가 더욱 중요한 시대가 된 것이다. 단지 가격, 디자인, 기능의 우위만으로는 고객을 만족시키기 어려운 환경이 되었다. 고객의 요구를 빠르게 읽어내고, 새로운 제품을 빠르게 개발하는, 스피드야 말로 가장 확실한 기업의 경쟁력이 된 것이다. 바야흐로 시간과의 전쟁이 시작된 것이다.

그럼, 이제 기업이 해야 할 일은 무엇인가? 고객의 요구를 빠르게 읽어내는 것은 기본이고, 경쟁자들보다 앞서서 상품을 출시하기 위해 무엇을 어떻게 해야 할 것인가?

미국의 파인드어웨이(FINDAWAY)라는 회사의 사례를 통해 단서를 찾아보자.

파인드어웨이는 세계 최초로 디지털오디오북(Digital AudioBook)을 개발하여 상용화 한 회사이다. 파인드어웨이는 책의 내용을 음성으로 녹음한 휴대용 기기를 2005년 9월에 출시하였다. 한권에 30~40$ 정도하는 이 제품은 출시 후, 단기간에 미국 대형서점과 월마트에 입점을 하면서, 고속성장을 하였다. 이 회사가 성공하게 된 주요한 요인은 바로 스피드였다.

제품의 아이디어를 발굴하여 특허를 내고, 개발하고, 출시를 하는 데까지 고작 13개월 밖에 걸리지 않았다. 이러한 빠른 제품의 개발로, 미국에서 소비가 가장 많이 일어나는 추수감사절에 맞추어 제품을 출시하게 되었고, 시장에 쉽게 진입할 수 있게 된 것이다.

파인드어웨이는 핵심기술만 보유하고, 제품의 빠른 출시를 위해 외부 전문 업체에 일을 맡기는 아웃소싱을 적극적으로 활용하였다. 먼저, 세계 유수의 디자인 회사인 '아이디오(IDEO)'에 디자인을 의뢰하면서, 통상 6~9개월이 소요되던 디자인 완료 기간을 약 3개월로 단축시켰다. 그뿐 아니라, 시간을 단축시키기 위해 일부 시장조사를 과감하게 생략하기도 하였다. 또한, 중소기업에 제품의 프로토타입(Prototype)제작을 의뢰하여 1개월 만에 완성하였다. 파인드어웨이의 아웃소싱은 여기서 그치지 않았다. 제품의 양산도 외부업체에 맡겼다. 미국과 멕시코 등지의 몇 개 업체를 선정하여 부품생산과 조립을 각각 담당하게 하였다. 생산하면서 동시에 테스트를 진행하여 시간을 최대한 절약하였다.

Digital AudioBook (출처:FINDAWAY 웹사이트)

어떻게 보면 파인드어웨이는 체계적인 계획과 관리가 아니라, 임기응변식의 대응과 빠른 의사결정으로 단기간에 제품을 출시할 수 있었던 것이다. 이런 대응으로 인해 다소 비용적인 손해는 있었겠지만, 문제에 대한 신속한 해결로 비즈니스의 성패를 좌우할 시간을 절약할 수 있었던 것이다.

결국, 파인드어웨이의 사례를 통해서 알 수 있는, 기업의 스피드 경쟁력 확보 방법은 두 가지로 요약된다. 첫째는 빠르고 유연한 의사결정 구조를 확보하는 것이고, 둘째는 아웃소싱을 통해 외부의 전문기업을 잘 활용할 줄 알아야 한다는 것이다.

"덩치가 큰 기업이 항상 작은 기업을 이기는 것은 아니지만, 빠른 기업은 언제나 느린 기업을 이긴다"라는 시스코시스템즈 CEO 존 챔버스의 유명한 말을 기억해두자.

지식과 정보의 지배력 강화

회사원의 하루일과를 생각해 보자. 휴대폰의 알람소리에 맞춰 눈을 뜨고, 디지털 가전을 이용해 아침을 해먹고, 자동차 네비게이션의 지시에 따라 최적의 코스로 출근한다. 출근하는 동안에는 MP3 플레이어를 통해 흘러나오는 음악을 흥얼댄다. 회사에 도착해서는 컴퓨터를 켜면서 일과를 시작한다. 인터넷을 접속해 e메일을 확인하고, 인터넷 뉴스를 본다. 여러 소프트웨어 프로그램을 이용해 업무를 처리하고, 거래처 혹은 직장동료들과 인터넷 메신저를 통해 대화를 나눈다. 점심을 먹고는 잠시 쉬는 시간에 온라인 게임을 즐긴다. 잠깐 친구들과 휴대폰 문자를 주고받는다. 오늘은 공과금 내는 마지막 날이라 인터넷 뱅킹을 통해 결제를 하고, 인터넷서점에 접속해서 필요한 책을 주문한다. 어느덧 업무 마무리 시간이 다되어 전자결제 시스템에서 최종적으로 결제 진행현황을 파악

한다. 하루 업무일과를 컴퓨터전원을 끄면서 마친다. 퇴근길 차안에서 디지털 이동방송으로 프로야구 중계경기를 보면서 이동한다. 집에 도착해서 저녁을 먹고는 IPTV(Internet Protocol TV)를 틀었다. 어제 못 본 드라마를 보면서 하루를 마감한다.

평범한 회사원의 하루일과를 보면, 행동 하나 하나가 온통 인터넷, 정보통신 등의 디지털 기술을 통해서 이루어짐을 알 수 있다. 디지털화 된 콘텐츠나 서비스, 디지털 제품이 주요한 소비상품이 되고 있다. 온라인쇼핑몰, 인터넷서점, 항공권예약 사이트 등 새로운 거래시장(e-Markertplace)이 계속해서 생겨나고 있다. 그만큼 디지털 기술이 생활 깊숙이 침투하고 있는 것이다. 이것을 좀 다른 관점에서 살펴보면, 디지털화 된 지식과 정보를 생산하고 유통, 소비할 수 있는 기본 인프라가 잘 구축되었다는 것을 의미한다. 즉, 사회전반에 정보화 기반이 마련된 것이다.

이런 디지털 시대를 맞아 기업은 무엇보다 지식과 정보의 지배력을 강화하기 위해 전력을 다해야 한다. 현재 기업 내외부의 지식들이 막힘없이 잘 유통되고 있는가? 직원들이 지식을 생산하고 공유할 수 있는 장이 마련되어 있는가? 뛰어난 개인의 지식과 노하우가 회사의 것이 되고 있는가? 등을 살펴야 한다.

정보와 지식이 권력의 핵심인 세상이다. 넘쳐나는 지식에 대한 무용론을 얘기하기 전에, 지식에 대한 관리방법을 고민하고 관리체계를 만들어야 한다. 미래에는 정보와 지식을 지배하는 자가 승리자가 될 것이 자명하기 때문이다.

경계가 사라지고 있다

글로벌 경영은 과거 일부 대기업들만 가능했다. 현재는 전 세계적으로 표준화된 인터넷 플랫폼과 정보통신기술이 보편화되면서, 누구에게나 글로벌 경영이 가능해졌다. 새로운 소식과 정보들이 실시간으로 전 세계에 전달되고, 자본과 기술의 신속한 이동이 가능해져, 전 세계의 소비자들을 상대로 비즈니스를 할 수 있는 시대가 되었다. 전 세계를 대상으로 동일한 신제품을 출시하거나, 동시에 영화를 개봉하는 글로벌 단일시장이 형성된 것이다. 특히, 음악, 게임, 영화, 패션 등의 유행은 전 세계에서 거의 동시에 이루어진다. 고객은 더 많은 제품 정보에 손쉽게 접근할 수 있게 되어, 선택의 폭이 넓어졌다. 비즈니스에 있어, 지역적인 경계의 붕괴는 기업에 더 많은 기회를 제공하고 있다. 반대로, 그만큼 기업의 경쟁은 더욱 치열해 지고 있다.

기업의 업무영역에서도 지역적인 경계가 허물어지고 있다. 미국의 '씨티뱅크'를 비롯한 유수의 금융기관들과 IT기업들이 '엠파시스(Mphasis)' 같은 인도의 기업에 사무 처리를 맡기고 있다. 이를 통해 비용을 절감하는 동시에 '24시간 열린 고객 서비스'를 제공하고 있다. 국내에서도 다음(Daum) 같은 IT기업이 제주도에 지점을 열고, 미디어연구소를 가동하는 등 주요부서가 대도시에 있어야 한다는 지역적인 고정관념을 깨고 있다.

심지어, 기업이 고유의 업무 경계를 허물고 고객에게 일터를 개방하고 있다. 기업들이 인터넷, IT를 활용하여, 고객들을 기업 활동에 직접 참여시키고 있는 것이다. 일부의 고객들을 뽑아 모니터요원으로 활용하는 것은 너무나 일상적인 것이 되었고, 직원이나 고객 누구나 업무와 관련된 제안을 하는 열린 네트워크를 구성하는 기업이 늘어나고 있다. '피엔지(P&G)'는 '이노센티브(InnoCentive)'라는 웹상의 네트워크를 만들고 외부 과학자, 전문가들과 직원을 연결해서 직원들의 여러 문제점들을 해결하는데 활용하고 있다. 세계적인 자동차 회사인 '아우디(Audi)'는 제품아이디어를 외부로부터 얻기 위해 '온라인 랩(Lab)'을 2001년부터 운영하여 수많은 디자인 아이디어, 기능 · 서비스 아이디어를 얻고 있다. 국내에서는 KT가 2007년 아이디어 제안 포털을 개설하여 인터넷, IPTV, 모바일, 통화, 신규사업 등 다양한 분야의 새로운 상품이나 서비스에 대한 창의적인 아이디어 제안을 고객들로부터 받고 있다.

제품간의 경계도 허물어지고 있다. IT의 컨버전스(Convergence) 특성과 다양해지는 소비자의 요구가 맞물려, 하나의 제품이 여러 기능을 동시에 수행하면서 경쟁제품의 경계가 사라지고 있다. 휴대폰에 디지털카메라 기능이 더해지고, MP3 플레이어에도 디지털카메라 기능이 더해지는 상황에서, 디지털카메라 제조업체는 휴대폰 제조업체, MP3 플레이어 제조업체를 경쟁상대로 의식하지 않을 수 없게 되었다. 컴퓨터만 전문적으로 만들던 회사가 TV를 만들기도 하고, 가정을 디지털화 하는 홈네트워크(Home Network) 분야에서는 건설회사와 가전회사가 서로 경쟁자가 될 수 있는 세상이 되었다.

이제 기업은 경쟁력의 경계는 확고히 해야 하지만, 기업을 둘러싸고 있는 필요 없는 경계는 먼저 허물어야 한다. 누구나 쉽게 경계를 넘어 들어올 수 있는 환경이 되었다는 것을 인정하고, 기업의 경계를 없애서 경쟁력을 강화할 수 있는 방안이 무엇인지, 먼저 살피고 준비해야 한다.

주목해야 할 IT 트렌드 6가지

IT기술이 다양한 산업에 접목되면서, 새로운 제품과 서비스가 출현하고 있다. 기업의 업무와 비즈니스에도 IT가 활용되어, 기업의 경쟁력을 강화하거나, 새로운 비즈니스가 출현하고 있다. IT를 통해 기업은 더 많은 기회 찾고, 가치를 창출할 수 있게 된 것이다. 따라서 기업은 정보통신기술의 흐름을 읽고, 필요에 따라 비즈니스나 업무에 접목시키는 노력이 필요하다. 새로운 정보통신기술과 트렌드를 이해하고, 기업 활동에 적용을 해야 한다. 이것이 IT경영이고, 디지털 경영이다.

경쟁자보다 먼저 새로운 정보통신기술을 도입하고, 가치를 창출해야 한다. 이것이 경쟁에서 좀더 앞서는 방법이다.

이러한 관점에서, 현재 IT가 비즈니스에 어떻게 활용되고 있는지, 주요한 6가지 트렌드를 꼽아 보았다.

1st. 서비스는 매쉬업(Mash-up)

인터넷의 오픈과 공유 환경이 강조되는 웹2.0시대를 맞이하여, 인터넷 서비스 간의 매쉬업(Mash-up)이 부각되고 있다. 매쉬업(Mash-up)은 '으깨서 반죽하다'란 뜻으로 서로 다른 서비스를 결합해서, 새로운 서비스를 만들어 내는 것을 말한다. 기존의 콘텐츠와 콘텐츠를 결합해서, 새로운 콘텐츠를 만들어 낼 수도 있다. 예를 들어, 길을 알려주는 인터넷 지도서비스와 지역정보가 결합하여, 지도와 함께 그 지역의 다양한 업소정보를 제공하는 것도 일종의 '매쉬업' 서비스이다. 온라인 지도 이용자에게 여러 업소정보를 함께 제공하고, 소비를 자극하는 새로운 서비스가 탄생한 것이다.

구글지도와 위키뉴스(wikinews.org)의 결합도 좋은 매쉬업 사례이다. 미국의 '뉴올리언스 카트리나재난'과 영국의 '런던폭탄테러' 사건 당시 구글지도를 통해, 뉴올리언스나 런던 지도를 이용한 사람들은 실시간으로 위키뉴스의 소식까지 전달받았다. 그야말로 서비스와 서비스간의 결합으로 새로운 서비스가 탄생된 것이다.

앞으로도 지속적으로 새로운 '매쉬업' 서비스가 출현할 것이다. 온라인 쇼핑몰과 블로그(Blog) 서비스가 결합하여, 블로그에 올린 상품평을 쇼핑몰의 상품소개 페이지에서도 볼 수 있게 될 것이다. 새로 출현하는 매쉬업 서비스에 관심을 기울이고, 내가 할 수 있는 '매쉬업' 서비스는 없는지 한번 생각해 보자.

2nd. 기능은 컨버전스(Convergence) & 디버전스(Divergence)

'컨버전스(Convergence, 융합)'가 부각되고 있다. 주로 디지털 기기 등에서 현재 빈번히 출현하고 있는 것이 '컨버전스'이다. 곧 다가올 유비쿼터스 시대에는 더욱더 큰 트렌드가 될 것이 명확하다. 하나의 디지털 기기에 여러 기능을 탑재하는 '컨버전스'로 인해, 이기종간의 경계가 사라져가고 있다. 휴대폰으로 통화는 물론, TV도 보고, 인터넷도 하고, 사진도 찍고, MP3도 듣는 세상이 되었다. MP3 플레이어도 음악만 들을 수 있는 것이 아니라, 전화통화까지 할 수 있게 되었다. 이제 휴대폰 제조사나 MP3플레이어 제조사에게는 동종제품 생산자뿐만 아니라, 이종제품 생산자도 경쟁자가 되어버렸다. 경쟁의 구도가 바뀌는 '경쟁변동(Competition Changes)'이 발생하고 있는 것이다.

반면, '디버전스(Divergence)' 제품도 등장하고 있다. 다양한 기능이 있는 휴대폰에서 불필요한 기능을 빼고, 자판을 키우고, 벨소리를 크게 한 '통화 전용 휴대폰'이 출시되고 있다. 핵심기능에 집중해서, 조작을 편리하게 하고, 가격을 낮추어 경쟁력이 있는 제품을 만드는 것이다.

앞으로도 다양한 기능을 내장한 '컨버전스' 제품과 단순한 기능의 '디버전스' 제품이 계속해서 출현할 것이다.

그런데, 다양한 기능을 내장한 디지털 기기는 사용하기가 복잡하다. 따라서 조작을 최대한 편리하게 하는 '사용자인터페이스(User Interface)'가 중요하다. 그것은 사람 중심의 '휴먼인터페이스(Human Interface)'가 되어야 한다.

정말 사용이 편리해서 누구나 이용할 수 있는 획기적인 '사용자인터페이스(User Interface)' 기술이 출현한다면 어떻게 될까? 이를테면, 내 생각대로, 명령대로 제품을 작동할 수 있다면, '디버전스' 제품은 더 이상 필요 없을 것이다.

새롭고 획기적인 '휴먼인터페이스' 개발은 엄청난 수익을 가져다 줄 것이다.

3rd. 모든 비즈니스는 인터넷을 통하고 있다

인터넷은 1969년 미국 국방부에서 군사적 목적으로 개발한 '알파넷(ARPANET, Advanced Research Project Network)'에서 기원하였다. 이 후 인터넷은 사용자 편의성을 극대화한 '하이퍼링크(Hyperlink) 인터페이스'를 통해 전 세계에 급속도로 퍼져나갔다. 마치 몸속에 골고루 잘 퍼져있는 신경망과 같이 전 세계를 연결한 것이다. 그렇기 때문에, 비즈니스를 하는데 있어 인터넷의 활용은 당연시 되고 있다.

소비자는 인터넷을 통해, 다양한 정보 검색, 쇼핑, 은행업무처리, 주식거래, 교육, 영화감상 등을 할 수 있다. 공공기관과의 민원 업무도 직접 방문하지 않고, 인터넷을 통해 편리하게 처리할 수 있다. 공공 문서 발급, 세금 납부 등의 상당수의 민원업무가 인터넷을 통하여, 이미 처리되고 있다. 바야흐로 인터넷을 통해 모든 생활을 영위할 수 있는 시대가 된 것이다.

기업은 인터넷과 관련기술을 통하여, 업무 혁신을 하고 있다. 예를 들어, 인터넷을 이용해 직접적으로 소비자와 거래함으로써, 보다 저렴한 가격에 제품을 공급하는 유통혁신을 하고 있다. 광고 프로모션에 있어서도 인터넷 매체를 적극적으로 활용하고 있다. 인터넷 포털(Portal)사이트는 이미 TV에 버금가는 대중매체로 자리 잡았다. 매년 30%가 넘는 인터넷 광고시장의 고속성장을 주도하고 있다. 기업은 인터넷의 정보 전파력을 활용한 구전(Viral) 마케팅에 열을 올리고 있다. 어떤 기업들은 인터넷을 통해 고객의 목소리를 듣고, 의견을 청취하여 제품 개발에 반영하고 있다.

어떤 비즈니스를 하든지, 어떤 소비활동을 하든지, 인터넷은 그 목적을 달성하게 해주는 가장 효율적인 수단 중의 하나가 된 것이다.

이제 인터넷을 어떻게 활용할 것인가를 좀 더 곰곰이 생각해 보자.

4th. 무선기술을 적극 활용하라!

다양한 무선기술이 끊임없이 진화하고 있다.

휴대폰은 물론이고 휴대용 디지털 기기에 무선인터넷 기술이 탑재되어, 언제 어디서나 인터넷 접속이 가능해졌다. 따라서 비즈니스는 이러한 무선인터넷 기술을 어떻게 활용할지 고민해야 한다. 온 국민의 신속 배달을 책임지고 있는 퀵서비스와 택배는, 무선인터넷 접속이 가능한 PDA를 활용하여, 배달과정과 결과 등을 실시간으로 전송하고 있다. 휴대폰으로 촬영한 동영상과 사진은 무선인터넷 접속으로 바로 웹사이트에 올릴 수 있다.

위성기술인 GPS(위성항법장치, Global Positioning System)와 무선전송기술을 결합한 네비게이션 시스템을 이용하면, 누구나 자신의 위치를 정확히 파악하고, 길을 안내받을 수 있다.

단거리 무선데이터통신 규격인 '블루투스(Bluetooth)'를 활용한 무선마우스, 무선이어폰 등이 출시되고 있다. 곧, 복잡하게 꼬여있는 가전제품의 여러 연결선들이 사라지게 될 것이다. 무선기술을 활용한 비즈니스가 앞서가는 세상을 만들어가고 있는 것이다.

▌블루투스(Bluetooth) : 스웨덴의 에릭슨, 미국의 IBM과 인텔, 핀란드의 노키아, 일본 도시바 등이 참여하여 전 세계 표준으로 자리 잡은 단거리 무선 데이터 통신 규격.

5th. 끝없는 표준화 전쟁

과거에는 새로운 기술을 개발하면, 기술독점을 위해 폐쇄적인 정책을 고수하였다. 그것은 어느 정도 효과가 있었다. 그러나 IT분야와 같이, 대체할 수 있는 기술이 언제든 나올 수 있는 상황에서는 신기술을 폐쇄적으로 독점하려 하다가는 낭패를 보기 쉽다. 1970~80년대에 비디오 출력방식을 놓고 벌인 싸움에서, 'VHS방식'보다 우수했던 '베타방식'을 개발한 소니(Sony)가 참패하였다. 그 이유는 소니의 기술 폐쇄정책으로 인해 업계 표준을 이끌어 내지 못했기 때문이다.

IT분야에서 신기술을 개발하게 되면, 국제적으로 '표준화 회의'를 개최하고, 여러 나라로부터 표준규격으로 인정받는 것이 무엇보다 중요하다. 각 나라에 기술을 오픈하고, 표준규격으로 선정되어, 관련 제품 생산에 따른 로열티를 벌어들이는 것이 훨씬 효율적인 비즈니스이기 때문이다.

이동통신 표준규격 중의 하나인 CDMA 방식을 세계 최초로 국내에 상용화 하였음에도 불구하고, 원천기술을 보유한 미국의 '퀄컴(Qualcomm)'사에 매년 막대한 로열티를 지급할 수 밖에 없는 상황을 되새겨 보아야 한다.

▌CDMA : Code Division Multiple Access(코드분할다중접속). 디지털 이동통신 규격으로 국내에 1997년 휴대통신(PCS) 서비스가 시작되면서 최초로 상용화.

6th. 가능한 네트워크화

네트워킹(Networking)을 해야 한다. 사용자와 사용자, 기업과 소비자, 기업과 기업, 기업 내 구성원들을 하나의 네트워크에 묶어, 정보의 생산과 공유를 통한 확산을 유도하는 것이 트렌드 이다. 이를 통해 비즈니스의 가치를 높일 수 있다.

포털사이트에서는, 커뮤니티 서비스를 통해 사용자들이 모여서 정보를 공유하고, 의견을 교환하는 것이 보편화되었다. 친구들과 지인들을 네트워킹하여, 연결해 놓은 메신저(Messenger)는 훌륭한 의사소통 수단으로 활용되고 있다. 블로그나 미니홈피는 개인미디어(Media)로서, 상호간의 네트워킹을 통해, 정보 공유와 개인퍼블리싱(Publishing)을 가능하게 한다. 온라인 게임에서는 전혀 모르는 사람들이 네트워킹하여, 함께 게임을 즐기는 것이 보편화 되었다. 한 때는 네트워킹된 사용자들이 자신의 컴퓨터에 저장된 콘텐츠를 서로 다운받을 수 있도록 한 공유프로그램이 상당한 인기를 끌기도 하였다.

개인들이 보관하고 있던 동영상을, 온라인상에서 서로 공유하는 UCC(User Created Contents, 사용자 제작 콘텐츠) 서비스가 폭발적으로 성장을 하고 있다.

앞으로도 사용자들을 어떻게 네트워킹하고, 서로 커뮤니케이션하게 할 것인가가 비즈니스의 중요한 이슈가 될 것은 자명하다.

IT에도 가치사슬이 있다

지구상에 존재하는 모든 집단에는 나름의 사슬이라는 것이 존재한다. 동식물의 집단인 생태계에는 먹이사슬이 있어서, 먹고 먹히거나 공존 공생하는 관계가 이어진다. 사람이 사는 세상에도 여러 가지 사슬이 있다. 생태계와 마찬가지로 강한 자가 군림하는 먹이사슬 관계도 있지만, 유명한 경제학자 마이클 포터(M. Porter)가 1985년에 주창한 기업 활동의 가치사슬이라는 것도 있다. 마이클 포터는 기업의 활동을 상호 연관성 있는 여러 활동으로 규정하였다. 규정된 활동들은 수익을 발생시키는 가치의 활동으로서, 사슬처럼 엮여서 상호 작용을 한다. 즉, 재화가 생산, 유통되어, 최종적으로 소비가 이루어지도록 하는 기업의 본원적 활동은 상호작용에 의해 가치를 생산한다. 또한, 조달활동, 기술개발, 인력관리 등의 지원 활동 과정에서도 상호작용을 통한 가치가 창출된다. 기업은 저마다의 가치사슬을 가지고 있다. 그 가치사슬을 면밀히 검토하고, 기업 활동을 조정해야 더 많은 수익을 창출할 수 있다. 이러한 가치사슬의 이해를 통해, 기업은 물론이고 나아가 경제에 대한 통찰력을 키울 수 있다.

이러한, **가치사슬이라는 것이 바로 IT(정보통신)업계에도 존재한다.** IT의 가치사슬을 잘 이해하게 되면, IT 관련 비즈니스를 할 때 도움이 될 것이다. 무엇을 어떻게 준비해야 하는지, 경쟁력을 갖추려면 어떤 조치를 취해야 하는 지, 미리 내다볼 수 있는 안목을 가지게 될 것이다.

기업의 가치사슬이 기업 활동 간의 연관성을 규명한 것이라면, IT의 가치사슬은 객체간의 연관성으로 규명한 것이다. 객체에는 서비스, 인프라, 제품 3가지가 있다. 서비스는 IT를 활용해, 인간의 여러 활동들을 편리하게 영위할 수 있도록 고안한 것을 말한다. 인프라는 어떤 활동이나 서비스를 운영하고, 제품을 사용할 수 있는 기반을 말한다. 제품은 서비스를 활용할 수 있도록 하는 매개체를 말한다. 컴퓨터, 노트북, 휴대폰 등 유형의 제품들과 콘텐츠들이 여기에 속한다. 이 3가지 객체는 상호 연관성과 일정한 순서를 가지고 발생한다. 먼저, 새로운 서비스의 개발이 완료되고, 그 다음에는 서비스를 운영할 수 있는 인프라를 구축하게 된다. 이어서 서비스를 이용할 수 있는 여러 제품들이 탄생하는 상용화 과정이 이루어진다. 서비스의 개발 완료까지는 약 0.5~1년이 소요되고, 인프라 구축, 제품 출시까지는 약 1~2년이 소요된다. 그 과정에서 IT의 무궁무진한 가치가 유발된다. 이것이 바로 IT의 가치사슬이다.

IT분야에서 새로이 개발된 서비스가 상용화되려면, 반드시 IT 가치사슬의 과정을 거쳐야 한다. 단, 위성DMB(디지털멀티미디어방송)의 경우는 IT 가치사슬 발생과정에서 차이를 보인다. 인프라가 먼저 구축된 후, 서비스와 제품개발이 이루어졌다. 자세한 내용은 DMB(Digital Multimedia Broadcasting)편에서 다시 언급하겠다.

IT의 가치사슬을 잘 이해하고 있다면, 미래를 미리 예측하고 준비할 수 있어, 새로운 비즈니스 기회를 모색하고, 경쟁에서 앞서나가는데 유리하다. 제품을 출시하는 입장에서 인프라구축 후에 제품 생산을 준비하기 시작한다면, 이미 때는 늦은 것이다. 서비스 개발이 완료된 직후에, 바로 제품 생산을 준비해야 한다. 그래야 인프라 구축이 완료되는 상용화 단계에서 누구보다 빨리 고객을 만날 수 있게 된다.

국내에서 세계 최초로 상용화한 기술인 와이브로(WiBro)의 탄생과정을 통해서, IT 가치사슬의 실례를 살펴보도록 하자. 와이브로는 국가에서 전략적으로 추진하여, 국제표준이 된 무선인터넷 규격을 말한다. 먼저, 선정된 와이브로 사업자는 연구개발과 시험서비스 과정을 거친다. 시험서비스가 성공하면, 바로 인프라 구축에 들어간다. 일부지역부터 와이브로 망을 구축하여 부분 상용화를 시작한다. 이후 전국적인 망을 구축하여 완전 상용화가 이루어진다. 인프라가 구축되는 과정에서 서비스를 운용할 제품들이 본격적으로 출시된다. 와이브로를 이용할 수 있는 노트북, 개인용 멀티미디어 플레이어(PMP) 등이다. 이렇게 IT가치사슬은 새로운 서비스가 만들어지고, 그것이 상용화되기까지의 과정으로 이루어진다.

어차피, 서비스 개발과 인프라를 구축하는 사업자는 한정되어 있다. 그러나 가치사슬의 마지막 단계인 제품생산에는 가장 많은 사업자가 참여하게 되고, 누구나 참여할 수 있는 기회가 있다. 지정된 사업자가 시범서비스를 성공하고, 인프라 구축을 시작할 때, 관련제품 생산을 준비해야 한다. 그러면 누구보다 빨리 상용제품을 출시할 수 있고, 경쟁에서 앞설 수 있다.

서비스 개발에서부터 제품 출시까지 진행되는 IT 가치사슬의 과정을 잘 이해

<도표> IT 가치사슬과 과정별 소요시간

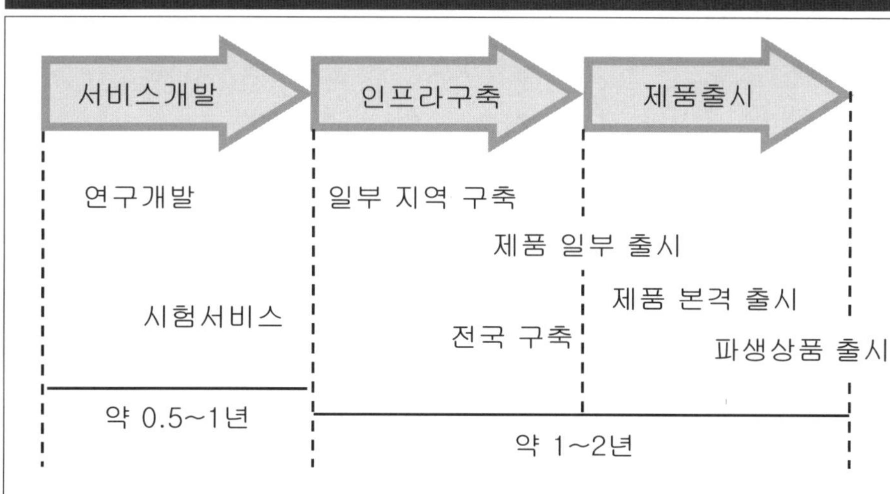

하고 있다면, 새로운 비즈니스의 기회가 어디에서 나오는지, 언제까지 무엇을 준비해야 하는지 알 수 있다. 그것은 비즈니스를 준비하는데 큰 도움이 될 것이다.

IT발전의 3법칙을 알고 비즈니스를 하라!

지난 수십 년간 IT 분야의 발전방향을 살펴보면, 3가지 주요한 법칙이 작용하고 있음을 알 수 있다. 그것은 메트칼프의 법칙(Metcalfe's Law), 무어의 법칙(Moore's Law), 코우즈의 법칙(Coase's Law)이다. IT발전의 3법칙은 앞으로도 유효한 법칙이 될 것으로 전망된다.

급변하는 IT 분야의 발전방향을 예측하기는 쉽지 않다. 그러나 IT발전의 3법칙을 적용하면, 어느 정도 예측이 가능하다. 이것은 비즈니스를 운영하거나 준비하는데 좋은 참고가 될 것이다.

메트칼프의 법칙(Metcalfe's Law)
"하나의 네트워크의 유용성 또는 효용성은 사용자 수의 제곱과 같다."

쓰리콤(3Com)의 설립자 밥 메트칼프(Bob Metcalfe)가 주창하였다. 무엇이든 네트워크화 하여 모이면, 가치가 높아진다는 것이다. 특정한 테마를 이루는 점포들이 한 지역에 모여 있으면, 더 많은 사람들이 찾게 되고, 그 지역의 가치가 높아지는 것과 같은 맥락이다.

사무실 내에서 모든 직원들이 LAN(근거리통신망)을 통해 네트워크로 연결되어 있고, 프린터 등의 사무기기도 같이 연결되어 있는 경우를 생각해 보자. 우선 프린터 등의 사무기기는 네트워크를 통해, 여럿이 사용할 수 있기 때문에 활용도가 높아진다. 네트워크로 연결된 직원들은 메신저(Messenger)와 같은 커뮤니케이션 프로그램 등으로, 원활한 의사소통이 가능하다. 이와 같이 네트워크를 통해 가능한 모든 것을 연결해 놓으면, 활용성과 효율성 측면에서 가치가 상승하게 된다. 이때 네트워크에 연결되어 있는 사용자 수가 많으면 많을수록 효용성은 더 커지게 된다. 하나의 네트워크는 연결되어 있는 사용자 수의 제곱에 이르는 효용성을 가지게 되는 것이다.

IT분야의 발전을 살펴보면, 바로 이 메트칼프의 법칙이 그대로 작용하고 있음을 알 수 있다. 모든 사람을 연결해주는 인터넷이 급성장한 것이나, 기업과 기업 간의 협업네트워크를 통해서 업무효율이 극대화된 것 등은 메트칼프의 법칙이 작용한 것이다.

메트칼프의 법칙이 비즈니스에 적용되어, 새로운 비즈니스가 많이 탄생하였다.

온라인게임은 인터넷 , 즉 웹(Web)이라는 거대한 네트워크를 통해서, 많은 유저(User)들을 함께 즐기도록 하였다. 혼자서 하던 컴퓨터 게임을 전혀 새로운 가치를 지닌 비즈니스로 바꾸어 놓은 것이다. 온라인쇼핑몰은 여럿이 모여 거래를 할 수 있는 가상의 공간인 이마켓플레이스(e-Marketplace)를 만들어 한 해에 수 백조 원이 넘는 거래량을 기록하고 있다.

사용자들을 어떻게 네트워킹 하느냐에 비즈니스의 운명이 걸려있다고 해도 지나치지 않다. 따라서 네트워크 기술은 당연히 계속해서 진화할 것이다.

모든 사람과 사물이 네트워크로 연결되어, 언제 어디서나 커뮤니케이션이 가능한 미래의 환경, 유비쿼터스(Ubiquitous)는 메트칼프의 법칙을 가장 잘 대변하는 진화한 네트워크가 될 것이다.

IT를 움직이는 변하지 않는 원칙. 그것이 바로 메트칼프의 법칙이다.

무어의 법칙(Moore's Law)

"마이크로 칩의 처리능력은 18개월마다 두 배로 증가될 것이다."

자주 인용되고 있고, 가장 잘 알려진 법칙이다. 인텔의 공동 설립자 고든 무어(Gorden Moore)가 페어차일드(Fairchild) 연구소에 있을 때인 1965년 최초로 주장하였다. 처음에는 마이크로 칩의 처리능력이 1년에 두 배로 증가될 것이라고 하였다가, 1975년에는 2년에 두 배 증가로 수정하였고, 이후 다시 18개월에 두 배 증가로 수정하여 오늘날에 이르고 있다.

이 법칙은 지난 수십 년간 잘 맞아 떨어지고 있고, 앞으로도 지속적으로 유지될 것으로 전망된다. 혹자들은 18개월이 맞느냐, 2년이 맞느냐를 따지는데, 중요한 것은 수치가 아니다. 무어의 법칙이 비록 마이크로 칩의 처리능력을 예견한 것이지만, IT분야의 기술발전 속도와 맥락을 같이 한다는 것이 중요하다. 이 법칙을 통해서 IT의 발전 속도를 가늠해 볼 수 있기 때문이다.

지금 시점에서는 불가능한 기능이나 서비스가 1~2년 뒤에는 충분히 가능해질 수 있다. 이를 감안하여 미래의 비즈니스를 설계하여야 한다.

황의 법칙(Hwang's Law)

"메모리 신성장론'이라고 하기도 한다. 황창규 삼성전자 반도체 총괄사장이 주창한 법칙으로 '플래쉬메모리(Flash memory)의 용량은 매년 2배로 증가할 것이다.'라고 하였다. 실제로 1999년부터 시작하여 256M이었던 낸드 플래쉬메모리 용량이 매년 2배로 증가되어 새로운 제품이 생산되고 있다.

플래쉬메모리(Flash memory) : 전원이 없는 상태에서도 데이터가 계속 저장되어 질수 있는 메모리. 데이터의 저장, 삭제가 자유롭고 작아 휴대폰, 메모리스틱, MP3플레이어, 디지털카메라, PDA 등 기억장치로 사용. 데이터 저장형인 낸드(NAND)플래시, 처리속도가 빠른 노어(NOR)플래시 메모리로 구분.

코우즈의 법칙(Coase's Law)

"기업이 조직되는 이유는 거래비용(Transaction Cost)을 절감하기 위해서다."

영국의 경제학자 로널드 코우즈(Ronald H. Coase)는 1937년 그의 논문 「기업의 본질(The Nature of the Firm)」에서 "기업이 조직되는 이유는 제품과 서비스를 생산하고, 유통하여 소비자에게 파는데 반복적으로 들어가는 비용인, 거래비용을 절감하기 위해서다"라고 주창하였다. 코우즈는 개인이 혼자 시장에서 물건을 거래할 때 발생되는 비용보다, 기업을 조직해서 거래할 때 소요되는 비용이 오히려 더 낮다는 것을 간파하고, '코우즈의 법칙'을 세웠다. 이 법칙은 노벨 경제학상을 수상하면서 주목을 받기 시작하였다.

하나의 물건을 팔기 위해서는 시장조사, 정보수집, 판촉 · 마케팅 활동, 거래를 성사시키기 위한 협상, 의사결정 등 여러 가지 거래활동이 수반된다. 이러한 거래활동에서 발생되는 비용이 거래비용이다. 그런데 개인이 혼자서 이 모든 거래활동을 다 하는 것이 가능한가? 그러기는 쉽지 않을 뿐더러, 비효율적이고 거래비용도 많이 소요된다. 따라서 외부의 전문가에게 대가를 지불하고, 거래활동 대행을 의뢰하게 된다. 이때 발생하는 모든 비용을 외부거래비용이라고 한다. 여기서 개인과 외부전문가의 대행관계는 통상 계약으로 이루어지게 된다. 따라서 계약이 종료되면, 개인은 다시 외부전문가에게 대행을 의뢰하고 계약을 맺어야 한다. 번거롭기도 하고, 반복적으로 소요되는 불필요한 비용이 발생한다. 오히려 기업을 조직하여 거래활동 자체를 내부인력이 수행한다면, 거래비용이 절감될 수 있다. 이때 발생하는 비용을 내부거래비용이라고 한다. 기업은 내부거래비용이 외부거래비용과 같아질 때까지 거래활동을 내부 조직화하여 확대하게 된다. 그러나 내부거래비용이 외부거래비용보다 더 커질 때는, 기업은 해당 활동을 담당하는 일부 조직을 과감히 없애고, 외부전문가에게 대행을 의뢰하는 것이 낫다.

위와 같이 거래비용 절감이 기업 조직의 이유이기 때문에, 거래비용 절감은 기업에게 상당히 중요한 과제이다. 따라서 기업이 거래비용 절감을 위해 모든 수단과 방법을 동원하는 것은 당연하다.

기업의 거래비용 절감 수단 중에는 IT 기술을 빼놓을 수 없다. IT 기술은 기업의 거래비용 절감을 가장 효과적으로 지원하는 수단중의 하나이기 때문이다. 기업은 IT 기술을 활용해 기업 내부의 업무를 효율적으로 처리하고, 인터넷을 통해 고객 응대와 판매를 한다. IT 기술로 민첩하고 슬림(Slim)한 조직을 만들고, 유통과정 단축을 통해 비용을 절감하고 있는 것이다.

앞으로도, IT는 기업의 거래비용 절감을 위한 방향으로 계속 진화할 것이다. 그리고 IT를 활용해 기업의 거래비용을 절감할 수 있는 새로운 방법이 있다면, 그것은 성공적인 비즈니스 아이템이 될 것이다.

디지털 시대에 맞는 기업의 대응전략

기업은 경영환경 변화가 어떤 영향을 미치는지 분석하면서, 변화에 끊임없이 적응해야 한다. 환경 분석을 통해 위기와 기회요소를 분석하고, 대응방안을 수립해야 한다. 그런데, 급변하는 디지털 환경은 환경변화에 대한 기업의 대응을 점점 더 어렵게 하고 있다. 조직전체의 유기적인 참여와 체계적인 대응 없이는 변화적응에 실패하기 쉽다. 디지털 시대에 맞게 IT 기술을 활용하여 좀 더 체계적이고, 조직전체의 참여를 유도할 수 있는 시스템을 구축하여 대응해야 한다.

기업이 IT기술을 활용하여 경영환경 변화에 대응하는 과정을 간략히 살펴보자.

먼저, 환경 변화에 대한 분석을 끊임없이 반복해야 한다. 그러한 경영환경 분석과정에서, 기회 혹은 위기요인을 발견하면, 신속히 대응책을 수립한다. 대응책은 명확한 목표와 함께 구체적으로 수립한다. 수립된 대응책은 시의적절하면서도 빠르게 기업에 적용해야 한다. 이때 필요한 것이 바로 IT기술이다. 수립된 대응책에 따라 인터넷, IT기술 등을 활용한 시스템을 구현하여, 기업내외부에 적용해야 한다. 시스템은 기업 내외부의 관련 요소들을 유기적으로 결합하고, 효율적으로 개선된 업무프로세스를 포함한다. 따라서 시스템을 활용하는 과정에서, 자연스럽게 기업의 변화가 일어나게 되고, 목표를 효과적으로 달성할 수 있게 된다.

시스템을 구축할 때는 동시에 조직의 변화를 준비해야 한다. 교육, 포상제도, CEO의 의지 표명 등을 통해 변화에 대한 조직구성원의 공감대를 사전에 충분히 형성해야 한다. 그래서 시스템 구축 완료와 동시에 조직 전체가 적극 활용할 수 있도록 해야 한다. 시스템의 활용도를 높여, 기업에 조기 정착 시킬수록 성과가 빨리 나타난다.

시스템 활용 단계에서는 피드백을 통해, 발견되는 문제점을 해결하고, 개선점을 찾아 시스템을 지속적으로 업그레이드 하는 것이 필요하다.

기업은 위의 과정을 반복하여 끊임없는 변화를 추구해야 한다.

<표> 경영환경 변화의 대응 Step

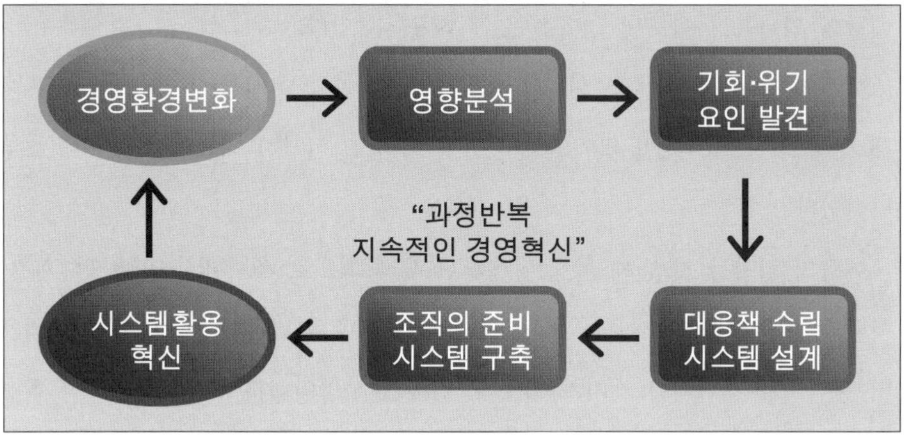

피터 드러커(Peter Ferdinand Druker)는 경영자가 갖추어야할 직무특성 가운데 하나를 혁신(Innovation)이라고 규정하였다. 기업은 현재에서 안위를 찾기보다는 시장환경의 변화를 분석하여 끊임없이 혁신하는 과정을 반복해야 한다.

Case Study '애플(Apple)'의 끝없는 혁신 스토리

디지털시대를 맞아 **기업은 끊임없는 혁신을 반복해야 한다.** 미국의 보스턴컨설팅 그룹이 글로벌 기업 임원을 대상으로 한 조사 결과에 따르면, 세계에서 가장 혁신적인 기업으로 '애플(Apple)'이 선정되었다고 한다. 창립한지 30여년이 되는 애플이 쟁쟁한 기업들을 재끼고, 혁신기업 1위를 차지한 이유는 무엇일까? 애플의 역사를 돌아보면 정답을 쉽게 찾을 수 있다.

애플의 역사를 되돌아보면, 세 번의 주목할 만한 혁신이 있었다. 애플은 이 세 번의 혁신으로 매번 위기의 순간을 극복하고, 여전히 대표적인 IT 기업으로 남아있다.

애플의 역사상 첫 번째 혁신은 1977년 세계 최초로 출시한 '개인용 PC 애플'이었다. 이 혁신적인 제품을 통해, 당시 대형 위주의 컴퓨터산업이 개인용 컴퓨터 산업으로 재편되는 계기가 되었다. 컴퓨터 산업의 역사상 가장 위대한 혁신 중의 하나이다.

두 번째 혁신은 1984년 출시한 매킨토시 컴퓨터이다. 세계 최초로 그래픽인터페이스를 갖춘 개인용 PC를 선보인 것이다. 당시 가히 혁신적인 제품이었고, 매킨토시 컴퓨터를 가지고 있는 것 자체만으로도 상당한 자부심을 가질 수 있었다. 그러나 비즈니스 세계에서 영원한 승자는 없다고, 컴퓨터 하나로 세계를 점령할 것 같았던 애플은 보다 저렴한 경쟁제품의 출현으로 고전을 면치 못하게 된다. 당시 애플이 그래픽인터페이스를 지원하는 컴퓨터 O/S(Operating System, 운영체계)를 공급하는 라이센싱사업을 했다면 어땠을까? 아마 오늘날 '마이크로소프트(Microsoft)'사의 자리를 '애플'이 차지하고 있을 지도 모른다.

두 번의 혁신에도 불구하고 '애플'이 적자에 허덕이며 고전할 때, 구세주처럼 등장한 사람이 애플의 공동창업자인 스티브 잡스(Steven Paul Jobs)였다. 1996년 애플에 복귀한 스티브 잡스는 중요한 소비자의 변화를 감지하게 된다. 휴대용 AV 기기 산업에서 워크맨, CD플레이어 등의 시대가 가고, 인터넷이 결합된 새로운 제품에 대한 소비자의 니즈를 반영하는 신제품이 각광받게 될 것이라 전망을 하였다. 그래서 기존 애플의 사업영역을 벗어나, MP3플레이어 사업을 적극적으로 육성하기로 결정한다. 마침내 애플은 2001년에 휴대용 MP3플레이어인 아이팟(iPod)을 출시하게 되었고, 2003년 MP3음악 다운로드 웹사이트인 아이튠즈(iTunes)를 론칭(launching)하면서, 성장에 가속도를 붙이게 된다. 애플은 현재 전 세계 MP3플레이어 시장에서 가장 높은 점유율을 기록하며, 세 번째의 혁신을 완성하고 있다.

애플의 세 번째의 혁신 제품인 iPod에 대해서 좀 더 살펴보자.

소비자들은 핵심기능의 사용이 편리하고 쉬운 제품을 선호한다. 애플은 소비자들의 이러한 요구를 반영하여, MP3플레이어의 핵심기능에 집중을 하였다. 애플의 iPod는 화려한 디자인과 다양한 기능을 지닌 기존의 제품들과는 상당한 대조를 이뤘다. 흰색바탕에 몇 개의 버턴과 휠(Wheel)만으로 조작되는 단순하고, 절제된 디자인으로 소비자들을 열광하게 한 것이다.

iPod 제품 자체도 끊임없는 혁신을 계속하였다. 2001년 출시한 iPod에서부터 iPod 미니, iPod 셔플, iPod 나노, 비디오 iPod에 이르기까지 소비자의 요구에 맞춘 신제품을 지속적으로 출시하였다. iPod 미니의 경우 2004년 2월 출시 후, 전 세계적으로 품절사태를 빚으면서 큰 성공을 하였다. 그러나 더 얇고 가벼워야 한다는 소비자의 니즈를 반영하여, 두께와 크기를 반으로 줄인 iPod 나노를 출시하면서, iPod 미니는 1년 6개월여 만에 시장에서 과감하게 철수를 하였다.

애플의 사례를 보면, '혁신'은 한순간으로 끝나는 것이 아니고, 영원한 기업의 과제로 삼아 끊임없이 계속해야 한다는 것을 알 수 있다. 소비자의 입장에서 생각하면서, 소비자의 변화를 파악하고, 그 과정에서 발견한 기회를 제품에 녹여내고, 조직을 그것에 맞추어 변화시킨 것이 애플의 주요한 성공 요인임을 알 수 있다.

항상 혁신을 준비해온 '애플'. 이제 또 어떤 혁신으로 시장에서 주목을 받게 될지 기대해 본다.

IT의 발전과 뉴미디어 트렌드 & 이슈

과거에는 미디어(Media, 대중매체)라고 하면 TV, 신문, 라디오, 잡지 정도만을 꼽을 수 있었지만, IT산업의 발전에 따라, 2000년대 들어서 디지털화된 미디어가 새롭게 출현하고 있다. 대표적인 예로써 인터넷은 이미 아주 중요한 미디어(Media)의 역할을 수행하고 있다.

TV, 신문 등의 전통매체가 대중의 직접 참여가 어렵고, 폐쇄적인 성격이 강한 반면, 인터넷은 누구나 참여가 가능하고, 개인화가 가능하다는 특징을 가지고 있다. 인터넷을 이용해 누구나 자신을 퍼블리싱(Publishing)하고, 알릴 수 있다. 이로 인해, 인터넷은 사용자의 참여가 늘고, 이용이 확대되면서 미디어로서 파급력이 점점 더 커지고 있다.

인터넷의 특징을 가장 잘 반영하고 있는 것으로, 2000년대 중반에 온라인상 최대 이슈가 된 개인미디어서비스를 들 수 있다. 개인들은 싸이월드(Cyworld)의 미니홈피, 네이버(Naver)의 블로그, UCC(User Created Contents) 동영상 서비스 등을 통해 인맥을 관리하고, 사생활을 공개하며, 자신을 알리는 것에 머뭇거리지 않고 있다. 인터넷이라는 열린 매체를 개인미디어로 이용하여 자신을 마음껏 퍼블리싱하고 있는 것이다. 보여주고 싶은 욕망, 보고 싶은 욕망을 인터넷의 개인미디어서비스를 통해 충족하고 있는 것이다. 이를 통해 향후 출현하게 될 새로운 디지털 미디어의 형태가 더욱 더 개인화될 것이라는 것을 예상할 수 있다.

새로운 미디어의 탄생은 새로운 기기와 새로운 미디어 서비스의 결합으로서 가능하다. 예를 들어, 컴퓨터와 인터넷 서비스가 결합하고, 많은 사람들이 이용하면서 인터넷은 전통매체를 뛰어넘는 미디어의 역할을 하고 있다. 휴대폰은 이동 디지털 방송(DMB)과 결합하면서, 새로운 디지털 미디어로 재탄생하였다. 자동차 안에서는 텔레매틱스(Telematics) 기술을 통해 위치정보 서비스, 방송청취, 인터넷 서비스 등을 이용할 수 있게 되었고, 이것은 자동차가 새로운 미디어로 거듭났다는 것을 의미한다. 그 외에도 MP3플레이어, PMP(Personal Multi-Media Player), PSP(PlayStation Portable), iPhone 등의 여러 휴대용 디지털 기기들이 출현하고 있는데, 이것과 미디어 서비스가 결합하게 되면 새로운 디지털 미디어들이 더 많이 출현하게 될 것이다.

▌PMP(Personal Multi-Media Player) : O/S를 내장하여 Computing 기능수행. 동영상, MP3 플레이, Image View, 게임기능, 방송, Radio 수신 등 개인화 Digital Media 역할을 함.

▌iPhone : 2007년 출시한 애플의 휴대단말기. 전화통화, 뮤직플레이어, 무선인터넷 등의 기능이 탑재됨.

앞으로도 새로운 디지털 미디어들의 탄생은 계속될 것이다. 동시에 기존의 미디어들이 디지털 미디어로 진화할 것이다.

먼저, 전통매체중의 하나인 TV는 디지털 TV로 진화하여, 시청자와 직접적인 교류가 가능한 인터렉티브 TV(Interactive TV)로 변신하고 있다. 대화면, 고화질, 입체음향의 고품질 방송을 제공하고, 비디오와 데이터 방송이 가능한 양방향 디지털 미디어 서비스를 제공하게 될 것이다. TV를 통해 방송, 통신이 융합하여, 시청자의 요구에 맞게 다양한 멀티미디어 콘텐츠를 수집, 가공, 제공하는 새로운 정보 미디어로서 기능을 수행하게 될 것이다.

신문은 더 이상 종이로 존재하는 것이 아니라, 두루마리 형태의 디스플레이를 통해 실시간으로 NEWS를 송수신 하게 될 것이다. 쌍방향의 뉴스 커뮤니케이션이 가능하게 되고, 철저히 개인화된 최신의 NEWS를 실시간으로 전송하게 될 것이다.

PC는 새롭게 Media PC로 거듭나고 있다. 기존 PC의 기능에다 TV수신, DVD 플레이어, PVR(Personal Video Recorder), 홈네트워크의 홈 서버(게이트웨이) 등의 역할을 수행하면서, 새로운 디지털 미디어로 거듭나고 있다.

기존의 가전제품은 디지털 미디어로 재탄생하게 될 것이다. 냉장고에 설치된 LCD화면을 통해 음식재료를 주문하고, 아이들과 화상통화를 하고, TV를 시청하며, 맞춤형 광고를 보게 되는 날이 멀지 않았다.

<표> Media의 변화 방향

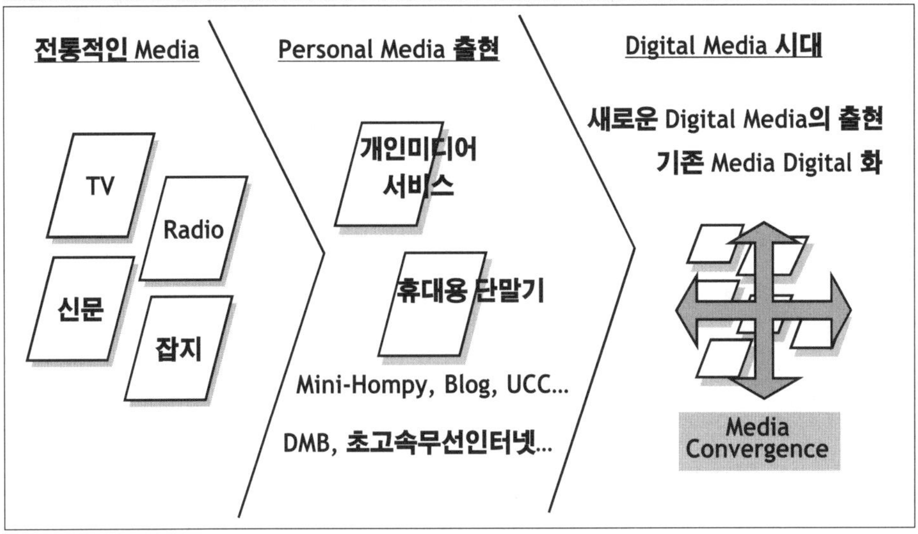

미디어 환경은 급속도로 발전하고 변화하고 있다. 앞으로 얼마나, 어떻게 진화할지 쉽게 예단할 수 없다. 그러나 한 가지, 미래의 미디어는 디지털을 기반으로, 더 개인화되고, 참여적인 특징을 가지게 될 것은 확실하다. 모든 미디어가 디지털화 되면서 '미디어 컨버전스' 환경이 구축될 것이다. 미디어간의 네트워크 인프라가 통합되어, 서비스간의 이동과 이용이 자유로워질 것이다. 그렇게 되면, 소비자에 대한 메시지 전달방식이 하나로 통합될 것이다. 기업이 다양한 미디어를 통해 메시지를 전달하더라도, 마치 하나의 미디어를 이용하는 것과 같아지는 것이다.

2 e비즈니스의 이해

오픈환경을 지원하는 인터넷은 여러 산업분야에서 적극적으로 활용되고 있다. 그로인해 인터넷을 활용한 e비즈니스가 다양한 형태로 나타나면서, 'e비즈니스'라는 용어가 광범위하게 쓰이고 있다. 이러한 e비즈니스의 개념, 현황을 살펴보고, e비즈니스 도입 시 알아야 할 상식, e비즈니스의 성공사례 등을 소개하고자 한다. 그리고 기업이 e비즈니스를 도입할 때 밟아야 할 스텝(Step)을 살펴보도록 하겠다. 본 장을 통해 e비즈니스를 잘 이해하고, e비즈니스를 도입할 때 참고하기 바란다.

e비즈니스와 e비즈니스 모델이란?

1997년에 'e비즈니스'라는 용어가 처음 사용될 때는, 주로 '전자상거래'를 의미하였다. 그 당시 인터넷을 통한 기업의 활동이라고는 온라인쇼핑몰을 통한 판매행위가 거의 유일했기 때문이다. 그런데, IBM은 판매 이외에 다른 기업 활동에서 인터넷의 적용가능성을 제시하였다. 인터넷을 단순히 기업의 판매활동만을 위해 활용하는 것으로 생각하지 않았다. 기업을 변화시키고, 경쟁력을 강화하는 핵심수단으로써, 인터넷을 활용할 수 있다고 생각하였다. 진정한 'e비즈니스'개념으로 인식하기 시작한 것이다.

e비즈니스에 대한 정의를 잠깐 살펴보자.

정보통신부는 "일반적으로 인터넷 및 이와 관련된 정보기술을 활용하여 이루어지는 전자적인 기업 활동"이라고 정의하였다. 상품의 판매, 재무, 생산, 유통, 마케팅 등 대내외적인 기업 활동이 전자적으로 처리된다는 것을 강조한 것이다. e비즈니스의 범주를 수행주체에 따라 B2C, B2B, G2B 등으로 분류하기도 하였다.

WTO(세계무역기구)는 "통신 네트워크를 통해 제품을 생산, 광고, 유통, 판매 하는 것"이라고 정의하였다. 무역관점에서 제품의 유통과 판매 중심으로 통신네트워크를 활용한다는 것을 강조한 것이다.

IBM은 "인터넷 기술을 기반으로 핵심적인 경영 업무 수행과 시스템을 결합함으로써, 다양한 비즈니스 가치를 광범위하고 편리하게 추구할 수 있는, 안전하고 유연하며 통합된 비즈니스 방식"이라고 정의하였다. 인터넷을 접목한 시스템을 통해 기업 전반의 경영활동을 지원하고, 새롭고 유연한 비즈니스를 창출하여 가치를 증진할 수 있다는 것을 강조한 것이다.

이상을 종합하여 보면, 'e비즈니스는 기업의 업무를 인터넷과 정보기술을 적용한 시스템으로 수행하여, 경영의 효율성과 효과성을 극대화하는 기업 활동'이라고 정의할 수 있다.

기업들이 인터넷을 활용한 다양한 e비즈니스를 수행하면서, e비즈니스 자체가 하나의 수익모델이 되었다. e비즈니스를 통해 많은 수익이 창출되면서, 한 때 기업들이 새로운 e비즈니스모델을 찾는 것이 유행이었다.

e비즈니스 모델이란 어떤 상품을 만들어, 소비자에게 공급하고, 어떻게 수익을 창출할 것인가 하는 계획 또는, 사업아이디어를 말한다. 주로 인터넷 기업들이 중심이 되어, 사업아이디어로 이루어진 '비즈니스모델'을 특허로 출원하면서 알려진 용어이다. 기술이 아닌 단순한 아이디어 자체도 특허가 가능하다는 점에서 많은 기업들이 너도 나도 비즈니스모델을 특허출원하였다. 최근에 기업들은 단순한 사업아이디어 보다는 기술력과 수익성을 겸비한 비즈니스모델을 만드는데 주력하고 있다.

새로운 비즈니스모델은 대부분 인터넷사업 분야에서 쏟아져 나왔다. 그런 비즈니스모델들을 사업의 수행주체에 따라 몇 가지 전형(Prototype)으로 분류하였다. 그것이 B2B, B2C, C2B, G2C, G2B, P2P 등과 같은 e비즈니스모델이다. 이 e비즈니스모델에 대해서는 다시 언급하도록 하겠다.

되짚어 보는 e비즈니스의 현황

통계수치를 통해, 대한민국 e비즈니스의 현주소를 살펴보겠다.

인터넷은 20세기가 낳은 여러 정보기술들 중에서도 단연 인류에게 가장 큰 영향을 준 기술 중의 하나이다. 한국은 2007년 기준 초고속인터넷 가입자 수가 1,430만 명에 이르렀고, 총가구수의 약 80% 이상에 보급되어 있다. 세계 어떤 나라 보다 인터넷 인프라가 잘 발달되어 있어, e비즈니스를 하기에 좋은 환경이 구축되어 있다. 전자상거래 규모는 2002년 약 177조 원에서 2005년 358조 원으로 동기간 동안 약 200%가 상승하였다. 이중, 거래금액의 85% 이상이 B2B에서 발생한 것으로 통계청은 조사하였다.

한국소프트웨어진흥원의 발표에 따르면, 디지털콘텐츠 시장이 2005년 약 8조 5백억 시장으로 커졌으며, 2001년부터 매년 평균 29.3%의 성장세를 보이고 있는 것으로 나타났다. 특히 디지털 콘텐츠 시장은 앞으로도 지속적으로 성장하여, 2010년경에는 약 15조원 규모의 시장을 형성할 것으로 예상된다. 세부적으로는, 게임분야가 약 2조 4천억 원을 기록하여 가장 큰 시장으로 나타났고, 디지털 영상분야는 5,591억 시장을 형성하였다. 디지털 음악시장의 규모는 2,486억으로 그 규모는 작으나, 전년대비 약 43.7%의 성장률을 기록한 것으로 나타났다.

한국전자거래진흥원은 매출 상위 1,600여개 업체를 대상으로 e비즈니스 투자실적을 조사하였다. 조사결과에 따르면, e비즈니스에 투자한 실적이 있는 기업의 비율이 2000년 44.7%에서 2005년 63.7%로 상승한 것으로 나타났다. 투자금액은 2005년에는 약 3조 1,234억 원에 달했으며, 전년대비 약 3.1% 상승하였다.

e비즈니스 투자의 약 80% 이상이 시스템도입과 유지에 관련된 투자가 중심을 이룬 것으로 나타났다. 앞으로도 기업의 e비즈니스 투자 비율은 매년 증가할 것으로 예상되며, 기업내부의 정보화를 위해 많은 투자를 할 것으로 전망된다.

한편, 기업들이 주로 투자한 e비즈니스 분야는 기업경영의 효율을 높이는 기업정보화 분야로 나타났다. ERP(전사적자원관리), 전자구매(입찰)시스템, CRM(고객관리), 온라인교육, KMS(지식경영시스템), SCM(공급망관리) 순으로 정보화시스템에 투자가 이루어졌다. 주로 대기업위주로 투자가 이루어졌으나, CRM 같은 경우는 온라인 기업위주로 많이 투자된 것으로 나타났다.

ERP : Enterprise Resource Planning (전사적자원관리). 본 책 제3부에서 자세히 기술함.

CRM : Customer Relationship Management (고객관계관리). 본 책 제3부에서 자세히 기술함.

KMS : Knowledge Management System(지식경영시스템). 기업 경쟁력 향상을 위해 기업 내 산재되어있는 개별적인 지식을 통합 축적하여 체계화하고, 공유하는 기업정보화시스템. 표준화된 지식관리 프로세스를 지원함.

SCM : Supply Chain Management (공급망관리). 본 책 제3부에서 자세히 기술함.

e비즈니스의 종류와 제품

IT는 정보기술(Information Technology), 정보통신(Information Telecommunication)의 의미로 사용된다고 하였다. IT는 광의의 개념으로 인터넷을 비롯하여, 전자, 통신, 반도체, 소프트웨어, 컴퓨터에 이르는 다양한 분야를 포함한다. e비즈니스 역시 IT 범주에 포함이 되면서, 주로 인터넷을 활용한 비즈니스를 지칭할 때, e비즈니스라는 용어를 많이 사용하고 있다.

e비즈니스는 크게 2가지 범주에서 분류할 수 있다. 첫째는 기업 내부의 경영활동(기업 활동)을 지원하는 '기업내부의 e비즈니스'이고, 둘째는 기업 외부와의 경영활동을 지원하는 '기업외부와의 e비즈니스'이다. 대표적인 예로써 첫째에 해당하는 하는 것이 '전자결제시스템'이고, 둘째에 해당하는 것이 온라인쇼핑몰이다. 그럼 하나씩 자세히 살펴보기로 하자.

'기업내부의 e비즈니스'는 주로 기업정보화가 주를 이루고 있다. ERP(Enterprise Resource Planning), CRM(Customer Relationship Management), KMS(Knowledge Management System), 그룹웨어, 콜센터 시스템, 전자결제시스템 등이 그것이다. 이 중 몇 가지는 제 3 부에서 자세히 언급할 것이다. 앞으로도 기업 내부의 활동을 지원하는 새로운 형태의 e비즈니스는 계속 출현할 것이다.

'기업외부와의 e비즈니스'는 다양한 형태로 나타나고 있다. 기업 외부와의 거래를 인터넷기반으로 처리하기도 하고, 인터넷을 활용한 새로운 형태의 비즈니스를 통해 수익을 창출하기도 한다. 기업 외부까지 정보화를 확장한 SCM(Supply Chain Management), 기업의 판매채널 역할을 하는 온라인쇼핑몰과 검색사이트, 온라인게임, 인터넷지도, 인터넷뱅킹, 인터넷방송, 사이버교육, 온라인 예약 등에 이르기까지 다양한 형태의 '기업외부와의 e비즈니스'가 있다. 수익창출과 직접적인 연관이 있기 때문에 많은 기업이 역량을 집중하는 부분이기도 하다. 제 3부에서 SCM은 자세히 다룰 것이다.

e비즈니스를 구성요소 관점에서 정의하면 다음과 같다. '인터넷을 기반으로 하여, 업무용 소프트웨어(프로그램)와 하드웨어(서버 등)를 활용해, 기업 활동에 필요한 사업 혹은 업무를 구현하는 것'이라고 할 수 있다. 이런 구성요소를 갖춘 다양한 e비즈니스 제품이 출시되어, 위에서 언급된 기업의 e비즈니스를 지원하고 있다. 기업은 e비즈니스 제품의 도입을 통해 'e비즈니스'를 비교적 쉽게 시작할 수 도 있다.

위와 같이 기업의 다양한 e비즈니스 형태가 있고, e비즈니스를 쉽게 시작할 수 있도록 지원하는 e비즈니스 제품들이 있다. 기업이 e비즈니스를 통해 효율적으로 경영하고, 수익을 창출하려면, 당연히 e비즈니스와 제품에 대해 잘 아는 것이 좋다. 그러나 구지 모든 e비즈니스를 다 알 필요는 없다. 옷에 대해서 전부 알지 못해도, 용도에 따라 맞는 옷을 골라 입을 수 있는 것은, 옷에 대한 기본적인 지식이 있기 때문이다. e비즈니스 경영, IT경영도 마찬가지이다. 몇 가지 기본이 되는 e비즈니스에 대해 잘 이해하고 있으면, 언제든지 전혀 새로운 e비즈니스와 관련 제품이 출현하더라도, 쉽게 그것을 선택하여 기업에 적용시킬 수 있는 것이다. 더 나아가 내 기업만의 독창적인 e비즈니스를 만들 수도 있다. 이 책은 기업이 단순히 상용화된 제품을 선택하는 차원을 넘어서, 자유롭게 IT로 경영을 하고, e비즈니스 경영을 할 수 있도록 하는데 초점을 두고 있다. 몇 가지 핵심적인 '기업의 e비즈니스'를 소개하고, 그 속까지 이해시킴으로써 그것이 가능하도록 할 것이다.

보고 넘기면 되는 e비즈니스 상식들

이제 조금 딱딱한 얘기를 꺼내려고 한다. e비즈니스를 하려면 인터넷, 소프트웨어(프로그램), 하드웨어(서버 등) 등의 요소들이 필요하다고 하였다. 인터넷이야 구지 설명하지 않아도 잘 아는 것이고, 여기서 그 외 필요요소들을 한번 쯤 보고 넘어갔으면 한다. 이제 우리 회사도 e비즈니스 좀 해볼까 싶을 때, 미리 알고 있으면 도움 될 만한 것들을 살펴보겠다. 잊고 있다가도 정말 그 때가 되면, 다시 한 번 이 책을 뒤져보기 바란다.

하드웨어(서버, 장비 등)

e비즈니스는 전용프로그램(소프트웨어)으로 수행하게 된다. 전용프로그램들이 들어 있어야할 물리적 공간이 **서버**이다. 서버는 사용자(User)들이 수행한 어떤 활동들의 기록을 저장하여 활용할 수 있게 한다. 인터넷에 접속된 누구와도 통신이 가능하게 하고, 그것을 통해서 업무지원 활동을 수행할 수 있도록 하는 중요한 역할을 한다.

서버는 그 용도에 따라 구분하여 불린다. 웹서버, DB서버 등이 그것이다. 이러한 서버들이 어떤 동작을 하기 위해서는 인간의 머리 역할을 할 운영체계(O/S)가 필요하다. 개인용 컴퓨터로 치면 윈도(Windows), 리눅스(Linux) 같은 것이다. 서버 운영체계(O/S)가 별도로 있다는 것 정도는 알아두자. 또한, 서버장비에는 많은 양의 데이터가 저장되기 때문에, 수많은 데이터를 체계적이며 쉽게 관리할 수 있도록 해주는 전문 DB(Database)관리 소프트웨어인 오라클(Oracle), SQL 등이 사용된다.

서버가 인터넷에 접속하기 위해서는 네트워크 장비가 필요하다. **허브**(Hub), **라우터**(Louter) 등이 그것이다. 허브는 서버 등의 장비들을 케이블 같은 것으로 서로 연결하고, 인터넷과 연결하여 네트워크 구성이 가능하도록 한 장비이다. 라우터는 인터넷에 접속되어 있는 장비의 송출 정보를 분석하여 어디로 보낼지 경로를 설정하는 기기이다.

서버가 원활히 작동하도록 지원하는 장비들도 있다. **UPS**(Uninterruptible Power Supply, 무정전전원장치) **AVR**(Automatic Voltage Regulator, 자동전압조정기), **항온항습장치** 등이다. UPS는 갑작스런 정전 시 전원을 공급하여 장비가 지속적으로 가용될 수 있도록 한다. AVR은 출력전압을 일정하게 유지하여 전압에 민감한 장비들에 안정적인 전압을 공급한다. 항온항습장치는 적정한 온도와 습도를 유지하여 장비를 보호한다.

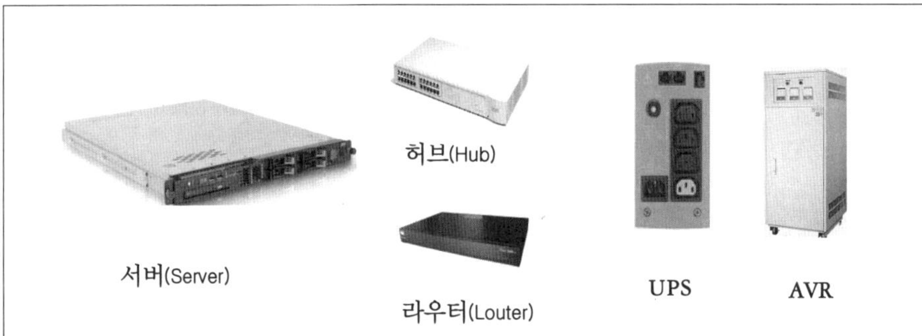

소프트웨어(프로그램 등)

먼저 비즈니스 업무를 수행하기 위한 **전용프로그램**이 있다. 특정 업무에 적합하게 개발된 프로그램으로 응용프로그램(Application)이라고도 한다. 우리가 편리한 문서작업을 위해 한글, 워드와 같은 프로그램을 사용하는 것과 같다. 다만, 한글 프로그램 같은 것은 누구나가 사용하고 있기 때문에 '범용프로그램'이라고 하고, 특정 기업, 특정 업무를 위해서 개발된 프로그램을 '전용프로그램'이라고 구분해서 부를 뿐이다. 전용프로그램의 예를 들자면, 결제처리를 온라인 기반으로 하는 전자결제프로그램, 회계업무를 처리하는 회계처리프로그램, 온라인 쇼핑몰을 구축하기 위해서 개발한 프로그램 등이 이에 해당한다. 이런 전용프로그램(응용프로그램)들은 각각의 특성에 맞는 개발언어를 사용하여 프로그래머들이 만들게 된다. HTML, ASP, JSP, C++, JAVA, AJAX 등이 있다. 이런 응용프로그램들을 쉽게 만들고, 기능을 개선할 수 있도록 하는 개발언어들이 지속적으로 연구되어 나오고 있다. 어떤 응용프로그램이던, 개발언어를 사용하여 만든다는 것 정도는 알아두자.

기타 바이러스 치료, 파일압축, 멀티미디어플레이어 등의 기능을 수행하는 **유틸리티 프로그램**들도 있다.

보안시스템

인터넷의 가장 큰 특징은 개방성과 표준성에 있다. 즉, 누구에게나 접속이 허용되고, 표준화 되어 있어, 이용에 대한 제약이 적다. 1년 365일 하루 24시간 항시 접속이 가능하도록 열려있기 때문에 **보안**에 상당히 취약하다. 다시 말해서 e비즈니스를 하기 위해서 구축해놓은 시스템이 언제 누구가의 공격을 받아 작동을 멈추거나, 비밀스런 정보들을 유출 당할 수 있는 것이다. 2000년대 초반 인터넷의 붐을 타고 수많은 e비즈니스가 생겨났지만, 보안에 대해서는 크게 그 중요성을 인식하지 못한 것이 사실이다. 그러나 e비즈니스가 성숙한 지금 보안이 뚫리면, 큰 타격을 입게 된다는 것을 명심해야 한다. e비즈니스 시스템이 성숙

할수록 지켜야할 정보들이 많아지기 때문이다.

기업들은 e비즈니스의 보안을 위해 방화벽(Firewall)을 많이 설치한다. 방화벽은 e비즈니스 시스템과 기업 외부의 네트워크간의 접속이 일어날 때, 허가 받지 않은 사용자들이 불법적으로 시스템 자원 및 데이터에 접근하는 것을 막아, 시스템의 파괴, 비밀유출 등의 행위를 방지하는 정보보안 시스템이다. 허가되지 않은 자가 외부에서 내부의 시스템에 접근하려 할 때 이를 검열하고 차단한다. 방화벽을 통해 사용자 인증을 거쳐야 외부에 공개되지 않은 시스템에 접근이 가능하고, 사용자의 접속기록은 저장된다. 중요한 자료를 교환할 때는 암호화를 해서 혹시 외부에 유출이 되어도 알 수 없도록 한다. 이외에도 인터넷상에서 거래 등이 발생할 경우, 공인된 인증기관에서 발급받은 전자인증서를 통해, 사용자의 신분을 확인하고, 거래의 안전을 보장하는 방법도 있다. 인터넷 뱅킹 등에 많이 쓰이고 있다.

사회적인 이슈가 될 만한 보안 사고가 지금도 끊이지 않고 있다. 2005년 9월에는 공공기관의 인터넷 민원서류 발급 시스템에 대한 보안 문제로 나라가 시끄러웠다. 당시 국정감사에서 행정기관에서 서비스하는 인터넷 민원서류가 쉽게 개인에게 유출되어, 위변조가 가능한 것으로 드러났다. 특히, 등기부등본도 포함되어 있어 큰 파문이 일었다. 부동산 관련 서류의 위조는 개인의 재산권이 침해당할 소지가 커서 그냥 간과할 수 있는 상황이 아니었다. 뒤늦게야 정부는 인터넷 민원서류 발급을 잠정 중지하고, 대책 마련에 나섰지만, 사후 약방문 이었다. 2008년 2월에는 회원 수가 약 1,800만 명에 이르는 국내 최대의 인터넷쇼핑몰 A사에서 회원들의 개인정보가 대량으로 유출되는 사건이 발생하였다. 온라인쇼핑몰은 누구나 쉽게 이용을 하고, 거래정보가 남기 때문에 보안 사고가 발생하면 아주 치명적이다. 지금도 크고 작은 보안사고가 끊임없이 발생하고 있는 만큼, e비즈니스를 수행하려는 기업은 보안에 각별한 주의를 기울여야 한다. 보안의식을 높여야 한다.

지불시스템

금전적인 거래가 수반되는 e비즈니스에서는 지불시스템(결제시스템)을 반드시 갖추어야 한다. 온라인상에서 상품을 구매하는 가장 큰 이유는 거래의 편의성이다. 인터넷을 이용해 내가 원하는 물건을 쉽게 찾고 구매를 하였는데, 구매대금의 지불을 위하여 별도로 은행에 가서 송금을 한다고 생각해 보라 이 얼마나 귀찮은 일이겠는가! 이렇게 구매자를 귀찮게 하는 일은 없도록 해야 한다. 따라서 구매와 동시에 대금처리까지 이어질 수 있도록, 한 프로세스 상에서 모든 과정을 끝낼 수 있는 **전자지불시스템**을 갖추고 있어야 한다. 전자지불시스템은 다양한 결제수단을 제공하여, 어떤 수단으로도 구매를 끝낼 수 있게 하는 것이 좋다. 구매하려는 사람이 지불할 수 있는 수단이 없어, 구매를 포기하지 않도록 해야 한다. **신용카드 결제, 실시간 계좌이체, 가상계좌 결제, 휴대폰 결제, ARS결제, 상품권이나 포인트 결제** 등 다양한 지불수단을 갖추고 있는 것이 좋다. 그런데, 이 많은 결제수단을 갖추려니 막막하다. 비용도 만만치 않게 들것이다. 그러나 고민할 필요는 없다. 다양한 결제수단을 이용할 수 있도록 처리를 대신해주는 전자결제대행서비스를 이용하면 된다. 흔히 PG(Payment Gateway)서비스라 하며 이런 서비스를 제공해주는 회사를 PG사라고 한다. KSNET, KCP, 이니시스, 데이콤 등의 회사들이 있다. 기업의 e비즈니스 시스템과 PG사의 전자결제시스템을 연동하게 되면, 상품 거래 시 결제가 PG사의 시스템을 통해서 이루어지게 된다. 거래대금은 일정한 주기로 PG사가 정산하여 기업에게 송금을 하게 된다. 기업은 전자결제시스템을 이용한 대가로 수수료를 PG사에게 지급해야 한다. 거래금액의 일정 비율 혹은 정액으로 지급한다.

해당 웹사이트에서만 통용되는 제3의 화폐수단을 만들어, 현금처럼 쓸 수 있게 하는 **전자현금시스템**도 있다. 온라인 게임 아이템, 미니홈피 꾸미기 아이템 등을 구매할 때 해당사이트에서 통용되는 별도의 화폐단위를 구매하도록 하는 것이다. 이런 제3의 화폐단위를 구매하기 위해서는 PG서비스 등을 우선 이용해야 하지만, 한번 구매하여 충전해 놓은 제3의 화폐는 이동이 쉽다는 장점이 있다. 서로 선물로 주고받을 수도 있고, 각종 이벤트랑 연계하여 경품으로 지급하기도 용이하다. 제3의 화폐로 제휴된 쇼핑몰 등에서 상품을 구매하는데 쓸 수도 있다. e비즈니스의 성격에 따라 필요하면 전자현금시스템의 도입도 고려해야 한다.

Case Study IBM의 e비즈니스 추진 사례

기업의 위기에서부터 IBM의 'e비즈니스'는 시작되었다.

1981년 IBM이 출시한 PC(퍼스널컴퓨터)의 대명사 'IBM PC 5150'은 단기간에 선풍적인 인기를 끌면서 IBM에 큰 이익을 가져다주었다. 1984년 IBM의 순익은 약 66억 달러라는 기록적인 수치를 기록하였다. IBM의 핵심 사업인 대형컴퓨터 사업과 아울러 PC사업은 IBM의 위상을 확고히 다지고 있었다. 그런 IBM이 약 10년 만인 1990년대 초반 몰락의 길을 걷게 된다.

적자가 지속되던 대형컴퓨터(메인프레임) 사업에 회사의 역량을 고집스럽게 집중하던 중에, 다른 회사에서 경쟁력 있는 신규 PC 브랜드가 출시되어 PC 사업에서도 큰 이익을 보지 못하게 되었다. 더군다나 시장의 수요를 제대로 읽지 못해서, 대형컴퓨터나 PC시장에서 하드웨어 부문이 더 클 것으로 오판하고, 컴퓨터의 핵심이 되는 CPU와 O/S(운영체제) 시장을 인텔과 마이크로소프트에 넘겼다. 이후 마이크로소프트와 인텔은 '윈텔(Wintel, Windows+Intel)연합'을 구축하면서, IT업계의 강자로 군림하고 있다. PC산업을 주도했던, IBM이 시장의 수요를 제대로 읽었다면, 손쉽게 O/S나 CPU 시장에 진출 할 수 있었을 것이다. 그러나 시장의 수요에 대한 오판과, 안일하고 방만한 경영으로 스스로 어려움을 자초 했던 것이다. 이때를 IBM의 '빅블루(Big Blue) 시대'라고 일컫는다. 조직은 방대하고 만성적인 적자에 허덕이는 빈사상태의 IBM을 로고색상에 빗대어 비유적으로 불렀던 것이다. IBM은 뒤늦게야 O/S의 중요성을 깨닫고 PC의 새로운 운영체계인 'OS2'를 발표하고, 윈텔연합을 본떠서 'IBM+애플' 연합을 만들었다. 그러나 이 모든 것이 실패로 돌아가면서, IBM은 갈 방향을 잃고, 누적적자가 약 17조에 이르게 되었다.

이러한 상황에서 1993년 IBM을 위기에서 구해내기 위해 루이스 거스너(Louis V. Gerstner) 회장이 취임하게 되었다. IBM의 80여년 역사상 처음으로 외부에서 영입된 CEO였다. 루이스 거스너 회장의 취임 후, IBM은 '고객중심의 경영혁신'을 실천하여 끊임없는 변화를 거듭하였고, 마침내 만성적자에서 벗어나 2000년대 초반 한 해 81억 달러의 흑자를 기록하였다. 답이 보이지 않는 절망의 길에 있던, IBM이 불과 수년 만에 아주 극적으로 IT의 대표기업으로 재기한 것이다.

루이스 거스너 회장의 취임 당시의 IBM은 내부적으로는 기업의 규모가 크고 복잡했으며, 프로세스는 중복되어 비효율적이었고, 조직이 분산되어 문제에 대한 대응이 느렸다. 우수한 기술과 인재를 보유하고 있고, 외부적으로는 그간 쌓아온 폭넓은 고객기반이 있음에도 불구하고, 이를 고객을 위한 가치 창출로 만들지 못하고 있었다. 고비용 구조와 팽배한 관료주의가 IBM을 망치고 있었다.

위기의 IBM을 구해내기 위해 루이스 거스너 회장은 강력한 리더십을 바탕으로 구조조정을 통해 조직을 슬림화하고, 업무프로세스를 개선하여 표준화하고, 사업전략을 개편하는 등 여러 경영혁신을 단행하였다. 그런 혁신이 가능하도록 'e비즈니스' 강력히 추진하였다.

IBM이 위기를 극복하기 위해서 추진했던, 'e비즈니스'에 대해서 살펴보겠다. IBM의 'e비즈니스' 크게 두 가지로 요약할 수 있다. 첫째는 '기업내부의 e비즈니스화'이고, 둘째는 '고객의 e비즈니스화'이다.

기업내부의 e비즈니스화

IBM은 비핵심 사업의 철수, 불필요한 자산의 매각, 인력 감축 등의 구조조정을 통해 고비용, 저효율 구조를 개선하였다. 동시에 전 세계적으로 분산되어 비효율적이었던 조직과 제품분야를 '하나의 IBM(One IBM)'으로 통합하였다. 조직 전체를 체계적으로 통합하고, 우수한 기술력, IT 통합 서비스 능력, 폭넓은 고객 기반을 전사적으로 활용하고자 하였다. 이를 위해 IBM은 전사적인 지식경영 인프라를 구축하는 기업내부에 e비즈니스를 도입하였다.

IBM은 전 세계 약 170여 개국에 산재한 방대한 고객지원 조직과, 20여개에 이르는 분산된 사업부문을 조정하였다. 조직을 효율적으로 관리하기 위해, 웹 기반의 통합된 관리시스템을 도입하였다. 각 사업조직마다 별도로 존재하던 고객지원, 재무회계, 제조, 인사 등의 업무프로세스를 11개의 핵심 프로세스로 통합하고, 고객 중심 관점에서 업무프로세스를 재설계하였다. 시장의 요구에 유연하게 대처할 수 있는 체계적인 시스템을 갖추게 된 것이다.

전 세계 150여개의 데이터 센터를 25개로 줄여서 통합관리 할 수 있었고, 3~4년 걸리던 제품의 개발주기를 16개월로 단축하였다. 웹 기반의 고객지원 시스템을 통한 고객문의 해결건수는 1998년 1천4백만 건에서 2001년 1억 2천만 건으로 크게 늘었다. 직원교육도 웹을 통한 원격교육으로 전환하여, 비용을 줄이고 언제든 교육을 받을 수 있는 체계를 갖추었다. 원격교육 비중이 1998년 15%에서 2001년에는 43%로 크게 증가하였다.

또한, 6,700여개가 넘는 협력사, 개발업체, 공급업체를 흡수하는 네트워크 중심의 글로벌 협업 시스템을 갖추어, 매년 2억 7천만 달러의 비용절감 효과를 거두기도 하였다.

전 세계 30여만 명의 직원 간 신속히 정보를 전달하고, 의사소통을 하고, 지식을 공유하는 e비즈니스 경영 시스템을 구축해, 역동적이고 창조적인 기업문화를 새로이 만들게 된 것이다.

고객의 'e비즈니스화'

IBM은 시장의 변화에 맞추어 사업전략을 개편하고 핵심역량을 집중하였다. 머지않아 인터넷을 중심으로 한 네트워크 세상이 올 것을 간파하고, 1997년 'e비즈니스'라는 개념을 업계 최초로 주장하였다. 이에 따라, '고객을 위한 e비즈니스'에 회사의 핵심역량을 집중하고, 개방형 환경에 맞추어 인프라를 인터넷 기반으로 재구축하였다.

전 세계의 분산된 영업조직을 고객 수요관점에서 산업별 제품 조직으로 재구성하였다. 고객의 산업을 더 깊이 이해할 수 있는 산업별 솔루션 조직으로 개편하여, '고객의 e비즈니스화'를 가장 효율적으로 지원하도록 하였다. IBM의 기술력과 경험을 바탕으로 고객의 e비즈니스를 최적으로 지원하고, 차별화된 가치를 제공할 수 있도록 한 것이다. 과거 하드웨어 중심의 IBM이 고객의 'e비즈니스'를 돕는 서비스회사로 거듭난 것이다. 고객의 e비즈니스화를 지원하는 End-to-End 솔루션과 서비스를 제공하는데 집중하면서, 세계 최대의 컨설팅회사가 되었다. 1993년 IBM 총매출의 27%에 불과하던 '서비스 사업' 부문이 2001년에는 350억 달러를 기록하며, 총매출의 41%를 차지하는 '서비스회사'로 변신에 성공한 것이다.

▌End-to-End 솔루션 : 어떤 비즈니스 프로세스를 시작점에서 최종 완결되는 끝점까지 하나의 환경에서 수행할 수 있도록 통합한 솔루션

또한, 로터스를 인수해 그룹웨어 및 지식경영 솔루션을 확보하고, 티볼리 인수를 통해 네트워크 시스템 분야의 경쟁력을 키우는 등 고객에게 e비즈니스 통합 솔루션을 제공하는 회사로 입지를 강화하였다.

현재 IBM의 e비즈니스 서비스 비중은 50%가 넘는다. IBM은 몰락의 길에서 시장의 요구를 반영하여, 과감하게 e비즈니스기업으로 변신하여 재기에 성공하

였다. IBM이 지속적인 혁신으로, 'e비즈니스'를 주도하는 대표기업의 자리를 유지할지 관심의 눈으로 지켜보자.

e비즈니스 추진 스텝(Step)

온라인 쇼핑몰을 구축하던, 홈페이지를 만들던, 아니면 기업내부에 전자결제 시스템을 구축하던, 어떤 e비즈니스를 하더라도 체계적으로 단계를 밟아야 한다. e비즈니스의 종류에 따라 추진 스텝(Step)이 다소 다르긴 하지만, 크게 보면 비슷한 과정을 거친다.

여기서는 웹사이트를 이용하여, 고객과의 거래관계를 수반하는 e비즈니스를 중심으로 추진 스텝을 살펴보겠다.

Step 1. 비즈니스 분석(기획) 단계

처음 시작하는 단계이고, 이후의 단계를 수행할 때, 방향을 제시하는 아주 중요한 단계이다. 분석(기획) 단계가 잘 못되면, 이후 단계를 아무리 잘 수행해도 다 소용없는 일이 된다. 스피드를 중시하는 속도경영 시대이기는 하지만, 제대로 된 기획이 나올 때까지 이 단계에 충분히 시간을 할애해야 한다.

아이템 발굴 → e비즈니스모델 수립 → 시장분석

이 단계에서는 아이템 발굴, e비즈니스모델 수립, 시장분석을 진행한다. 시장의 상황을 예의 주시하고 있다가 기회를 발견하고, 그 속에서 사업아이템을 찾아낸다. 여기서 사업아이템은 전혀 새로운 아이템일 수도 있고, 유사한 아이템이 있음에도 불구하고 차별성이 뛰어날 수도 있다. 시장자체의 성장성이 크기

때문에 경쟁시장에 뛰어드는 아이템일 수도 있다.

사업아이템이 결정되면, e비즈니스모델을 수립한다. e비즈니스 모델은 수행주체와 대상에 따라 분류하였던 B2B, B2C, C2C 등 중에서 어떤 모델로 비즈니스를 할 것인지를 결정한다. 판매대상이 누구냐에 따라 규모, 마케팅, 거래방식, 물류 등 운영방식이 달라지기 때문에 중요하다.

다음으로 면밀히 시장분석을 해야 한다. 경제상황, 산업 환경은 어떻고, 소비자의 성향은 어떤지 조사한다. 경쟁 환경이 어떤지도 고려해야 한다. 경쟁사의 움직임을 파악하고, 필요하면 벤치마킹을 통해 좋은 것은 받아들여야 한다. 자료를 통한 분석, 실증적 조사, 전문가 의견 청취 등의 방법을 통해 분석을 수행한다. 만약, 분석 과정에서 e비즈니스 모델이나 발굴한 아이템이 잘못되었다는 것을 발견하게 된다면, 이전 과정으로 돌아가 해당 작업을 다시 수행해야 한다. 시장분석 과정에서 이전 과정의 오류를 발견하고도 그냥 진행하게 되면, 2단계(Step 2)부터는 다시 돌이키기 힘든 상황이 된다.

시장분석 과정을 마치게 되면 사업의 비전과 목표를 수립한다. 목표에는 손익계획을 포함하여 구체적인 내용을 담는다.

Step 2. 비즈니스 전략수립 단계

두 번째 단계에서는 첫 번째 단계에서 정의된 내용을 토대로 **사업전략**과 **마케팅전략**을 수립한다. 사업전략이나 마케팅전략을 수립하기 위해서는 기업의 대내외적인 상황을 정확하게 분석하는 것이 중요하다. 주로 SWOT(Strength, Weakness, Opportunity, Threat) 매트릭스를 통한 분석 방법이 많이 사용된다. 기업 내부 요인에서 강점, 약점을 분석하고, 외부 환경적 요인에서 기회, 위기 요인을 도출하여, 최적의 사업전략과 마케팅전략을 수립하는 기준으로 삼는다.

먼저, **사업전략 수립**에 대해서 알아보자.

사업전략은 사업아이템과 e비즈니스 모델의 장점을 극대화하거나, 단점을 극복할 수 있는 전략적 포인트를 잘 잡아 수립하여야 한다. 다양한 사업전략이 구사될 수 있다. 여기서는 몇 가지 예를 제시할 것이다. 이를 토대로 창의적인 사업전략을 수립하기 바란다.

사업전략에는 **공급과 관련된 전략**이 있다. 상품에 대한 확실한 공급, 경쟁력이 있는 상품 공급이 가능하다면, **직접 판매 전략**을 구사할 수 있다. 상품을 직접 제조한다거나, 공급선이 확실할 경우 사용할 수 있는 전략이다. 반면, 직접 상품을 공급하기보다 **수수료 전략**을 사용할 수도 있다. 거래가 될 수 있는 e-Marketplace 만을 제공하여 거래 당 수수료를 주요 수입원으로 하는 것이다. 입점형의 온라인쇼핑몰 등이 주로 취하고 있는 방식이다. 자금여력이 있다면, **저작권 수집전략**을 사용할 수 있다. 디지털 콘텐츠에 대한 저작권을 구매하여, 일반 사용자에게 재판매하여 수익을 창출하는 방식이다. 미니홈피나 블로그를 꾸미는 스킨, 글꼴 등의 아이템을 판매할 때, 제3자가 디자인한 아이템의 저작권을 사서, 사용자에게 재판매하는 경우가 이에 해당한다.

부과방식을 달리하는 판매전략을 핵심 사업전략으로 추진할 수 있다. 디지털 콘텐츠의 경우 일정 기간 동안 이용하게 하는 **기간 부과 방식**으로 사업을 전개할 수 있다. 흔히 정액제라고 하는데 1일에서 수개월, 년 단위로 이용요금을 부과하는 것이다. 영화 콘텐츠 이용, MP3 다운로드 서비스 이용 시 많이 적용되고 있다. 건당 부과 방식에 비해 판매건당 수익은 줄어들겠지만, 안정적인 고정 수익을 거둬들일 수 있다. 사업초기 안정화를 위한 기반마련이 우선일 때 사용할 수 있다. 단, ID를 공유해서 여럿이 탈법적으로 이용하는 경우에 대한 대책을 수립하여야 한다. 따라서 일반적으로는 물리적 상품이던, 디지털 상품이던,

한 건의 거래에 대해 대가를 지불하는 방식인 **건당 부과 방식**을 많이 선택한다. 온라인 쇼핑몰 상품 구매, 영화콘텐츠, 벨소리 다운로드 등 많은 경우가 이에 해당하다. 온라인 광고, 키워드 검색광고에서 클릭당 과금하는 경우도 이에 해당한다. 그 외 **입장시 부과 방식**도 있다. 일단 접속하여 입장을 하면 과금을 하고 접속이 끊어질 때까지 콘텐츠나 서비스를 이용할 수 있다.

상품 자체의 차별화를 기대하기 어려운 아이템이라면, 상품을 보다 다양화하여 차별화를 꾀하는 **상품 다양화 전략**을 선택하는 것도 좋다. 똑같은 정보콘텐츠라도 **일정 기간**이 지난 콘텐츠는 가격을 할인하여 다양화할 수 있다. 웹기반으로 특정 업무용 소프트웨어를 제공하는 ASP(Application Service Provider) 상품이라면, 일부 **기능의 제한**에 따라 하나의 업무용 소프트웨어의 상품을 다양화 할 수 있다. 벨소리, 이미지와 같은 디지털 콘텐츠의 경우에는, 화음이나 화소의 차이를 두어, **데이터의 질과 양을 달리**하고 가격을 다양화하는 전략을 선택할 수도 있다. 이러한 상품 다양화 전략은 소비자에게 보다 많을 선택권을 제공하여 구매이탈을 방지하는 효과가 있다.

시장과 관계된 전략을 수립할 수 도 있다. 예를 들어, 시장현황을 분석하여, 사업 아이템이 시장을 선점할 수 있는 아이템이라면 **시장선점전략**을 사용할 수 있다. 시장에 빨리 진입한 후, 진입장벽을 세운다. **시장경쟁력강화** 전략을 사용할 수도 있다. 어떤 부분의 경쟁력을 강화할 것인지를 모색한다. 가격경쟁력을 우선시 할 것인지, 기능 및 서비스 차별화 전략을 우선시 할 것인지 등을 선택한다. 기존 고객을 새로운 사업아이템의 소비자로 전환시키는 **고객전환전략**을 주요한 사업전략으로 선택할 수도 있다. 신규고객을 확보하는 비용은 기존 고객을 유지하는 비용의 5배 이상이 소요된다는 것을 잊지 말아야 한다.

지금까지 나열한 사업전략은 순전한 예시이다. 사업적 판단에 따라 몇 가지를 혼합한 사업전략을 수립할 수 있다. 여기서 제시하지 못한 수많은 사업전략이 있다. 아무도 생각 못한 새로운 사업전략도 있다. 이를 참고하여 창의적으로 전략을 수립하기를 바란다.

다음 **마케팅전략**을 알아보자.

마케팅은 한마디로 '누구에게 무엇을 어떻게 해서 팔 것인지를 결정'하는 것이다. 흔히 4Ps(Product, Price, Place, Promotion) 마케팅믹스 접근법을 통해, 어떤 제품을 팔 것인지를 결정하고, 제품의 가격, 유통방법, 판촉전략 등을 수립한다. 4Ps 외에도 마케팅전략 수립을 지원하는 여러 방법론이 있으니 참고하기 바란다.

마케팅전략을 수립할 때 한 가지 명심해야 할 것은 온라인과 오프라인을 통합하는 IMC(Integrated Marketing Communications)관점으로 접근해야 한다는 것이다. 즉, 동일한 메시지를 온, 오프라인 통합하여 동시에 커뮤니케이션함으로써 마케팅 효과를 극대화해야 한다. 몇 년 전에 SK텔레콤에서 진행했었던, '현대생활백서' 캠페인이 IMC관점의 통합마케팅의 좋은 예이다. 이 캠페인은 온/오프라인 통합 관점으로 진행되어, 상당한 효과를 거두었다고 평가된다. 오프라인에서는 대대적으로 TV CF, 아웃도어 광고 등의 집행과 책 출판이 이루어졌고, 동시에 온라인에서는 웹진발행, 온라인 이벤트를 통해 소비자의 참여를 유도하였다. 이 캠페인 이후 한 개그프로그램에서 '현대생활백서'를 패러디한 코너가 인기를 끌었는데, 그 성과를 반증하는 것이 아닌가 싶다.

Step 3. 시스템설계(기획)

사업전반에 대한 기획이 1~2단계에서 수행되었다면, 여기서는 사업의 실체가 되는 e비즈니스 시스템. 즉 온라인 쇼핑몰과 같은 웹사이트를 기획하는 단계이다. 웹사이트를 기획할 때는 단순히 디자인적, 기술적 완성도뿐만 아니라, 내용적인측면(Contents), 사용성측면(Usability) 등이 종합적으로 고려되어야 한다. 웹사이트에 담을 내용, 구조, 화면을 설계하는 과정으로 이루어진다.

내용설계 → 구조설계 → 화면설계

내용설계는 그 안에 담을 콘텐츠를 기획하는 것이다. 쓸모없는 콘텐츠는 과감히 버리고, 중요한 콘텐츠에 이용자들이 직관적으로 다가갈 수 있도록 하는 것이 중요하다. 어떤 콘텐츠로 구성할 것이냐에 따라, 웹사이트의 구조가 결정되기 때문에, 화려한 화면이나 기능보다도 우선시 돼야 한다.

다음 과정으로 구조설계를 하게 된다. 어떤 콘텐츠를 담을 것인지가 결정되고, 이 콘텐츠들을 어떻게 구조적으로 정리할 것인가를 설계하는 과정이다. 잘

웹사이트 구조설계도(Site Structure) 예시

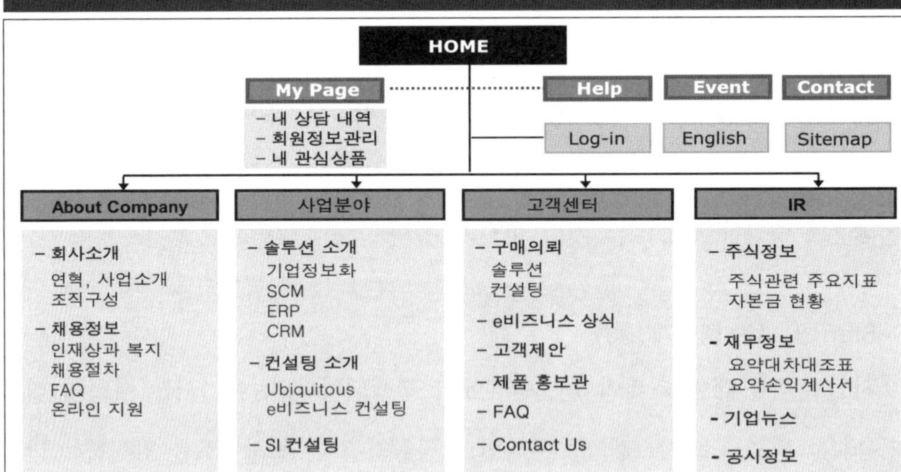

된 구조화 작업이 정보전달의 효율성을 극대화할 수 있다. 각 콘텐츠들을 메뉴 구조로 구성을 한다. 주(Main)메뉴, 하위(Sub)메뉴, 내용페이지(Contents) 등으로 분류하거나, Depth1, Depth2, Depth3 등의 정보의 깊이에 따라 분류한다.

구조설계 과정이 끝나면, 다음은 화면설계를 한다. 전문용어로 스토리보드(Story board)를 그린다고 한다. 이용자의 모니터에서 보여 지는 실제 개별화면 하나하나를 설계하고, 그리게 된다. 화면의 레이아웃(Layout)을 결정하고, 그래픽 요소(색상, 폰트크기 등)를 정의한다. 디자인적인 면을 고려하면서, 가독성을 높이기 위해 메뉴를 어떻게 노출할 것인지를 결정한다. 사용자가 웹사이트의 정보를 보다가 헤매지 않도록, 현 위치를 항상 파악할 수 있게 하는 사용자중심의 항해설계가 이루어져야 한다. 예시된 화면설계도를 참고하기 바란다.

웹사이트 화면설계도(Storyboard) 예시

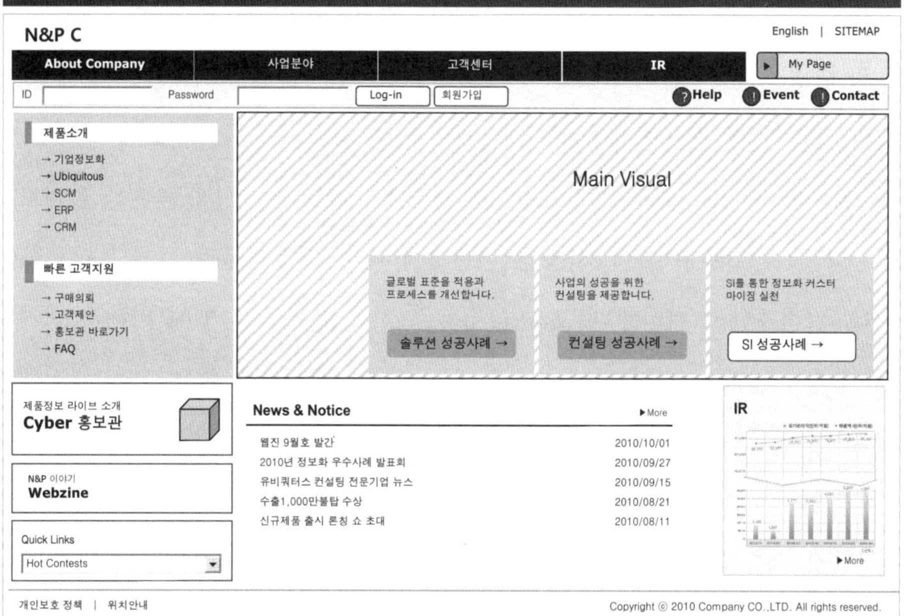

Step 4. 시스템 구축과 테스트

3단계에서 이루어진 기획을 토대로 웹사이트를 구축하는 작업에 들어간다. 어떤 아이템의 e비즈니스냐에 따라 적게는 2~3개월 길게는 6개월 이상이 걸리기도 한다. 설계에 따라 프로그래밍을 하고 디자인 및 코딩 작업을 진행한다. 기획이 잘 반영될 수 있도록, 기획과 제작단의 유기적인 협조아래 작업이 진행돼야 한다. 철저한 일정관리, 문서관리가 이루어져야 한다. 만약 구축단계에서 기획안대로 구현이 어려울 경우, 과감히 전단계로 돌아가 재검토를 하는 것도 필요하다.

웹사이트의 제작을 진행하면서, 지불시스템과 보안시스템도 구축하여야 한다. 지불시스템은 e비즈니스의 실질적인 거래가 이루어지는 중요한 시스템이다. 고객의 편의성을 극대화하면서 구매포기를 방지하기 위해, 다양하고 안전한 지불수단을 제공해야 한다. 보안시스템 구축도 각별히 신경을 써야한다. 개방과 공유의 환경 기반인 인터넷의 특성상, 유출되기 쉬운 개인정보, 거래정보에 대한 보안이 점점 더 중요해지고 있다. 실제로 관련 사고사례가 계속해서 터지고 있다. 자세한 사항은 본 책의 '보고 넘기면 되는 e비즈니스 상식들'편을 살펴보기 바란다. 또한, 웹사이트에 사용된 콘텐츠에 대한 지적재산권 문제도 유의해야 한다. 지적재산권 시비에 휘말리면, 유료로 사용할 때의 금액에 비해서 적게는 몇 배에서 많게는 수십 배에 이르는 금전적 대가를 치룰 수 있음을 명심해야 한다.

구축을 다 끝마쳤으면, 웹사이트를 오픈하기 전에 테스트 및 평가를 진행한다. 자칫 소홀하기 쉬운 과정이지만, 면밀한 테스트를 통해 잘못된 부분을 집어내어 품질을 높여야 한다. 테스트 과정은 보통 몇 단계를 거치게 되는데, 예를 들면, 먼저 개발자 테스트를 통해 오류 발견과 수정을 반복하고, 이를 통과하면, 실무자 테스트를 통해 다시 오류발견과 수정을 반복한다. 기업에 따라 전문 테스터가 있을 수도 있고, 외부에 의뢰할 수도 있다. 이 테스트를 수행할 때는 평가질의서를 작성하고, 이를 기준으로 평가를 진행해야 한다. 평가질의서 없이 임의로 테스트를 진행하면, 오류가 누락되기 쉽다.

Step5. 운영과 유지보수

테스트과정을 마치면, 시스템을 오픈하고 e비즈니스를 시작하게 된다. 이때부터는 시스템에 대한 운영과 유지보수 업무를 수행해야 한다. 시스템을 중심으로 구현되는 e비즈니스이기 때문에, 실시간 모니터링을 통해, 시스템을 항시 가용상태로 유지해야 한다. 문제가 발생하면 즉시 처리를 해야 한다. 기능개선이라든가, 새로운 기술의 도입 등이 필요할 때는, 시스템을 업그레이드(Upgrade)할 필요도 있다. 이를 위해 물적, 인적자원이 투입 돼야 한다.

e비지니스의 추진 Step

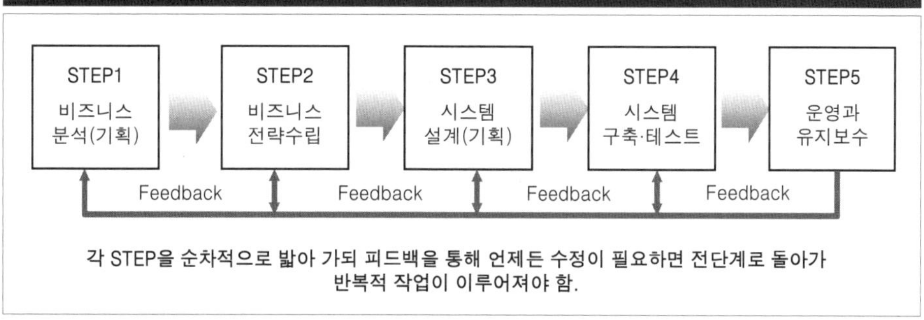

Case Study 네슬레(Nestle) e비즈니스 사례

네슬레는 스위스에 기반을 둔 다국적 식품 기업으로 초창기에는 유아식품 생산으로 명성을 얻었다. 1900년대부터는 사업의 다각화에 힘써 현재는 다양한 제품군의 식품을 생산하는 종합식품기업이 되었다. 수십 개국에 지사가 있고, 직원도 수십만 명에 이르는 식품분야에서 명실상부한 세계 1위의 기업이다.

네슬레 성공의 핵심은 '글로벌전략'과 '현지화전략'이라고 잘 알려져 있다. 하지만, 네슬레가 인터넷기반의 e비즈니스를 도입하지 않았다면, 그런 전략은 성공하기 힘들었을 것이다.

글로벌전략과 현지화전략으로 네슬레는 빠르게 규모의 성장을 했지만, 경영효율성이 저하되었다. 성장위주의 경영을 하다보니까, 업무를 처리하는 프로세스가 늘어나고, 조직이 제대로 통제되지 않았다. 세계 각국 지사간의 의사소통과 부서간의 의사소통 문제가 반복적으로 발생하였다. 프로세스를 다시 정립하지 않으면, 업무처리 생산성이 지속적으로 떨어지는 것을 막기 힘든 상황이 되었다.

그런 상황에 네슬레는 업무 프로세스와 의사소통 문제를 개선하기 위해, 인터넷을 활용한 e비즈니스를 하기로 결정을 한다. 새로운 e비즈니스 환경에서 기업이 지속적으로 성장을 할 수 있도록 4가지의 e비즈니스 핵심 원칙을 천명하게 된다. 운영의 효율성(Operation Efficiency), 지속적인 혁신과 쇄신(Innovation and Renovation), 시간・공간・방법을 초월한 제품판매(Sales of product 'whatever, wherever, however'), 고객과의 향상된 의사소통(Better communication with customers)이라는 핵심원칙을 세우고, e비즈니스를 도입하기로 결정한다.

네슬레가 도입한 e비즈니스의 면면을 살펴보자. 네슬레는 ERP(Enterprise Resource Planning)를 도입하여 내부 업무의 효율성을 제고하게 된다. 도입 전에는 5종의 이메일시스템과 20여 종의 회계 · 재고관리 프로그램 등을 사용하였다. 같은 제품에 지사별로 다른 코드를 사용하는 등 정보의 교류가 불가능하였다. 이런 문제를 해결하기 위해 네슬레는 ERP를 도입하여, 업무와 정보의 표준화를 이루고, 의사결정에 도움이 되는 통합정보를 산출할 수 있게 된다. 6개의 통합 데이터센터를 통해, 전 세계 직원 간에 정보공유를 실시간으로 실현하게 된다.

네슬레는 내부 업무뿐만 아니라, 외부 협력업체, 고객과의 업무를 효율적으로 처리하기 위해 e비즈니스를 활용하게 된다. 네슬레가 식품 제조사이다 보니 원료구입에서 제조, 배송, 유통 등에 많은 회사의 리소스가 투입되고, 높은 커뮤니케이션 비용이 들어가는 상황이었다. 이런 문제점을 해결하기 위해, 모든 구매절차를 인터넷을 통해서 처리하는 구매전용 웹사이트를 구축한 것이다. 이 웹사이트를 통해 커뮤니케이션 비용을 획기적으로 절감하게 된다. 그리고 슈퍼마켓, 소매점 등의 연간 10만 건에 이르는 제품 공급 주문을 처리하는 비용도 적지 않았다. 이를 해결하기 위해 주문전용 웹사이트를 구축하여, 상당한 비용을 절감하게 된다.

또한, 네슬레는 다양한 제품을 취급했기 때문에, 소비자의 정보와 니즈(Needs)를 조사하는데 많은 비용이 지출되었고, 어려움을 겪을 수밖에 없었다. 적극적으로 고객을 관리하기도 어려운 상황이었다. 그러나 인터넷을 활용한 e비즈니스를 통해 조금 더 적극적으로 소비자에게 다가갈 수 있었다. 소비자 접점에 있는 소형상점을 위한 주문전용 웹사이트를 통해 소비자의 정보를 얻고, 소비자의 구매패턴을 분석할 수 있었다.

VeryBestBaby.com이라는 웹사이트를 구축해, 미주지역의 고객을 대상으로 유

* verybestbaby.com 웹사이트 화면캡쳐, 2008년 3월

아, 육아정보를 제공하고 있다. 고객과의 쌍방향 의사소통으로, 새로운 아이디어를 획득하거나, 불만사항을 처리하고 있다. 자연스럽게 제품도 알리고, 이미지 제고를 하고 있다.

네슬레는 전통적인 제조기업 이지만, 인터넷과 정보기술을 통해 변화를 추구하고 있다. e비즈니스를 통해 내·외부 운영의 효율성을 높이는데 주력하고 있다. 네슬레는 시장의 크기가 거의 변동하지 않는 식품 제조 분야에서 안정적인 성장을 지속하기 위한 해법중의 하나가, e비즈니스라는 것을 잘 보여주고 있는 것이다.

3

e비즈니스 모델과 성공사례

다양한 e비즈니스가 출현하면서, 공통적인 요소를 찾아, 몇 가지 전형적인 형태(Model)로 분류를 하게 되었다. e비즈니스의 수행주체와 대상주체에 따라, 각 e비즈니스 모델을 분류하고, 특성을 정의하게 된 것이다. 각 e비즈니스 모델에 대한 개념, 특성, 필요조건 등을 알아보고, 사례를 소개한다.

e비즈니스 모델의 분류
기업(Business)이 수행 주체가 되는 모델 : B2B, B2C
소비자(Customer)가 수행 주체가 되는 모델 : C2C, C2B
정부(Government)가 수행 주체가 되는 모델 : G2B, G2C
개인(Person)이 수행 주체가 되는 모델 : P2P

e비즈니스 모델의 분류

인터넷 기업들이 비즈니스 모델의 특허출원에 열을 올리면서, 수많은 비즈니스 모델들이 등장하게 된다. 그것들을 공통적으로, **비즈니스 모델의 수행주체와 대상주체**에 따라 몇 가지 형태로 분류할 수 있게 된다. 그것이 B2B, B2C, C2B, G2C, G2B, P2P 등 이다. 즉, e비즈니스를 실행하거나, 대상이 되는 주체를 기업, 고객, 정부라고 정의하고, 이 주체들을 기준으로 비즈니스 모델을 분류한 것이다. 기업(Business), 소비자(Customer), 정부(Government)의 알파벳 첫 글자를 따서 'B2C', 혹은 'BtoC' 등으로 표현한 것이다. to(혹은, 2) 앞에 오면 e비즈니스의 '수행주체'가 되고 to 뒤에 오면 '대상주체'가 된다.

'B2C', 'BtoC'라고 칭하는 e비즈니스 모델에는 거래관계자들(수행주체, 대상주체)간의 관계와 역할에 대한 규명, 이들 간의 상품, 정보, 돈의 흐름, 수익원에 대한 정의 등이 포함되어야 한다. e비즈니스 모델은 인터넷기술과 정보기술을 매개로 성립하게 된다.

기업(Business)의 입장에서 어떤 사업을 시작할 때, 다른 기업(Business)을 상대로 할 것인지(B2B), 소비자(Customer)를 상대로 할 것인지(B2C), 정부(Government)를 상대로 할 것인지(B2G)를 결정하는 것은 중요하다.

Customer : Customer(고객)는 포괄적 의미라 Consumer(소비자)를 사용하기도 한다. C2C는 Consumer to Customer라고 쓴다. 맞다. 복잡하다. 그냥 본 책에서는 'C'는 Customer로 통일한다.

한 기업이 새로운 '인터넷 경매시스템'을 개발하였다면, 대상을 누구로 하느냐에 따라 여러 비즈니스 모델을 구사할 수 있다. 이것을 솔루션화하여 기업을 상대로 판매를 할 수도 있고

(B2B), 인터넷 마켓플레이스(Marketplace)를 구축해서 소비자들끼리(C2C) 중고물품을 거래하게 할 수도 있다. 혹은, 기업들은 물건을 공급하고, 소비자들은 경매에 참가하여, 물건을 거래할 수 있는 e마켓플레이스를 구축할 수도 있다. 이럴 경우 B2C 모델이 된다. 이렇게 한 아이템을 가지고 누구를 상대로 비즈니스를 할 것이냐에 따라, 다양한 비즈니스모델 구현이 가능하다. 따라서 시장 상황을 잘 분석하여, 사업아이템에 적합한 형태의 비즈니스 모델을 선택해야 한다. B2B 모델로 할지, B2C 모델로 할지가 결정되면, 그 모델에 따라 비즈니스의 목표와 사업전략을 수립한다. 비즈니스모델의 형태에 따라 목표와 사업전략이 달라진다. 이것은 e비즈니스 시스템을 설계하는 과정에서도 마찬가지다.

그러면, 지금부터 각 e비즈니스 모델에 대해서 사례와 함께 하나씩 살펴보도록 하자.

기업(Business)이 수행 주체가 되는 모델 : B2B, B2C

기업(Business, B)이 중심이 되어 비즈니스를 수행하는 모델이다. 비즈니스의 대상을 다른 기업(Business)으로 할 때 B2B이고, 대상을 소비자(Customer)로 할 때 B2C 모델이라고 한다. 비즈니스 수행기업은 다른 기업 또는, 소비자에게 상품을 공급하고, 그 대상주체들은 대가로 돈을 지불하여, 수행기업에 수익을 가져다주는 모델이다. 이 모델을 구현하기 위해서는 수행주체와 대상주체간의 네트워크 연결기반이 필요하다. 거래와 커뮤니케이션을 자유롭게 할 수 있어야 한다. 과거에 B2B 거래를 위해서는 기업 간 합의로 별도의 전용망을 구성해야 했다. 지금은 표준화된 네트워크 플랫폼인 인터넷이 보편화되어, B2B, B2C 거래를 위한 기반이 자연스럽게 갖추어져 있다.

B2B(Business to Business)**모델**의 대표적인 예로는 MRO(Maintenance, Repair, Operation)를 들 수 있다. 기업 간의 협업체계를 시스템으로 구축한 SCM(Supply Chain Management)도 이에 해당한다.

▌MRO(Maintenance, Repair, Operation) : 원자재, 부품에서 일반소모품에 이르기까지 기업에 필요한 물품을 거래할 수 있는 마켓플레이스

B2B모델의 구체적인 사례로 미국의 NTE(National Transportation Exchange)시스템을 살펴보겠다. 미국의 대형 트럭 운송업계는 트럭이 공차상태로 운행되는 것 때문에, 아주 골치를 썩고 있었다. 트럭이 화주에게 화물 운송을 끝내고 나면, 공차상태로 돌아오는 경우가 많았다. 도로에 쓸데없이 뿌려지는 시간과 연료비로 인해, 비효율적으로 운행이 되고 있었던 것이다. 이를 착안해서 NTE는 공차로 돌

아오는 트럭과 화주를 연결하는 중개시스템을 구축하게 된다. 공차로 돌아오는 트럭이 중간 경유지에서 화주의 화물을 싣고, 또 다른 중간 경유지에 들러 화물을 운송하고 돌아올 수 있도록 한 것이다. NTE시스템에 접속하여, 트럭회사들은 공차 운송관련 데이터를 입력하고, 주문업체들은 필요한 운송조건을 조회하여, 내게 맞는 검색결과가 있으면 화물운송 주문을 한다. NTE시스템은 운송주문을 트럭회사에 전달한다. 그러면 트럭은 공차로 돌아오는 길에, 주문업체에게 화물을 받아 인수자에게 배송하게 된다.

NTE시스템을 통해, 주문업체는 보다 저렴한 비용으로 운송서비스를 이용하고, 실시간으로 화물의 이동 상태를 조회할 수 있다. 트럭회사는 추가적인 수익을 발생시킬 수 있다.

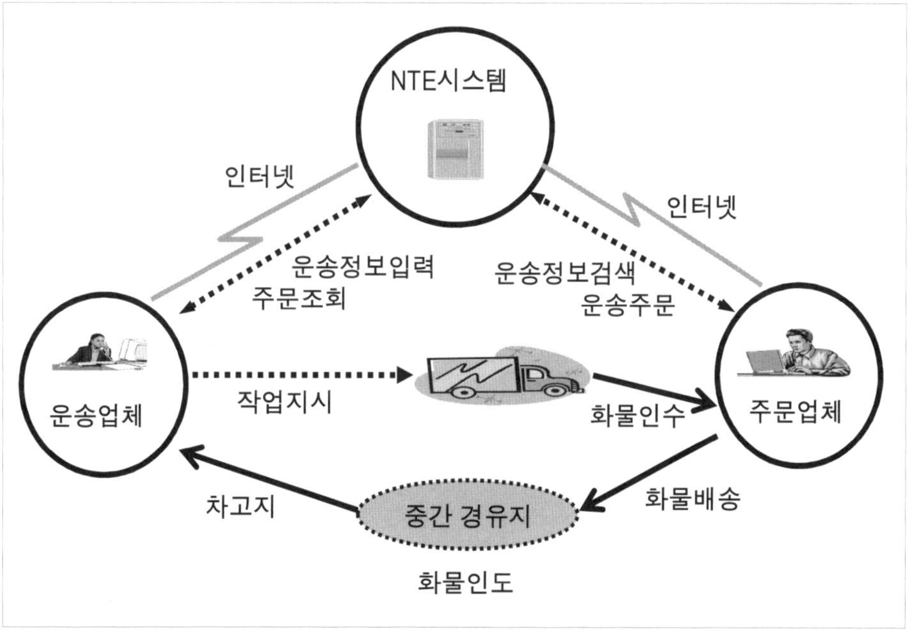

NTE는 중개수수료를 받는다. 그야말로 모두가 윈윈(win-win)할 수 있는 좋은 비즈니스 모델인 것이다.

B2C(Business to Customer)**모델**의 가장 대표적인 예로는 온라인 쇼핑몰을 들 수 있다. 상품공급업자가 직접 온라인쇼핑몰을 구축하여, 소비자(Customer)를 상대로 판매를 할 수도 있다. 업체(Business)가 입점형의 온라인쇼핑몰을 구축하고, 다른 상품공급업체(Business)들이 등록한 상품을 소비자가 구매할 수도 있다. 이런 형태를 'B2B2C'모델이라고도 한다. G마켓(Gmarket), 옥션(Auction)과 같은 온라인쇼핑몰이 이 경우에 해당한다.

이 외에도 온라인공간에서 기업이 소비자를 상대로 하는 모든 비즈니스가 이 범주에 속한다고 볼 수 있다. 온라인게임회사가 게임유저(User)를 상대로 아이템을 판매하는 것, 은행의 인터넷뱅킹, 택배회사가 온라인으로 주문을 받는 것 등 다양한 형태의 B2C 모델을 실생활에서 경험할 수 있다.

소비자(Customer)가 수행 주체가 되는 모델 : C2C, C2B

소비자(Consumer, C)가 직접 수행주체가 되어 기업을 대상으로 혹은 다른 소비자를 대상으로 거래를 하는 e비즈니스 모델이다. 소비자와 소비자 간의 거래 형태인 C2C(Customer to Customer)가 있고, 소비자와 사업자간의 거래 형태인 C2B(Customer to Business)가 있다.

과거 벼룩시장에서는 개인이 사용하던 물품을 다른 사람에게 직접 판매했는데, 그것을 **C2C모델**이라 할 수 있다. 현재는 인터넷의 발달로 인해 이 같은 소비자 간의 거래가 더욱 활성화 되고 있다. 중고품 경매사이트에서 소비자간의 거래가 활발히 이루지고 있다. 한국의 옥션(Auction), 미국의 이베이(eBay) 등이 소비자 간의 중고품거래사이트로 시작해 성공을 거둔 대표적인 사례이다. 소비자 간의 거래에 있어서는 소비자와 소비자를 엮어주는 매개시스템이 반드시 필요하다. 이 매개시스템의 역할을 했던 것이 옥션, 이베이와 같은 웹사이트이다. C2C모델은 상대방을 전혀 모르는 상태에서, 인터넷을 통해 개인적으로 거래가 이루어지기 때문에, 상호간의 신뢰를 보장하기 어렵다는 문제가 있다. 따라서 매개시스템이 어느 정도의 신뢰 보장을 해줘야 한다. 예를 들면, 매개시스템이 구매자에게 대금을 지급 받고, 물품인도가 확인이 된 후, 판매자에게 대금을 송금하는 역할을 해야 한다.

비록 금전적인 거래는 없더라도, 소비자 간의 정보나 콘텐츠를 주고받는 것도, C2C모델의 한 형태라고 할 수 있다. e비즈니스모델을 이야기할 때, 수익원에 대한 규정이 있어야 한다고 했다. 직접적으로 돈이 오고가지는 않지만, 내게 필요한 정보를 얻은 것 자체로 이득이 되었으니, 수익이 창출된 거라 볼 수 있

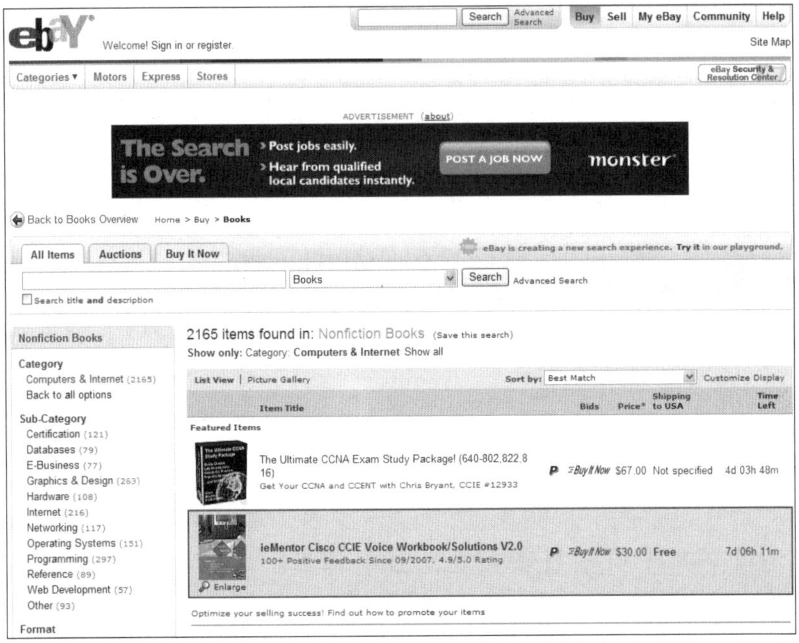

* eBay의 웹사이트 화면캡쳐, 2008년 3월

다. 그것으로 수익원에 대한 규정을 할 수 있다. 커뮤니티사이트를 예로 들어보자. 공동의 관심사나 목적을 가진 사람들이 인터넷상에서 모여서 정보를 공유하고, 필요한 것들을 얻어간다. 일일이 여기저기에 정보를 찾으러 다니거나, 물어보고 않아도, 커뮤니티사이트에 가면 원하는 정보를 쉽게 얻을 수 있다. 사람들과의 관계의 폭도 넓힐 수 있다. 그것으로 수익이 생기는 것이다.

C2B모델은 소비자가 주체가 되어, 기업을 상대로 거래를 하고, 수익을 창출하는 모델이다. 소비자가 주체가 되어 기업을 상대로 수익을 창출한다? 얼핏 이해가 잘 가지 않을지 모르지만, 충분히 가능하다. 이렇게 생각을 해보자. 사람들은 누구나 소비자이면서 경제활동을 한다. 기업에 직원으로 속해서 일을 하고, 그 대가로 월급이라는 것을 받는다. 소비자 개인이 기업과 거래하여, 기업을 상

대로 노동력을 제공하고, 돈을 벌어들인 것이다. 수익을 창출한 것이다. 이런 것들이 온라인을 기반으로 이루어질 때, 그런 형태를 C2B모델이라고 할 수 있다. 최근의 사례를 하나 들어보겠다. 2000년대 중후반은 동영상 시대의 전성기라고 할 수 있다. 사용자들이 직접 제작한 UCC 동영상이 많은 사람들로부터 관심을 끌면서, 기업들의 광고수단으로 이용되고 있다. 인기 많은 UCC동영상에 기업의 광고를 싣고, 그 동영상을 사람들이 볼 때마다 금전으로 보상을 해주는 것이다. 기업들이 내 광고를 소비자가 봐준 대가로 돈을 지급하는 것이다. 소비자에게는 수익이 생기고, 기업은 효과적인 광고를 집행할 수 있으니 좋다. 앞으로 이러한 새로운 형태의 C2B모델이 많이 등장할 것이다.

UCC : User Created Contents. 사용자들이 제작한 동영상, 사진 등의 콘텐츠를 말함.

수익을 상대적 이익 관점으로 보면, 또 다른 형태의 C2B모델도 찾을 수 있다. 바로 인터넷 공동구매이다. 인터넷 공동구매를 통해 소비자 여럿이 모여서, 기업을 상대로 상품을 저렴하게 팔 것을 요구한다. 기업은 다수의 소비자가 물건을 한 번에 구매한다면, 개별 소비자와 일일이 거래할 때 발생되는 비용을 줄일 수 있기 때문에, 충분히 물건가격을 저렴하게 공급할 수 있다. 거래가 성사되면, 공동구매에 참여한 소비자들은 다른 소비자들보다 물건을 저렴하게 구매하여, 상대적 이익을 볼 수 있다. 수익이 발생한 것이다. 인터넷을 통해서 얼마든지 쉽게 모일 수 있는 소비자들이 구매력(Buying Power)을 키워서, 기업에게 저렴한 가격의 상품공급을 요구할 수 있는 것이다.

미국의 프라이스라인(Priceline)사는 1998년 4월부터 C2B 형태의 항공권 예매시스템을 운영하고 있다. 그러나 여느 항공권 예매사이트와는 전혀 다른 역경매(Reverse Auction)시스템을 운영하고 있다. 소비자가 예매사이트에서 원하는 일시,

목적지, 가격을 입력하면(Name your own price), 그 조건에 응할 항공회사를 찾아, 소비자와 연결시켜주고 있다. 소비자는 저렴한 항공권을 구하기 위해 여기저기에서 알아볼 필요가 없으니, 시간적, 금전적으로 수익이 발생한다. 소비자가 적극적으로 거래의 주체가 되어, 수익을 창출하는 C2B 모델의 모범적인 사례라고 할 수 있다. 한가지, 이것은 군소 항공회사가 많은 미국이라 가능한 모델이다.

* Priceline의 웹사이트 화면캡쳐, 2008년 3월

정부(Government)가 수행 주체가 되는 모델 : G2B, G2C

정부(Government, G)가 수행 주체가 되어, 기업과 국민, 즉 소비자를 대상으로 거래활동을 하는 e비즈니스 모델을 말한다. 정부가 기업을 상대로 하는 비즈니스 모델은 G2B(Government to Business)라 하고, 소비자를 상대로 하는 비즈니스 모델은 G2C(Government to Customer)라고 한다. 정부가 기업과 국민을 상대로 비즈니스를 한다는 것이 좀 의아할지 모르겠다. 그러나 정부가 기업과 국민을 대상으로 세금을 걷어 들이고, 정부의 조달 사업을 기업에 의뢰하고, 이런 것들은 모두 거래와 수익을 기반으로 하는 비즈니스 모델이라고 할 수 있다.

최근 정부 중심의 비즈니스가 인터넷을 중심으로 많이 이루어지고 있다. 급격한 환경변화에 따라 정부혁신이 요구되면서, 그 일환으로 e-Government(전자정부)가 화두가 된지 오래 되었다. 정부기관에서 수행하는 일들이 인터넷을 통해서 처리되어 행정편의를 제공하고, 지식행정을 달성하는 모델들이 계속해서 나오고 있다.

▌지식행정 : 지식경영과 빗대어 지식행정이라고 저자가 칭해보았다. 저자는 정부의 모든 지적재산을 통합 관리하여 행정을 펼치는데 효율화를 기하는 것을 의미하였다.

G2B모델의 좋은 사례로 조달청의 입찰시스템을 들 수 있다. 정부가 공공분야의 정보화와 대민서비스를 개선하고, 정부시설공사 입찰의 투명성, 공정성, 신속성 등을 확보하기 위해, 기업을 상대로 하는 입찰시스템을 구축한 것이다. 이 온라인 입찰시스템을 통해 정부의 시설공사 목록은 누구에게나 공개된다. 기업들이 절차에 따라 입찰을 등록하면, 낙찰자 선정에서 계약체결과정에 이르기까지 모든 과정이 인터넷상에서 공개된다.

G2C모델의 사례는 국세청의 홈택스(Hometax) 서비스를 들 수 있다. 납세자는

* 조달청 나라장터 웹사이트 화면캡쳐, 2008년 3월

국세청에 직접 방문하지 않고, 국세청 웹사이트에 접속하여, 세금을 납부하고, 각종 민원증명을 발급하는 등 여러 행정업무를 해결할 수 있다. 홈택스(Hometax) 서비스는 대국민 편의성 제공은 물론, 조세의 확보에도 크게 기여하고 있다. 전자고지를 받은 납세자는 자동으로 입력된 납부관련 정보를 확인하고, 은행을 선택한 후 계좌번호와 계좌비밀번호만 입력하면, 간편하게 세금 납부가 가능하다. 과세자료를 제출하거나, 체납세액을 조회하기 위해 국세청을 직접 방문해야 했던 일들은, 이제 몇 번의 클릭으로 편하게 내 컴퓨터를 통해서 할 수 있게 된 것이다. 수십 종류의 민원서류도 온라인 신청을 통해서 발급받을 수 있다.

서두에 언급하였듯이 전자정부(e-Government)를 표방하면서 여러 G2B, G2C 모델이 출현하고 있는데, 그것은 우리나라만의 일은 아니다. 전 세계 각국이 전자정부가 되기 위해서 타국을 벤치마킹하기도 하고, 여러 기관들이 매년 전 세계

* 국세청 홈택스 웹사이트 화면캡쳐, 2008년 3월

의 전자정부 순위를 발표하기도 한다.

'과연 인터넷 강국이라는 한국의 전자정부 순위는 어떻게 될까?' 그와 관련한 재미있는 에피소드가 있다. 때는 2004년으로 거슬러 올라간다. 미국의 브라운대학교는 정부의 전자간행물, 데이터베이스관리, 보안, 온라인서비스 등의 기준을 가지고, 각 국의 전자정부 순위를 발표하게 된다. 당시 대한민국은 세계 32위로 발표된다. 반면 우리의 주변국인 대만, 싱가폴, 중국 등은 10위권을 기록한다. 이에 우리 정부는 말도 안 돼는 순위이고, 도대체 어떤 근거로 그런 순위를 발표했는지 모르겠다는 입장을 표명하게 된다. 그도 그럴 것이 다른 기관에서 발표한 전자정부 순위에 따르면, 당시에 대한민국은 10위 이내 이거나 못해도 10위권이었기 때문이다. 참고로 UN이 2003년 발표한 전자정부 순위에서 대한민국은 13위를 기록하였다. 일개 대학교의 발표에 정부가 공식입장을 표명하는 뜨거운 반응을 보고, 미국의 브라운대는 깜짝 놀라게 된다. 그래서 인지 모르지만, 브라운대학은 2006년 전자정부 순위에서 마침내 대한민국을 세계 1위의 자리에 올려놓게 된다.

우리나라 정부의 반응이 다소 과민한 부분이 없지는 않지만, 그만큼 각 국의 정부들이 전자정부를 만드는 데 많은 공을 들이고 있다는 방증이 아닐까 생각한다. 앞으로도 더 편리한 G2B, G2C 모델이 많이 등장하길 기대해 본다.

개인(Person)이 수행 주체가 되는 모델 : P2P

P to P(Person to Person, Peer to Peer)는 인터넷에 접속하여 개인(Person, P)과 개인 간의 정보를 공유하는 유형을 말한다. 개인의 컴퓨터에 있는 정보를 다른 개인에게 공개하여, 자유스럽게 퍼갈 수 있게 하고, 그렇게 퍼간 정보는 또 다른 개인과 공유하게 된다. 누구나 상호간에 공개된 개인의 컴퓨터 저장 공간에 직접 접근해서, 필요한 정보를 가지고 온다는 점에서, 공급자와 소비자 관계가 고정적이지 않다. 누구나 공급자인 동시에 소비자가 되는 것이다.

2000년대 초중반에 P2P 서비스는 디지털 음원인 MP3의 등장과 더불어 급속하게 성장을 하게 된다. 불법 복제된 하나의 MP3는 이 P2P서비스를 통해, 사용자들에게 급속하게 전파되었다. 이로 인해 더 이상 소비자의 지갑이 음반을 사는데 열리지 않았고, 음반 산업은 장기불황의 시대를 맞게 된다. 저작권법을 침해하는 무분별한 MP3의 불법복제는 양질의 문화, 예술 콘텐츠를 양성하는데 걸림돌이 되었다. 국제적으로도 디지털 콘텐츠의 저작권 보호 문제가 사회적인 이슈로 대두하게 된다. 결국, P2P서비스하는 업체가 법정에 설 수 밖에 없는 상황이 되었다.

미국에서 1999년 5월에 설립된 '냅스터'는 P2P기반의 MP3 파일 공유시스템을 제공하여, 2년도 안 되서 회원수가 5,500만 명에 이르는, 거대 웹사이트로 급성장하였다. 국내에서도 꽤 많은 사용자들이 '냅스터'를 사용하였다. '냅스터'의 급성장에 위기를 느낀 미국의 음반협회(RIAA)는 지적재산권 침해로 '냅스터'를 제소하게 된다. 장기간의 법정공방을 끝에, 마침내 2001년 2월 미국 샌프란시스코 고등법원(항소법원에 해당)은 '냅스터'가 지적재산권을 침해하였다고 판결하였다.

웹사이트의 폐쇄위기에 몰린 '냅스터'는 음반협회와의 화해를 모색해서 유료화로 전환하고, 그 대가를 지불하기로 하면서, 겨우 폐쇄를 모면하게 된다. 이런 미국의 지적재산권에 대한 판결은 국내 P2P서비스에도 영향을 미치게 된다.

국내의 경우, '소리바다' 역시 2000년 5월 P2P 서비스를 시작해 폭발적인 인기를 끌게 되고, 2001년 한국음반협회는 '소리바다'를 저작권 침해로 제소하게 된다. 이때부터, '소리바다'는 법정공방으로 시달리게 된다. 2002년 2월 법원이 '소리바다'에 대해 서버사용 중지명령을 내리자, '소리바다'는 서버를 거치지 않고, P2P 서비스를 할 수 있는 '소리바다2'를 내놓았다. 당시 많은 사용자들이 '소리바다' 서비스가 계속되기를 응원하기도 하였다. 음반협회는 다시 '소리바다'를 상대로 소송을 제기하여, 2005년 1월 '소리바다2'에 대한 가처분 결정이 내려졌다. 이후 '소리바다3' 버전이 나오게 된다. '소리바다3' 역시 법정에 서게 되어, 2005년 8월 30일 가처분결정이 내려지고, 다시는 무료로 P2P 서비스를 제공할 수 없도록 원천봉쇄 된다. 이어 2005년 11월에는 '소리바다' 서비스의 전면중단 결정이 내려진다. 이후, '소리바다'는 유료화를 도입하기로 하면서, '소리바다5.0', '소리바다6.0' 서비스를 시작하였다. 그러나 이 역시 저작권 침해 문제를 완전히 탈피하지 못하면서, '소리바다'는 여전히 고전을 면치 못하고 있다.

한때, 4천억 원을 넘던 음반시장은 2007년 약 847억 원으로 축소되었다. 이것은 대중예술 발전에 도움이 되지 않는 현상이다. 이런 현상은 비단 음반 산업에서만 벌어질 수 있는 문제는 아니다. 다양한 문화 대중예술분야에서 콘텐츠들이 디지털화 되면서, 저작권 보호 문제는 전 방위적으로 발생되고 있다. 또한, P2P 서비스에서만 저작권 침해가 있는 것이 아니다. 인터넷상에서의 디지털화 된 정보가 무분별하게 복제되면서, 지적재산권 문제는 이해당사자간에 첨예하게 대두되고 있다. 이를 해결하기 위해 제도적인, 법적인 정비가 필요하다. 물론, 저

* 소리바다 웹사이트 화면캡쳐, 2008년 3월

작권보호를 위한 네티즌(Netizen)들의 자발적인 참여가 더욱 절실하지만 말이다.

지금까지 P2P의 부정적인 요소만 강조된 것 같은데, P2P 장점을 잘 살린 긍정적인 시도도 있다. 바로 'SETI@home'이라는 프로젝트다. 미국의 버클리대와 미항성학회 등은 공동으로 외계 생명체가 있는지를 알아보기 위해, 복잡한 연산을 수행할 슈퍼컴퓨터를 필요로 하였다. 자연 현상을 분석하기 위해서는 거대한 연산이 필요하기 때문에 슈퍼컴퓨터가 필요하다. 가끔, 언론들이 기상청에서 정확한 일기예보를 위해 최신의 슈퍼컴퓨터를 몇 대씩 도입했는데도, 일기예보가 틀리다는 질타를 하는 것을 생각해 보면 쉽게 이해가 갈 것이다. 이러한 복잡한 연산을 P2P를 통해서 해결하려는 시도가 바로 'SETI@home'이라는 프로젝트다. 즉, 어마어마한 연산을 작은 단위로 쪼갠 후, P2P를 통해서 연결된 전 세계의 컴퓨터들이 각 각 작은

SETI@home : SETI는 'Search for Extraterrestrial Intelligence'의 약자

단위의 연산을 수행토록 한 것이다. P2P로 연결된, 각 각의 컴퓨터들은 남는 리소스를 활용해 연산을 수행한다. 각 각의 컴퓨터에서 연산 결과가 나오면, 그것을 모아 큰 연산 결과로 만들게 된다. 이러한 개념을 일종의 그리드 컴퓨팅이라고 하기도 한다. 분산 컴퓨팅이라고도 불리는데, '그리드(Grid)'는 '격자'라는 뜻으로 전 세계의 수많은 컴퓨터가 인터넷을 통해서 연결되어, 마치 전력 회선처럼 균등하게 컴퓨터 자원이 공유되고, 계산처리능력을 극대화할 수 있는 차세대 디지털 신경망이라 할 수 있다.

제 2 부

이제는 유비쿼터스 경영이다

1. IT 분야의 새로운 관심 유비쿼터스
2. 유비쿼터스를 준비하는 정부(u-IT839전략)
3. 현재 유망한 유비쿼터스 제품과 서비스 5선

지금까지 IT 비즈니스, e비즈니스 전반에 대하여 고찰을 하였다. IT에 대한 이해와 e비즈니스 추진 단계, e비즈니스 모델에 이르기까지 포괄적으로 접근을 해보았다. 이제 제2부에서는 **'IT분야의 새로운 관심 유비쿼터스(Ubiquitous)'**에 대해서 알아보고자 한다.

1990년대 후반부터 2000년대 중반까지 인터넷의 발전은 소비자의 생활과 기업환경에 큰 영향을 주었다. 기업들이 인터넷을 활용한 비즈니스로 성공을 거두기도 하고, 실패를 맛보기도 하면서 시시비비가 엇갈렸다. 인터넷이 어떤 기업에게는 기회가 되고, 다른 기업에게는 위기가 된 것이다. 신생기업들이 인터넷을 활용한 비즈니스로 큰 성공을 거두기도 하였다. 어떤 기업들은 기존 사업을 축소하고, 새롭게 인터넷 비즈니스를 재도약의 발판으로 삼기도 하였다. 인터넷이라는 시대적 흐름을 읽지 못하여, 역사의 뒤안길로 영원히 사라지는 기업도 나타났다. 이렇게 인터넷이 기회와 동시에 위기가 되는 사업 환경을 제공하면서, 인터넷을 중심으로 한 IT의 발전이 급격하게 이루어 졌다. 이는 기업의 성장동력이자 국가의 성장동력이 되어왔다. 그러나 엔진이 오래되면 힘이 달리듯이, 이제 그 동력의 힘이 약해지고 있다. 기업들에게 좀 더 획기적이고 파괴력 있는 사업기회를 제공할, 새로운 신성장동력이 필요하게 되었다. 이런 상황에서 등장한 것이 유비쿼터스 개념이다. 유비쿼터스 중심의 IT가 기업에는 새로운 수익모델과 기회를 제시하고, 국가적으로는 신성장동력으로써의 역할을 할 것이라고 많은 전문가들이 예상하고 있다. 국가에서는 유비쿼터스 시대를 준비하기 위해 u-IT839라는 전략을 수립하여 추진 중에 있고, 각 기업들도 이에 발맞추어 유비쿼터스를 준비하고 있다. 과거 인터넷 물결이 그랬듯이, 향후 10년 유비쿼터스의 물결이 생활저변의 변화뿐만 아니라, 기업들의 비즈니스 환경도 바꾸어 놓을 것이다. 바야흐로 유비쿼터스가 IT분야의 뜨거운 화두가 된 것이다.

우리는 과거 인터넷을 통해서 경험을 하였다. 인터넷의 물결을 잘 타서 성공하기도 하였고, 실패하기도 하였다. 유비쿼터스라는 새로운 패러다임도 마찬가지다. 우리에게 기회가 될 수도 있고, 동시에 위기가 될 수도 있다.

유비쿼터스를 기회로 만들려면, 눈을 크게 뜨고, 귀를 기울여야 한다. 관심에서부터 모든 것이 시작된다. 아직 관심을 가지지 못하고 있는가? 그렇다면 이 책을 통해서 관심을 가지기 바란다. 시대적 흐름을 무시하지 말고, 준비를 하기 바란다.

유비쿼터스에 대한 이해를 돕고, 정부나 기업들이 유비쿼터스 시대를 어떻게 준비하고 있는지 알아볼 것이다. 유비쿼터스가 실제로 상용화되고 있는 사례들도 살펴보도록 하겠다.

1

IT분야의 새로운 관심 유비쿼터스(Ubiquitous)

유비쿼터스(Ubiquitous)의 어원, 정의, 국내 도입 배경 등을 소개한다. 언론을 통해 소개된 유비쿼터스, 영화속의 유비쿼터스 이야기 등을 통해 그 개념부터 쉽게 이해하기를 바란다.

뜨거운 이슈, 유비쿼터스(Ubiquitous)란?

최근 정보통신 분야에서 새로운 관심을 끌면서, 최고의 화두가 되고 있는 것이 유비쿼터스(Ubiquitous)이다. 유비쿼터스는 가까운 미래에 우리가 받아들여야 하고, 생활 주변에서 아주 자연스럽게 접하게 될 새로운 패러다임이다.

유비쿼터스(Ubiquitous)란 **'언제 어디서나 동시에 존재한다.'** 또는, '도처에 널려 있다'라는 뜻의 라틴어에서 유래되었다. 1988년 복사기 제조회사인 제록스의 마크와이저(Mark Weiser)가 '유비쿼터스 컴퓨팅'이라는 용어를 사용하면서, 처음으로 제기한 개념이다. 작은 초소형 전자기기 시스템을 통해, 사람 눈에 보이지 않게 사물과 물리 공간에 컴퓨터를 장착하고, 사물-공간, 공간-사람, 사람-사람, 사람-사물 간 네트워크 환경을 구성한다는 것이 '유비쿼터스 컴퓨팅'의 개념이었다.

유비쿼터스를 3A(Anytime, Anywhere, Anything 혹은 Anydevice) 산업이라고도 한다. 집안의 가전은 물론 자동차, 시계, 안경, 의류 등 사람이 이용하는 어떤 물건으로든 네트워크 연결을 통해 언제 어디서나 상호 통신이 가능하도록 한다는 의미이다. 유비쿼터스는 사람이 컴퓨터나 네트워크를 의식하지 않는 상태에서, 언제나 장소에 구애받지 않고, 네트워크에 접속할 수 있는 환경을 제공한다. 갑자기 인터넷을 이용해야 할 때, 컴퓨터를 찾아서 부팅을 하고 인터넷에 접속하는 귀찮은 절차 없이, 네트워킹 돼있는 내 주변의 기기를 찾아 손쉽게 이용하면 된다. 그래서 생활 속의 컴퓨팅(Pervasive Computing), 눈에 보이지 않는 컴퓨팅(Invisible Computing), 끊김 없는 컴퓨팅(Seamless Computing)이라고도 한다.

유비쿼터스 환경이 구축되려면, 네트워크의 속도가 더 빨라지는 광대역통신과 컨버전스 기술, 컴퓨팅 기술이 고도화되어야 한다. 유비쿼터스의 핵심이 되는 부품, 기기 등의 저가격화도 이루어져야 한다. 사회적인 비용에 대한 고려 없이, 모든 사물에 컴퓨팅, 네트워킹 기능이 내장될 수는 없기 때문이다.

"손에 잡히는 유비쿼터스(아라까와 히로키 저)"에서도 밝힌 바 있는 유비쿼터스의 4대 핵심기술이 있다. 그 첫째는 기초기술(인증과 보안)이다. 언제, 어디서나 인터넷, 컴퓨터를 사용하려면, 사용자가 누구인지, 그 서비스를 받을 자격이 있는지, 인증이 필요하다. 그리고 어떤 환경에서도 네트워킹이 가능하다 보니, 보안에 대한 문제가 발생할 가능성이 크다. 정보와 유비쿼터스 기기가 늘어날수록, 인증과 보안이 아주 중요한 기술이 될 것이다. 둘째는 하드웨어 기술이다. 다양한 기기와 물품을 통해 컴퓨팅 기능을 사용하려면, 최상의 '휴먼인터페이스' 기술이 적용되어야 한다. 사람이 이용하기 편하고 친근한 형태로 접속이 가능해야 한다. 정보의 입력과 출력이 손쉬워야 한다. 길거리를 가다가 키보드를 가방에서 꺼내서 입력을 할 수는 없지 않은가. 음성, 손, 눈 등을 이용해 쉽게 입력을 하고, 영상, 이미지, 소리 등의 어떤 데이터라도 친근한 형태로 출력이 되어야 한다. 셋째는 엑세스(Access) 기술이다. 여러 기기, 물품 등의 하드웨어를 네트워크에 접속시켜 주는 기술이 중요하다. 셋톱박스를 연결해 TV에서 인터넷이 가능하듯이, 각 하드웨어에 맞는 엑세스 기술이 개발되고, 진화되어야 한다. 넷째는 어플리케이션(Application,응용프로그램) 기술이다. 어떤 기기, 물품이든 컴퓨팅이 되고 네트워킹이 되려면, 그것을 지원하는 프로그램, 소프트웨어 등이 개발되어야 한다. 그 기기만의 운영체계(Operating System)가 있어야 하고, 네트워크 접속을 가능케 하는 소프트웨어, 입력과 출력을 지원하는 소프트웨어 등 다양한 응용프로그램(Application)이 개발되어야 한다.

유비쿼터스 개념의 국내 도입과 확산

유비쿼터스는 2002년 4월 전자신문에서 유비쿼터스 기획기사를 다루면서, 국내에 처음 소개되었다. 그것을 계기로 유비쿼터스 개념이 일반 대중에게 알려지기 시작했고, 정보기술이 꾸준히 진화되면서, 유비쿼터스 환경이 현실화되고 있다.

유비쿼터스 환경이 구축되려면, 네트워크 속도가 빨라져서, 광대역 접속, 즉 초고속 접속이 가능해야 한다. 국내에서는 2003년에 이미 초고속 인터넷 이용자가 70%가 넘어섰고, 3,300만 명의 휴대폰가입자 중 80% 이상이 무선인터넷이 가능하였다. 유비쿼터스 환경으로 진입하기 위한 기본적인 인프라가 형성되고 있는 것이다.

또한, 유비쿼터스 환경은 언제든지 다양한 형태의 기기로 네트워크 접속을 할 수 있어야 가능하다. 컴퓨터는 물론 휴대폰, 자동차, 가전제품 등이 정보접속 단말기의 역할을 수행해야 하는데, 국내의 전자제품 기술은 이미 상당한 수준에 올라 있다.

유비쿼터스는 국내의 이런 환경과 기술력에 근거하여, 새로운 가능성을 열고, 고부가가치를 창출할 수 있는 비즈니스 영역으로 점차 인식되어 가고 있다.

유비쿼터스라는 단어가 낯설지 않게 점점 일반화되어 가면서, 공공기관과 기업할 것 없이 너도나도 'u-Something(u-무엇)'을 한다고 한다. 정부에서는 국민소득 3만 불 시대를 조기에 달성하기 위해 국가의 신성장동력 육성전략을 수립하였는데, 그것을 u-IT839라고 한다. 유비쿼터스 특구로서 대구의 칠곡지역은 u-Zone으로 지정되었다. 기업들이 미래 비전을 설계할 때도 빠지지 않고, 등장하고 있는 것이 'u-무엇'이다. 기업들의 핵심 육성 사업을 살펴보면, 유비쿼터스 관련 제품이나 서비스가 유독 많이 보인다. IT와 관련된 일을 하는 기업의 홈페이지를 한번 가보라. 유비쿼터스에 대한 얘기를 하지 않는 기업은 거의 찾아보기 힘들다.

IT 산업은 과거 PC(Personal Computer)시대를 시작으로, 인터넷시대와 모바일시대를 거쳐 계속해서 발전을 해왔다. 그리고 이제 **향후 10년 아니, 그 이상은 유비쿼터스 시대**가 될 것이다. 국내에서뿐만 아니라 전 세계적으로 유비쿼터스를 시대적 비전으로 받아들여, 그에 대한 준비를 하고 있다. 사회 전반에 걸쳐 새로운 부가가치를 창출하는 유비쿼터스라는 새로운 개념이 강력하게 등장하고 있는 것이다.

영화속에서 유비쿼터스의 미래 상상

우리는 흔히 '영화나 만화속의 이야기가 현실이 되었다.'라고 말을 한다. SF(공상과학) 영화나 만화는 미래의 세상을 상상하여 화면에 담아낸다. 이런 영화 속 장면들을 잘 살펴보면, 단편적으로나마 미래의 유비쿼터스 세상을 상상할 수 있다.

여러 사람들이 예를 많이 들고 있는데, 유비쿼터스의 미래를 가장 잘 담은 영화로 "마이너리티 리포트(Minority Report)"를 꼽을 수 있다. 2002년 7월에 개봉한 이 영화는 미국의 워싱턴 D.C.의 2054년 모습을 배경으로 한다. 스티븐 스필버그 감독은 미래의 모습을 제대로 그리기 위해, 1999년 4월에 미래학자들을 포함한 연구진을 구성한다. 이 연구진들이 영화 속 배경이 되는 도시와 미래의 환경의 모습을 정보기술의 진화측면을 고려하면서, 비교적 과학적으로 그려낸다. 영화 속 미래의 모습 중 많은 부분이 실제로 현재 개발이 진행되고 있는 정보기술을 토대로 그려졌다. 영화 속의 몇몇 장면을 떠올리면서, 유비쿼터스의 미래 모습을 상상해 보자.

유비쿼터스 환경에 맞는 새로운 컴퓨터 기기가 등장한다. 수사관인 존 앤더튼(톰 크르주 분)이 컴퓨터를 이용하기 위해, 빛이 발광하는 촉각입력 장갑을 끼고, 유리(Glass)모니터를 터치한다. 화면을 이리저리 움직이며, 아주 쉽고 역동적으로 입력하는 모습을 볼 수 있다. 새로운 입력 장치를 가진 유비쿼터스 환경의 컴퓨터를 보여준 것이다.

기억에 남는 장면중의 하나인데, 홍채를 통해 사람을 인증하고, 위치를 파악하는 생체인식시스템이 등장한다. 백화점 장면에서 광고판이 존 앤더튼의 홍채를 식별해 이름을 호명하면서, 관심 있을만한 제품을 홍보한다. 홍채인식 로봇이 돌아다니면서 사람들의 신원을 파악하고, 범죄 용의자를 추적한다. 이런 생생한 영화 속 장면들이 유비쿼터스 미래를 단적으로 잘 보여주고 있다.

놓치기 쉬운 장면도 있다. 존 앤더튼이 수사 당국의 추적을 피해 지하철 속으로 숨어들었을 때, 지하철 승객이 신문을 보고 있었다. 그것은 종이 신문이 아니고, 네트워킹 기능이 내장된 e-Paper였다. 롤 형태도 말아서 가지고 다니면서, 실시간으로 전송되는 뉴스를 볼 수 있고, 동영상 등의 멀티미디어 디스플레이도 가능하다. 영화 속에서는 존 앤더튼의 지명수배정보가 e-Paper로 실시간으로 전달되어, 지하철 승객이 보는 장면이 연출되었다.

유비쿼터스 기술이 총 집약돼야하는 지능형 교통시스템도 선을 보였다. 영화 속에서는 자기부상을 한 자동차들이 자유자재로 빌딩 벽을 오르내리고, 근접한 상태에서 아주 빠른 속도로 달리는 장면이 나온다. 현재 연구개발 중인 ITS(Intelligent Transport System, 지능형 교통시스템)가 미래에 구현된 모습을 잘 보여주고 있다. 모든 도로와 자동차들이 네트워킹 되어 차간 거리나 속도를 조절할 수 있기 때문에 무인주행, 아주 근접한 상태에서 고속 주행 등이 가능하다.

이 영화는 물론 그 밖에 다른 영화 속에서도 자주 등장하는 미래형 손목시계는 통신과 컴퓨팅 기능이 내장되어, 최첨단 기기로써의 역할을 수행한다.

마지막으로 이 영화는 유비쿼터스 환경의 부정적인 모습도 잘 보여주고 있다. 그것은 사생활 침해의 문제이다. 영화 속에서 존 앤더튼은 어디로 도망을 치더라도, 그 위치가 곧 발각되고 만다. 건물 안에 누가 있는지, 투시된 화면을 통해서 쉽게 파악이 된다. 이런 것은 유비쿼터스라는 거대한 네트워킹 환경에 모든 것들이 노출될 수 있기에 가능한 것이다.

지금도 개인정보 유출이라는 보안 사고가 종종 터지고 있다. 유비쿼터스 시대에서는 더욱 빈번히 발생할 것이다. 사생활 보호와 보안관련 기술이 더욱 중요해지는 시대가 될 것이다.

언론을 통해 본 유비쿼터스

2002년 유비쿼터스가 국내에 처음 소개된 이래 많은 언론들이 유비쿼터스에 대해 다루었다. 언론에서 소개된 내용들에 대한 분석을 통해 유비쿼터스에 대한 이해를 돕고자 한다.

2002년부터 2005년까지는 주로 유비쿼터스에 대한 개념을 설명하고, 유비쿼터스를 준비하는 기업에 대한 소개, 국가별 유비쿼터스 추진 현황 등을 주로 언론에서 다루었다.

미국, 일본, 유럽, 중국 등 여러 나라들이 향후의 경제주도권을 잡기 위해, 유비쿼터스에 사활을 걸고 있다는 기사가 많이 등장하였다. IT기술이 발전해 있는 미국의 경우, 유비쿼터스에서 주요한 기술개발을 주도하고 있다. 정보통신 업체, 대학교의 연구실을 중심으로 관련기술 연구가 진행되고 있다. 유비쿼터스 컴퓨팅 기술과 응용기술 개발에 중점을 두면서, 휴먼인터페이스 기술 표준 개발에 역량을 집중하고 있다. 기타 하드웨어, 소프트웨어, 보안 등 다방면에서 개별 연구가 진행되고 있다. 일본의 경우, 단계적 발전을 통해 유비쿼터스 네트워크 사회로의 발전을 꾀하고 있다. 휴대가 간편한 소형단말기를 중심으로, 언제든지 인터넷에 접속하고, 네트워킹이 가능한 유비쿼터스 인프라 구축에 역량을 집중하고 있다. 유럽은 유럽연합(EU)을 중심으로, 2000년대 초반 정보화사회 기술계획을 수립하면서, 여러 프로젝트를 수행과제로 선정하여, 유비쿼터스에 대한 준비를 하고 있다. 사물과 사람 간의 무선통신을 통해 자율적인 감지를 지원하고, 삶의 질을 향상시키는 방향에 초점을 맞추고 있다. 우리나라는 u-Korea를 지향하면서, 유비쿼터스를 미래의 신성장동력으로 삼아, 국가의 모든 자원을 네트워크화하고, 관련 기술을 개발하는데 총력을 하고 있다. 발달된 인터넷 인프라를 기반으로 모든 정보채널과 서비스를 통합하여 정보를 공유하고, 새로운 지식을 창출하는 지식기반사회를 만들려고 하고 있다. 단계적으로 사람, 사물, 공간을 융합하는 유비쿼터스 사회를 구현하려는 계획을 가지고 있다. 이를 위해 서비스, 인프라, 기술개발(제품) 등 3분야에서 핵심과제를 선정하고, 개발하는 u-IT839 전략을 강력하게 추진하고 있다.

국가의 유비쿼터스 추진 전략과 맞물려 각 국의 기업들이 유비쿼터스를 미래의 비전으로 설정하고, 준비하고 있다는 기사들이 많이 소개되었다. 기업들이 앞 다투어 유비쿼터스 관련 기술이나 서비스를 핵심사업으로 지정한다는 기사가 자주 등장하였다. 또한, 이 시기에는 유비쿼터스를 반영한 미래사회의 모습을 상상하는 기사도 많이 소개되었다.

2006년부터는 유비쿼터스와 관련된 서비스, 제품, 기술 등의 개발 소식이 언론에서 주로 다루어지고 있다. RFID(전자태그)에 대한 적용사례, 홈네트워크, 텔레매틱스, 소형화된 디지털 기기 등에 대한 개발 사례들이 많이 소개되고 있다. 상용화되고 있는 유비쿼터스 관련 기술 등이 지속적으로 언론을 통해 다루어지고 있고, 앞으로도 계속 이어질 것이다.

미래 사회를 이끌어 가는 정보통신의 종합과학으로써 유비쿼터스를 직접 체험하며, 느낄 수 있는 공간을 정부, 기업들이 제공한다는 기사들도 종종 접할 수 있다. 진화하고 있는 유비쿼터스 기술에 따라 실현 가능한 미래의 모습을 다룬 기사들도 지속적으로 소개되고 있다.

머지않아 유비쿼터스를 통해 새롭게 IT업계의 강자로 탄생한 기업의 성공사례가 많이 언론에서 소개될 것으로 생각된다. 내가 그 기사의 주인공이 될 수도 있고, 그냥 기사를 관심 있게 보는 제3자가 될 수도 있다.

2 유비쿼터스를 준비하는 정부

세계 각국이 미래의 신성장동력으로서 유비쿼터스(Ubiquitous)를 준비하고 있다. 국가마다 전략과 비전을 수립하고, 미래를 대비하고 있다. 우리나라도 유비쿼터스 추진 전략 수립하여 정보통신 강국으로 입지를 확고히 하고, 경제대국으로의 성장을 도모하고 있다. 이러한 국가의 전략에 발맞추어, 기업들도 준비하고 있다. 그것을 대표하는 것이 바로 u-IT839전략(구 IT839전략)이다. 정보통신부에서 2006년 발간한 'IT839전략'을 참고하여 자세히 살펴보겠다.

IT839와 u-IT839전략

우리나라의 경제성장의 성장 역사를 되짚어보면, IT산업이 경제성장을 주도한 주력산업임을 알 수 있다. 정보통신산업협회(KAIT)의 보고서에 따르면, 1998년부터 2005년 연평균 경상 GDP 증가율이 5.7%인데 비해 IT산업은 14.6%로 성장을 하였다. 2005년 IT수출은 총 수출액의 36%를 차지하며, IT수지 흑자액은 약 483억불로 전체수지 흑자액의 약 2배를 상회하였다. 과거에 비해 경제성장 속도가 둔화되고, 경제의 성장 잠재력 저하에 대한 우려가 심화되는 상황에서, IT산업은 새로운 성장 모멘텀이자 국가 발전의 원동력이 되고 있다. 더욱이 산업전반에서 일어나고 있는 컨버전스화(Convergence), 네트워크의 광대역화 영향으로 산업과 제품 간의 경계가 붕괴되고 있다. 유비쿼터스와 같은 새로운 산업이 탄생하는 기틀이 만들어지면서, 제2의 성장 모멘텀이 형성되고 있다. IT839전략은 이런 시대적 상황을 반영하여, 국가의 새로운 성장동력으로 8가지의 서비스와 3가지의 인프라, 9가지의 제품개발 등 총 20가지의 전략적인 종목을 선정하여 적극적으로 육성하겠다는 정부의 전략이다. 국가의 성장과 발전의 비전을 담은 미래핵심전략이다.

20가지 전략 종목의 면면을 살펴보면, 하나같이 앞으로 다가올 유비쿼터스 시대를 준비하는 것임은 더 말할 나위도 없다. 이를 잘 살펴서, 미래 사업의 새로운 가치를 창출할 수 있는 혜안을 가졌으면 하는 바람이다.

IT839전략은 어느 날 갑자기 나온 것이 아니다. IT839전략이 수립되기 전, 2002년 말에서 2003년 8월까지 정부에서는 우리나라 경제의 향후 5~10년 후 미래 성장을 견인해 나갈 IT신성장동력을 집중적으로 발굴하게 된다. 2002년

말, IT산업 종합발전계획의 50개 차세대 유망품목에 기초하여, 2003년 3월 기기, 부품, 소프트웨어 분야에서 9대 IT신성장동력을 선정한다. 이를 바탕으로 분야별 발전 비전 및 추진전략을 구체화하고, 2003년 8월 Broadband IT Korea(브로드밴드 아이티 코리아) 추진전략을 확정하게 된다. 이후 2004년 2월에는 IT산업의 선순환 발전전략으로 IT 가치사슬에 따라 IT839전략을 수립하게 된다. 기존 광대역 통합망과 9대 신성장동력에 8대 서비스, 3대 인프라 부문까지 확장하여, 체계적인 발전 전략을 수립한 것이다. 이후, 2006년 2월에는 국내외 IT환경 변화에 더욱 신속하고, 유연하게 대응(Speed & Soft)할 수 있도록, 기존 IT839전략을 수정하게 된다.

그것이 **u-IT839**전략이다. 유비쿼터스 시대를 제대로 준비하겠다는 의지가 강하게 담겨있는 것으로 기존 IT839 체계를 유지하면서, 일부 품목을 재조정하여 그동안의 IT기술, 시장 환경 변화를 반영한 것이다. IT산업 확대의 핵심 고리인 소프트웨어 및 IT부품, 소재분야 경쟁력을 강화하고, 단말기 간의 융합 등 기술발전 추세를 고려하여, 일부 전략 종목을 조정하였다. 8대서비스 → 3대인프라 → 9대신성장동력(제품개발)으로 이어지는 각 부분의 개념과 역할을 명확히 설정하였다. '서비스'는 IT산업 발전의 촉발자(trigger)로, '인프라'는 지식기반경제의 사회간접자본(SOC)으로, '신성장동력'은 국민소득 3만 불 달성의 성장동력(cash cow)으로 개념화 하였다. 3대 인프라는 산업 개념이 아닌, 경제 전체의 공통적인 사용 기반으로 접근을 하였다.

IT839전략은 우리나라 IT산업 정책 전반을 포괄하는 최상위 전략이다. IT산업의 미래 방향과 비전을 제시하고, 유비쿼터스 시대를 주도할 신성장의 발판을 마련하는데, 크게 기여하고 있다. IT839전략이 기업에게 미래를 준비하는 기본 방향을 제시하고 있다. 이에 따라 미래를 잘 준비하고 있는 기업들은 이미

IT839전략에 나오는 전략적 종목을 기업의 미래사업, 미래비전으로 선정하고 준비하고 있다는 것을 새겨두어야 할 것이다.

향후에도 IT 기술, 시장 환경 변화에 따라 IT839전략은 품목 재조정과 보완을 통해 우리나라의 IT산업 정책을 대표하게 될 것이다.

u-IT839 전략은 다음과 같다.

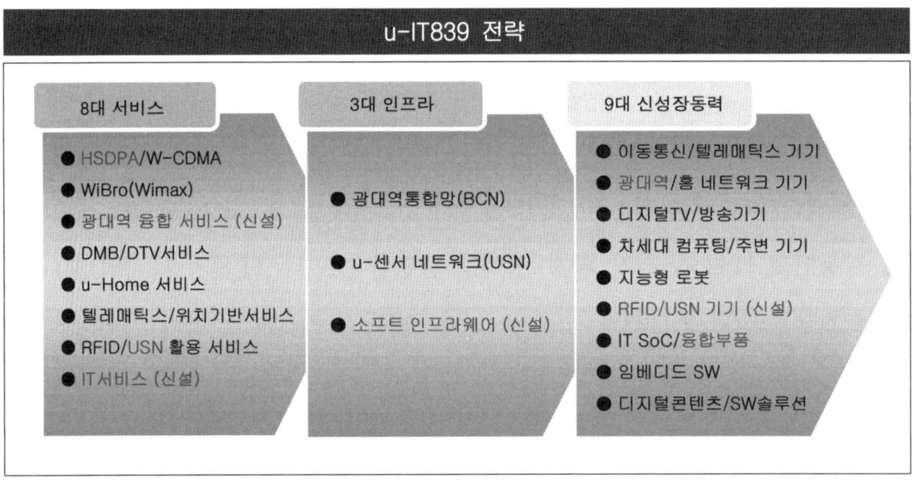

첫째, 8대 서비스 분야에서는 'IT서비스'를 신설하고, 통신, 방송 융합과 산업간 융합을 촉진할 핵심 서비스요소 육성을 위해 '광대역 융합 서비스'를 신설하였다. 기존 W-CDMA를 'HSDPA/W-CDMA'로 변경하였다. DMB와 지상파 DTV는 'DMB/DTV서비스'로 확대 통합하고, 인터넷전화(VoIP)의 경우 이미 서비스 도입이 완결되어 제외하였다. '홈네트워크 서비스'는 'u-Home 서비스'로 확대 조정하였다.

둘째, 3대 인프라 분야에서는 '소프트 인프라웨어'를 신설하고, 기기적 요소와 서비스적 요소는 추출하여, 8대 서비스와 9대 신성장동력에 각각 새로이 포함시켰다. 차세대 인터넷 주소체계(IPv6)는 '광대역통합망'에 통합하였다.

셋째, 9대 신성장동력 분야에서는 'RFID/USN기기'를 신설하여, 칩, 태그, 리더기 등의 기기적 요소를 포함하였다. 단말 융합 가속화에 따라 이동통신과 텔레매틱스 기기를 '이동통신/텔레매틱스 기기'로 통합하였다. 유선 기반 통신기기를 포괄할 수 있도록 '광대역/홈네트워크 기기'로 명칭을 변경하였다. 기존의 차세대 PC는 '차세대 컴퓨팅/주변기기'로, IT SoC는 'IT SoC/융합부품'으로 확대하였다.

8대 서비스와 이야기들

IT가치사슬상의 첫 번째 발생 과정으로 전체의 가치사슬을 이끌어 가는 역할을 하는 8가지 서비스를 말한다. 2006년 2월에 환경변화에 맞추어 수정된 IT-839전략(u-IT839전략)의 8대 서비스에 속하는 8가지 전략을 알아보고, 추진하는 과정의 뒷이야기를 파헤쳐 이해를 돕도록 하겠다. 진행현황을 점검하고 국내 경제에 미치는 영향에 대해서 정부의 자료를 토대로 정리하였다.

① HSDPA/W-CDMA(High Speed Downlink Packet Access/Wideband-CDMA)

HSDPA/W-CDMA는 2GHz 대역의 고주파수를 사용하여, 음성, 영상, 고속 데이터 서비스를 가능하게 하는 비동기 방식의 IMT-2000서비스를 말한다. 이동통신사인 KTF의 일명 'Show서비스', SK텔레콤의 일명 '3G+서비스'가 HSDPA방식의 이동통신 서비스이다. IMT-2000은 International Mobile Telecommunication-2000(유무선 통합 차세대 통신서비스)의 약칭으로, 하나의 단말기로 언제 어디서나 음성, 데이터 및 영상 등을 고속으로 주고받을 수 있는 통합 개념의 글로벌 멀티미디어 이동통신서비스를 말한다. IMT-2000은 전 세계 표준화 및 동일 주파수를 사용하여, 글로벌 로밍(Global Roaming)을 지원하는 개인화된 신개념 서비스로, 3세대(3G) 이동통신 서비스라고 불린다. IMT-2000은 무선접속표준 규격에 따라, 유럽방식인 비동기식(W-CDMA)과 북미방식인 동기식(CDMA2000)으로 구분된다. 우리나라는 시장규모가 상대적으로 큰 유럽방식인 W-CDMA(Wideband Code Division Multiple Access)방식의 사업자로 SK텔레콤, KTF를 선정하고, 북미방식인 CDMA2000(Code

❙ 이동통신 시장규모 : 유럽방식인 비동기식 이동통신인 W-CDMA 시장은 약 70~80%, 북미방식인 동기식 이동통신인 CDMA2000 시장은 약 20~30%로 추정된다. 결코 포기할 수 없는 시장이 W-CDMA 시장인 것이다.

Division Multiple Access2000)방식의 사업자로 LG텔레콤을 선정하여, 전 세계 모든 시장을 대상으로 이동통신 서비스를 주도하려고 목표를 가지고 있다.

그러나 2004년 IMT-2000이 추진될 당시에 우리나라는 북미방식인 CDMA 2000방식을 사용하는 가입자가 2,800만 명에 이르렀다. 당장 W-CDMA 방식을 구현하려면, 많은 신규투자가 발생하는 것에 비하여 CDMA2000방식에 비해 전송속도 등의 우위가 없기 때문에 가입자 유치를 어려움이 있다고 판단하였다. 이에 전송속도의 우위를 점할 수 있는 서비스를 만들어 W-CDMA를 시작하기로 결정한다. 그리하여 등장한 서비스가 'HSDPA(High Speed Downlink Packet Access, 고속하향패킷접속) 서비스'이다. W-CDMA방식이면서, 속도가 더 빠르게 개선됐다는 차별화를 표현하기 위하여 'HSDPA'라는 별도의 서비스 용어를 만들어 사용하게 된 것이다. 이를 3.5세대 이동통신이라고 부르기도 한다. HSDPA 서비스는 이론상 1초당 최대 14Mb를 전송받을 수 있고, 실제로 2~3Mbps의 속도로 데이터를 전송받을 수 있다. 이에 비해 3G 통신규격인 W-CDMA는 1초당 최대 2Mbps이며, 실제 전송속도는 300~400Kbps에 지나지 않는다. SK텔레콤과 KTF는 2006년 상용화를 거쳐, 2007년 초 HSDPA 서비스 망을 전국 84개 시도로 확대하고, 본격적인 가입자 유치에 돌입한 상태이다. 이어 상대적으로 떨어지는 업로드 속도를 개선한 HSUPA(고속상향패킷접속) 기술의 상용화도 앞당겨질 전망이다. 한편, 북미방식인 동기식의 3G(3세대) 이동통신서비스를 준비 중인 LG텔레콤은 'HSDPA서비스' 비견할 만한 '리비전A서비스'를 준비하고 있다. 이론상 최대 전송속도가 하향 3Mbps, 상향 1.8Mbps에 이른다.

HSDPA/W-CDMA 서비스는 당초 2006년 서비스를 개시하여 2010년 약 500만 가입자를 확보하는 것을 목표로 하였다. 2008년 상반기에 HSDPA 가입자 수가 1,000만 명을 넘어서 조기에 목표를 달성하였다.

기대효과로 2006~2010년간 서비스 생산액 5.3조원, 부가가치유발효과 2.7조원으로 전망하고 있다. 이러한 내수시장 활성화를 발판으로 2005년부터 형성되고 있는 W-CDMA 세계 시장에 국내 IT업체들의 활발한 진출을 예상하고 있다.

② WiBro(Wireless Broadband)

정지 및 이동 중에서도 언제, 어디서나 고속으로 무선인터넷 접속이 가능한 휴대인터넷 서비스를 말한다. 유무선 전화시장 및 초고속인터넷 시장의 포화에 따라, 새로운 서비스로 시장을 창출하려는 정부의 의지가 담겨있는 서비스이다. 무선랜의 '이동성(보행속도)'이 떨어지고, '사용반경'이 좁다는 단점과 이동전화 무선인터넷의 '전송속도'가 늦다는 단점을 대체할만한 서비스로 대두되고 있다. 국제적으로는 모바일 와이맥스(mobile WiMax)라고도 불린다. 시속 60km에서 1Mbps급 전송속도와 사용반경이 약 1km에 달한다. 2005년 1월 20일 정보통신부는 정보통신심의위원회 심의를 거쳐, KT, SKT, 하나로텔레콤 3개사를 와이브로 사업자로 선정하였으나, 4월 25일 하나로텔레콤은 사업권을 포기한다. 2005년 11월 부산 APEC에서는 세계의 국가정상들 앞에서 성공적으로 와이브로를 시연하기도 한다. 이후 사업자들은 서울과 수도권을 시작으로 2006년 상반기 상용서비스에 들어간 뒤 점진적으로 서비스 대상지역을 확대하고 있다. 2007년 10월 국제전기통신연합(ITU) 총회 본회의에서 와이브로(WiBro)가 3G(3세대) 이동통신기술의 여섯 번째 국제표준으로 승인되는 쾌거를 이루기도 하였다. 국제표준화를 계기로 국내외에서 더 많은 기업들이 와이브로에 참여하고 있다.

국내의 업체별로 추진 현황을 보면, KT는 와이브로 사업자 선정을 계기로 명실상부한 유·무선 통합사업자로 거듭날 수 있는 전기를 마련할 것으로 보인다. 2006년 3월 시범 서비스에 이어, 6월 서울 등 수도권 지역을 시작으로, 오는

2008년까지 전국적인 서비스로 범위를 확대할 방침이다. 주요 서비스로는 위치정보서비스, 메신저, 대용량 멀티미디어 서비스 등을 제공할 계획이며, 장기적으로는 무선 인터넷전화(VoIP)까지 고려하고 있다. SK텔레콤은 2006년 6월 서울지역에서의 상용 서비스를 신호탄으로 매년 서비스 대상지역을 확대하여, 2009년까지 도심 수요 밀집지역까지 서비스를 확대한다는 방침이다. SKT의 경우 와이브로 사업자이면서, W-CDMA 서비스 사업자이기도 하다. 따라서 와이브로 서비스는 고속·대용량 데이터 서비스를 전국 84개 주요 도심지의 수요 밀집지역 중심으로 저렴하게 제공하고, W-CDMA는 이동전화의 고품질 음성통화를 특화하고, 부가적으로 데이터 전송을 제공하는 기술로 활용한다는 계획이다.

와이브로 서비스는 2006년 상반기에 상용서비스를 개시하고, 망 구축을 확대하여, 2010년까지 800만 가입자 확보를 목표로 하고 있다.

기대효과는 세계 최초 와이브로(Wibro) 서비스 도입 및 활성화로 2006~2010년간 서비스 생산액 7조원, 부가가치유발효과 3.9조원으로 전망하고 있다. 광대역 무선 인터넷을 저렴하게 이용할 수 있는 여건을 조성하여, 이용자 편익 증진 및 다양한 응용서비스 이용 기반이 마련되게 될 것이다.

③ 광대역 융합 서비스(BCS : Broadband Convergence Service)

광대역 융합 서비스(BCS)는 광대역통합망(BcN)을 통해 다양한 콘텐츠를 실시간 및 주문형(On-demand)으로 송·수신하는 새로운 융합서비스를 말한다. 2005년부터 옥타브(KT 중심), 광개토(데이콤 중심), 유비넷(SKT 중심) 등의 BcN 시범사업자들이 실시간 방송을 제외한 시범 서비스를 제공 중에 있다. 통신과 방송 산업 간의 융합을 촉진할 수 있는 차세대 비즈니스 모델 활성화를 위한 여건을 조성하기 위한 서비스이다. 흔히 TPS(Triple Play Service), 즉 방송, 통신, 인터넷 등을 융합하는 서비스를 말한다. IPTV(Internet Protocol TV)가 대표적인 서비스이다. 방송과 인터넷을 결합한 대표적인 서비스인 IPTV의 국내 서비스는 다소 늦은 편으로 2006년부터 상용화 서비스가 시작되었다. 하나로텔레콤, KT, LG데이콤이 서비스를 개시한데 이어 NHN, 다음, SK커뮤니케이션즈 등의 포털도 진출을 계획하고 있다. 2008년 기준 전 세계적으로 200여개 사업자가 활동하고 있다. 영국은 2000년, 이탈리아는 2001년, 캐나다는 2002년, 프랑스는 2003년, 미국은 2004년에 서비스를 시작하였다.

IPTV는 양질의 콘텐츠가 활발하게 제작, 공급될 수 있는 시장여건의 조성에 발전여부가 걸려있다. 이를 위해 기간망 사업자, 콘텐츠 공급자 간의 이해가 얽혀서 합종연횡(合從連橫)이 일어날 것이다. 기간망 사업자와 콘텐츠 공급자 간의 연합이 발생할 가능성이 높은 분야이다.

광대역 융합 서비스는 2008년 서비스 도입을 위한 법, 제도 기반을 마련하고 2010년까지 세계 최고의 광대역 융합 서비스 이용 환경 조성을 목표로 하고 있다.

기대효과로는 2006~2010년간 서비스 생산액 1.8조원, 부가가치유발효과 0.9조원을 전망하고 있다. 광대역 융합 서비스를 통해 통신, 방송 융합과, 나아가 산업간 컨버전스를 가속화함으로써 새로운 부가가치를 창출하고, 이용자 편익을 획기적으로 제고하려는 목표를 가지고 있다.

④ DMB/DTV 서비스(Digital Multimedia Broadcasting/Digital TV)

DMB/DTV 서비스는 기존 방송의 한계를 극복하여, 고속 이동 방송시청, 초고화질 방송시청 등이 가능하도록 통신망과 연계한 차세대 멀티미디어 방송서비스들을 말한다. 구 IT839전략에서는 각각 별개의 서비스로 선정하여 관리하였다. 수정된 IT839전략(u-IT839)에서는 연계성 있는 서비스인 두 가지를 하나로 확대 통합하였다.

DMB(Digital Multimedia Broadcasting)는 고품질의 음성 및 영상서비스를 언제 어디서나 제공할 수 있는 서비스이다. 이동용 멀티미디어 방송에 대한 국민들의 수요에 부응하고, 디지털방송기기, 콘텐츠 산업에 활력 불어넣는 서비스이다. 뛰어난 이동수신 특성을 바탕으로 음악, 문자, 동영상 등 다양한 콘텐츠와 선명한 방송서비스를 휴대폰, 휴대용TV, PDA 등을 통해 제공한다. DMB는 크게 위성 DMB, 지상파 DMB로 나뉜다. 위성DMB는 TU미디어가 사업주체가 되어, 일본의 MBCo라는 회사와 합자로 DMB용 인공위성을 쏘아 올리면서 시작되었다. 2005년 1월 10일부터 위성DMB 시험 방송을 시작했고, 5월 1일부터 본 방송을 시작했다. SK텔레콤을 시작으로 KTF, LG텔레콤 등의 이동통신 사업자가 참여하여, 휴대폰 이용자가 위성 DMB를 시청하기 위해 월정액의 이용료를 부담하고 있다.

한편, 지상파 DMB는 기존의 방송사업자인 KBS, MBC, SBS 등을 주축으로, 서비스가 되고 있다. DTV(Digital TV)방식을 이동 수신이 약한 미국식으로 도입을 결정하면서, 기존의 방송사업자들은 휴대폰과 같은 이동용 기기에 방송콘텐츠를 직접 공급하지 못하게 되었다. 그런 가운데에 위성DMB 서비스가 먼저 시작되었고, 이동용 TV 방송시장이 위성DMB 방송 사업자들에게 선점당할 상황이 되자, 부랴부랴 기존 방송사업자들을 주축으로 지상파 DMB 도입이 추진되었다. 지상파 DMB는 2005년 초에 업체가 선정되었다. 지상파TV 사업자군에서는 KBS · MBC · SBS 3개 방송사가 선정되고, 비지상파TV 사업자군에서는 KMMB · 한국DMB CBS · YTN DMB 등 3개 컨소시엄이 선정되었다. 이후 2005년 12월 수도권 지역에서 지상파DMB 본 방송이 실시되어, 서비스 되고 있다.

한때, 논란이 일었던 기존 방송사업자의 방송콘텐츠를 위성DMB로 재송신하는 문제는, 2005년 4월에 방송위원회가 사업자간의 자율계약에 따라, 재송신 신청 시 심사해서 승인하겠다고 밝혀 제도적으로는 재송신이 가능해졌다. 그러나 기존의 방송사들은 이해관계에 따라 지상파DMB가 활성화될 때까지, 재송신하지 않겠다는 입장이다.

DMB분야에서 통신업체들은 신성장동력사업으로 휴대형 통신·방송시장을 장악하기 위해 전면전에 나서고 있다. 방송사들은 종전 방송분야 기득권을 지키기 위해, 한 치의 양보 없는 경쟁에 나서고 있다. 휴대형 방송분야에서 통신업체와 방송사간 각축전이 벌어지고 있는 것이다. SK텔레콤 자회사인 TU미디어의 위성DMB, 지상파 3사의 지상파DMB, 지상파 3사와 노키아의 DVB-H, 퀄컴·KBS·KT·KTF·LG텔레콤의 '미디어플로(Media FLO)' 등 이해타산에 따라 업체들이 복잡하게 얽힌 형국이다.

DTV(Digital TV)**서비스**는 대화면, 고화질, 입체음향의 고품질 방송을 제공할 수 있는 서비스로, 전국 방송망을 완성하여 지상파, 케이블 등 전체 방송의 디지털화를 추진하고 있다. 과거 우리나라는 DTV방식 도입을 놓고, 긴 논쟁에 휘말려 왔다. DTV 방식은 미국식(ATSC), 유럽식(DVB-T)으로 나뉜다. 어떤 방식을 적용할지를 놓고, 정보통신부와 방송계가 4년간 지루한 논쟁을 펼쳤다. 당시 언론에서도 갈피를 못 잡고, 하루는 미국식을 옹호하고, 다음 날은 유럽식을 옹호하는 등 팽팽한 의견 충돌이 있었다. 그러다가 2004년 7월 마침내 미국식으로 결정을 하게 된다. 미국식은 HD급 고화질로 화질이 우수하나, 이동수신이 불가능하다는 단점이 있다. 유럽식은 이동수신은 가능하나, SD급 일반화질로 화질이 다소 떨어진다는 단점이 있다. 결국, 우리나라는 유럽식이 화질이 떨어지는 것에 비해, 이동수신이 그렇게 뛰어나지 않다고 결론내리고, 미국식을 선정하게 된다. 이동수신이 불가능한 미국식이 선정됨에 따라, 이동용 방송수신을 위한 DMB 도입이 필요하게 된다.

Digital TV는 Analog TV에 비해 잡음과 화면 겹침(Ghost)을 획기적으로 줄일 수 있고, 전송과정에서 발생한 신호오류를 자동으로 교정할 수 있다. 이 때문에 화질과 음질을 획기적으로 향상시켜 방송서비스의 고품질화가 가능하게 된다. 또한, 정보의 손실 없이 디지털 신호를 압축하여, 보다 많은 정보량을 전송할 수 있다. 디지털화 된 다른 통신미디어와 접속하여 연계사용이 용이하다. 이를테면 TV와 인터넷상의 콘텐츠를 연계하여, 시청자가 TV를 통해 각종 생활정보를 볼 수 있는 데이터방송 서비스가 가능하다. 아울러 TV에 리턴채널을 연결하여, 인터넷 접속 및 전자상거래(T-commerce) 등 다양한 대화형(Interactive) 서비스도 할 수 있다.

DMB/DTV 서비스는 2006년 전국망을 완성하여, 2010년까지 DMB 1,500만 이용자와 DTV 1,000만대 이상 보급 달성을 목표로 하고 있다. DMB와 무선통신망과의 결합을 통한 양방향 서비스 기술 및 개인 맞춤형 서비스 기술 개발로, 새로운 부가가치가 창출될 것이다.

기대효과로 DMB 전국 서비스 확대를 통해 2006~2010년간 서비스 생산액 약 3.1조원, 부가가치유발효과 약 0.7조원을 전망하고 있다. 다양하고 편리한 미디어 소비환경을 제공하여, 디지털 문화생활 활성화 및 정보격차 해소에 기여하게 될 것이다.

⑤ u-Home 서비스(ubiquitous Home 서비스)

홈네트워크 서비스를 u-Home(ubiquitous Home)서비스로 명칭을 변경하고 확대하였다. 정보가정이 네트워크로 연결되어 기기 · 시간 · 장소에 구애 받지 않고, 다양한 서비스가 제공되는 미래의 가정환경을 제공한다. 통신, 방송, 건설, 가전 및 솔루션 등이 결합되어, 연관 산업에 대한 신규 수요창출 효과가 매우 큰 서비스 산업이다. 홈네트워크를 기반으로 홈 오토메이션, u-Security, u-Health 등 주거/지역 단위의 정보 활용을 지원하는 서비스이다. 홈네트워크 건물 인증제도 도입 등으로 서비스 활성화를 위한 제도적 장치를 마련하고 있다. u-Health, u-City 등 비즈니스 모델의 활성화를 위한 기반을 조성하고, u-사회안전망 구축 등과 연계를 추진하는 계획을 가지고 있다.

2010년까지 u-Home 서비스의 세계적 모델국가로 도약하는 것을 목표로 하고 있다. 기대효과로는 다양한 u-Home서비스의 출현과 확산을 통해, 2006~2010년간 서비스 생산액 1.1조원, 부가가치유발효과 0.6조원을 전망하고 있다. u-Home 서비스는 가정을 쾌적하고 편리한 정보생활 공간으로 변모시켜, 개인에게 풍요로운 u-Life를 제공하게 될 것이다.

⑥ 텔레매틱스/위치기반서비스(Telematics/Location Based Service)

위치정보를 기반으로 무선통신망을 이용하여 교통안내 및 Infotainment (Information+Entertainment)서비스를 제공하는 차량멀티미디어 서비스이자, 차량의 긴급구난(緊急救難), 물류정보 등을 제공하는 이동형 정보 제공 서비스이다. 유 · 무선통신 및 방송망을 기반으로 차량을 제3의 인터넷 공간으로 만드는 새로운 개념의 부가가치 서비스이다. 텔레매틱스는 운전지원서비스, 인포테인먼트(Infotainment)서비스, 인터넷서비스 등 3대 주요한 서비스로 구성되어 있다. 텔레매틱스의 발전을 위해 제주도를 텔레매틱스 시범도시로 추진하고 있다. 2005년 1월 '위치정보의 보호 및 이용에 관한 법률'을 제정하여, 초기시장 형성의 기반을 마련하였다. 건교부와 경찰청이 협력하여, 전국 고속도로, 주요국도 및 시가지 도로 교통정보를 원스톱(one stop) 서비스로 제공하고 있다. 단말기, 콘텐츠, 서비스 개발을 촉진하고, 원활한 서비스를 위해, 차량 내 통신망과 단말기 간 표준화, 개방형 운영체제 지원 등의 기반 환경을 마련하고 있다. 또한, 교통, 지도, 관광 등의 정보 수집 및 공급을 체계화하고, 단말기 및 이용요금의 저렴화 추진하여 보급화에 힘쓰고 있다. 위치정보를 활용하여 u-사회안전망을 구축하고, 치매, 독거노인, 장애인등을 보호하는 시범사업도 추진하고 있다.

텔레매틱스 서비스는 2010년까지 500만 가입자를 목표로 시장 활성화를 유도할 계획을 가지고 있다. 텔레매틱스/위치기반 서비스 활성화로 2006~2010년간 서비스 생산액 2.6조원, 부가가치유발효과 1.1조원을 전망하고 있다. 자동차, 이동통신 기기, 소프트웨어, 콘텐츠 등 연관 산업의 파급효과를 극대화하여, 국내 경제 성장을 견인할 것으로 기대된다.

⑦ RFID/USN 활용 서비스(Radio Frequency Identification/u-Sensor Network)

모든 사물에 전자칩을 부착하고, 무선통신 기술을 이용하여, 사물의 정보를 확인하고, 주변 상황정보를 감지하는 센서 기술을 말한다. 모든 사물에 센싱, 컴퓨팅 및 통신 기능이 탑재되고, 언제 어디서나 정보를 처리, 제공할 수 있도록 지원하는 유비쿼터스의 근간이 되는 서비스이다. 식료품부터 축산물관리, 폐기물관리, 환경관리, 물류·유통, 보안 등 생활의 다양한 분야에 적용될 것으로 전망된다. 텔레매틱스, 홈 네트워크 등 신성장산업과 연계하여, 시너지 효과를 창출하고, 생활의 편리성을 증대시키는 역할을 할 것으로 기대된다. 2004~2005년에는 12개 공공분야 시범사업을 추진하여, 서비스 인지도를 제고하고, 초기 시장창출로 RFID/USN 산업 활성화 기반 조성을 마련하였다. 국방, 조달 등 공공

프로세스 개선 및 파급효과가 큰 분야에서 RFID 본사업 추진하여, 수요 창출 및 활성화 기반을 마련하고 있다. RFID 기술을 기존 B2B에서 B2C영역으로 조기 확산하기 위해, 900MHz 대역의 모바일 RFID 서비스를 도입하였다. RFID/USN 기술은 산업 전반에서 비즈니스 혁신에 적용할 수 있도록, 컨설팅 서비스를 제공하고, 정보보호 대책 강화도 병행하고 있다.

대규모의 선도사업과 모바일 RFID 서비스 모델을 지속적으로 발굴하고, 2010년까지 실생활에 보편적으로 활용될 수 있도록 할 계획이다. RFID/USN 서비스는 공공 및 민간부문 확산으로 2006~2010년간 서비스 생산액이 4.5조원, 부가가치유발효과가 2.1조원에 이를 전망이다. RFID/USN서비스는 사물과 사람 간, 사물과 사물 간 네트워크화와 지능화를 실현하는 세계 최고의 유비쿼터스 환경 구현으로 국민 삶의 질 향상을 목표로 하고 있다.

⑧ IT서비스

u-IT839전략에서 신설된 항목이다. IT서비스는 정부 및 기업 고객을 대상으로 시스템 기획 · 설계 · 구축 · 운영 등 IT와 관련된 일체의 서비스를 제공하는 산업을 말한다. 이해하기 쉽게 SI(System Integrated) 업체가 영위하는 비즈니스를 생각하면 되겠다.

국내 IT서비스 기업은 주로 대기업 위주로 내수 영업에 치중하고 있다. 우수 인력 부족현상, 생산성과 품질 저하로 글로벌 경쟁력이 취약한 편이다. 그러나 대규모의 정보화 사업, 유비쿼터스 사업을 추진하기 위해서는, IT서비스의 참여가 필수적이다. IT서비스를 활성화하고 역량을 강화하는 것이 전략적으로 필요하다. 따라서 u-City 등 대규모 정보화 사업을 발굴하고, 개도국 정보화 사업 참여를 지원하는 등 IT서비스 시장 창출을 위해 노력하고 있다. 미흡하나마 불합리한 구매 관행 개선을 통해 제값주기 환경을 조성하고, 품질관리 강화와 고급 인재 양성에 힘쓰고 있다. IT서비스 기업이 신산업 형성자(Industry Shaper)로서 산업 간 컨버전스를 선도하는 역량을 가질 수 있도록 종합 지원할 계획이다.

2006년부터 선진화된 사업 수주·발주 체계 확립 및 신규시장 창출로, 2010년 IT서비스 중심의 지식기반 사회를 선도하는 것을 목표로 하고 있다. IT서비스 규모의 대형화, 전문화를 통해 2006~2010년간 생산액은 약 85조원, 부가가치유발액은 약 28.5조원에 이를 전망이다. IT서비스 시장이 좀 더 고부가가치 산업으로 전환하여 활성화되고, 이를 통해 지식기반 서비스 경제로의 진입이 가속화할 것으로 기대된다.

3대 인프라와 이야기들

IT의 가치사슬에서 두 번째 과정에 해당한다. 서비스가 얹혀서 운영되는 하부 기반에 해당한다. 유비쿼터스를 구현하는데, 아주 중요한 3가지 인프라를 구축하는 전략이다. 2006년 2월에 환경변화에 맞추어 수정된 IT-839전략(u-IT839전략)의 3대 전략을 알아보고, 진행현황을 점검하고, 국내 경제에 미치는 영향에 대해서도 정부의 자료를 토대로 정리하였다.

① 광대역통합망(BcN : Broadband convergence Network)
TPS(Triple Play Service)를 이끈다.

통신, 방송, 인터넷의 대통합 시대에 대응하고, 신성장동력산업의 발전토대 마련을 위해 광대역통합망(BcN) 구축이 필요하다. 하나의 통합망을 통해 TPS(통신, 방송, 인터넷 등 3대서비스)가 가능하도록 하는 광대역통합망은 유비쿼터스 시대를 위한 중요한 인프라가 될 것이다. BcN을 통해 단말기 하나로 통신, 방송, 인터넷이 융합된 멀티미디어 서비스를 언제 어디서나 광대역으로 이용할 수 있게 될 것이다. 2005년 7월 데이콤이 주관하는 광개토컨소시엄이 시범서비스 개통, 10월 6일 KT가 주관하는 옥타브컨소시엄이 시범서비스 개통, 10월 9일 SKT와 하나로텔레콤이 주관하는 유비넷컨소시엄이 시범서비스를 개통하였다. 또한, 종합유선사업자(케이블TV방송국)들 중심의 케이블BcN 컨소시엄은 2005년 10월 13일 오후2시 서울 신문로 흥국생명 빌딩에서 케이블BcN 상설 홍보관 개통을 통해, 시범서비스 개통식을 가졌다. 2010년까지 50~100Mbps급 이상의 광대역, 고품질 서비스를 2,000만 가입자에게 제공할 계획이다.

BcN 서비스 모델의 발굴하고, BcN 구축을 위한 연구개발 활성화, 가입자망의 고도화 등을 중점적으로 추진하고 있다. BcN의 품질관리체계 및 연동기준을 마련하고, BcN 관련 법 · 제도 개선 등을 통한 이용 활성화를 유도할 계획이다.

지식기반경제의 근간인 광대역통합망 구축을 위해 2006~2010년간 약 40.3조원이 투자가 될 전망이다. 세계최초의 광대역통합망 구축을 통해 유비쿼터스 서비스 환경을 구현하고, IT신성장동력의 핵심기반을 제공하게 될 것이다.

구 IT-839의 차세대인터넷주소체계(IPV6)가 u-IT839에서는 BcN에 포함되었다. 현재 사용 중인 인터넷주소체계(IPv4 : Internet Protocol version 4)는 곧, 주소부족 문제를 초래할 것이다. 이에 대한 근본적인 해결책 필요하다. 광대역통합망, 홈네트워크, 텔레매틱스 등을 구현을 하기 위해서는 더 많은 인터넷 주소가 필요하기 때문이다. 따라서 새로운 인터넷주소체계(IPv6) 도입을 확산하고, 통신품질(QoS : Quality of Service), 이동성 및 보안성이 강화된 통신망 구축을 유도할 계획이다. 이론상으로 거의 무한대에 가까운 인터넷주소 생성이 가능한 IPv6로의 전환완료는 약 2015년경으로 한국전산원에서는 예상하고 있다.

② u-센서 네트워크(USN : Ubiquitous Sensor Network)

유비쿼터스 사회를 구현하는 또 하나의 핵심 기반구조이다.

USN은 각종 센터에서 감지한 정보를 수집할 수 있도록 구성된 무선 네트워크로서 사물 정보의 관리와 연동을 위한 기본 인프라이다. 2004년부터 센서 노드/태그 등 기초기술 개발을 추진하면서, 다양한 서비스 모델 개발 및 시범적용을 위한 현장시험을 추진 중이다. 국가차원에서 USN의 조기 도입과 확산을 위한 범정부 추진체계 마련 및 USN 구축 추진계획을 수립하였다. USN을 기반으로 하는 u-City 구축을 촉진하기 위한 법 · 제도를 정비하고, u-City 표준 모델 개발 및 시범사업 과제 발굴을 진행 중이다. 2010년까지 세계 최고의 u-Life 환경 구축을 하는 것을 목표로 하고 있다. 2006~2010년간 약 7.1조원이 투자될 전망이다. USN 구축을 통해 유비쿼터스 사회로의 조기 진입을 위한 토대가 마련될 것이다.

③ 소프트 인프라웨어(Soft Infraware)

소프트 인프라웨어는 IT 융·복합화를 효과적으로 구현하고, 신뢰성 있고 편리한 이용 환경을 제공하는 소프트웨어 공통 기반을 말한다. 무선인터넷플랫폼 등의 u-컴퓨팅 공통 플랫폼, 웹서비스를 활용한 u-서비스 연동 플랫폼, SW품질 보증, 정보보호 등으로 구성된다. 다양한 네트워크, 기기(device)로 인해 사용자 환경이 복잡해짐에 따라, 이를 단순·편리하게 하는 소프트웨어의 역할이 부각되어, u-IT839에서 신설된 항목이다. 텔레매틱스, 지능형 로봇 등 다양한 단말기 간에 서비스 융합이 가능하도록 기반기술을 확보하여, 이용을 활성화하게 될 것이다. 또한, 지능형 정보서비스 기반 구축, 온라인 SW유통체계 도입 등 소프트웨어 이용 및 유통환경 혁신을 위한 기반 조성을 목표로 하고 있다. 소프트웨어 품질보증, 정보보호 등 신뢰성 있는 통합서비스 환경 구축에 필요한 관련 법·제도를 단계적으로 정비할 계획이다.

2010년까지 최적의 IT 융·복합 서비스 환경을 구현하여 IT839 전략 품목 및 서비스 연속성을 제공하게 될 것이다. 신규 융·복합 서비스 창출 및 IT산업의 부가가치 제고에 기여하게 될 것이다. 첨단 소프트웨어 기반기술을 선점하고, 국제표준화를 주도하여, 소프트웨어 강국 도약을 위한 기술 경쟁력 확보를 목표로 하고 있다.

그러나 국내 IT 산업에서 가장 취약한 분야 중의 하나가 소프트웨어이다. 소프트웨어 강국이 되기 위해서는 해결해야 할 난제들이 많다. 마이크로소프트, IBM, 오라클, SAP 등의 세계적인 소프트웨어 기업들을 보유하고 있는, 세계 1, 2위의 소프트웨어 강국 미국이나 독일과 비교했을 때, 풀어야 할 숙제들이 많다. 미국과 독일은 세계 1, 3위의 소프트웨어 수출국이면서, 동시에 세계 1, 2위의 시장규모를 가지고 있다. 소프트웨어에 대한 투자가 활발하고, 소프트웨어 연구개발 인프라를 잘 갖추고 있다. 산학 협업체계도 잘 갖추고 있다. 대학의 창고에서 연구개발을 시작한 구글이 사회투자자본을 만나 지금의 성공을 이룰 수 있었던 기반을 갖추고 있다. 이런 기반 하에, 소프트웨어 인재들, 소프트웨어 스페셜리스트들이 마음껏 역량을 펼칠 수 있는 환경을 갖추고 있는 것이다.

구호성 외침이나 행정적인 전략수립만으로 될 일이 아니다. 지금부터라도 산업계, 언론계를 포함하여 정부와 국민 사회전반에서 의식전환을 하고, 관심을 가지고, 고민해야 한다. 우선, 소프트웨어인프라를 어떻게 구축할 것인가를 고민해야 한다. 소프트웨어 인프라 구축의 가장 핵심은 인재양성이다. 소프트웨어 스페셜리스트를 양성할 수 있는 교육시스템이 필요하다. 또한, 국내의 소프트웨어 시장을 키워야 한다. 국내에서 만들어진 좋은 소프트웨어가 국내 시장에서 많이 팔리고, 이를 기반으로 세계 시장에 진출해야 한다. 그래서 산업 규모가 커지면, 소프트웨어 인프라에 재투자를 해야 한다. 새로운 소프트웨어가 나오면, 이를 내수시장에서 소비하고, 수출하고, 다시 투자하고 이런 선순환 구조의 환경이 마련될 수 있도록 모두가 관심을 가져야 한다.

지금까지 나열된 IT 산업의 핵심 분야 대부분에 소프트웨어기술이 사용되지 않는 분야는 없다. 지금 소프트웨어 인프라를 구축하지 못하면, 겉은 'Made in Korea'인데 속은 'Made in USA', 'Made in Germany'가 앞으로 다가올 유비쿼터스 시대에도 계속될 것이다.

9대 신성장동력과 이야기들

IT의 가치사슬에서 세 번째 과정에 해당한다. IT산업 전반에서 가장 높은 부가가치를 생산하여, 국가의 신성장동력이 될 9가지의 주요한 기술과 제품을 선정하였다. 가장 많은 기업의 참여가 가능하기에 세심한 관심을 기울일 필요가 있다. 수정된 IT-839전략(u-IT839전략)의 9대 신성장동력을 알아보고, 진행현황을 점검하고, 국내 경제에 미치는 영향에 대해서도 정부의 자료를 토대로 정리하였다.

① 이동통신/텔레매틱스 기기

새로운 고속 패킷 무선전송기술 및 IP기반의 이동통신망 기술을 중심으로, 통합 발전한 형태의 기술 및 기기를 말한다. 정지 및 이동 중 언제 어디서나 다양한 형태의 멀티미디어 정보를 이동통신망, 위성통신망, 인터넷망 등을 이용하여 고속, 고품질로 송수신하는 기술 및 기기이다. 와이브로(WiBro) 고도화 기술을 비롯하여 3세대 이동통신, 4세대 이동통신 등 이동통신 핵심기술을 확보하고, 국제표준화 활동에 적극적으로 참여하고 있다. GSM, CDMA, WiBro 등 각종 이동통신 기기의 인증지원을 위한 공통설비(Test-Lab)를 확대하고, 다양한 모바일 기기 · 서비스의 자유로운 시험 사용이 가능한 모바일 특구 구축을 추진하고 있다.

차량에서도 사무실에서처럼 각종 콘텐츠의 이용, 통신, 상거래를 할 수 있는 텔레매틱스(Telematics) 기술을 개발할 계획이다. 국제표준을 선도하여, 국내 텔레매틱스 산업의 국제 경쟁력을 확보할 계획이다. 차량을 제3의 디지털 라이프 공간으로 확장하여, 안전운전, 모바일오피스(Mobile Office), 쇼핑, 멀티미디어 서비스 등을 제공함으로써 국민 삶의 질적인 향상을 도모하게 될 것이다.

2006~2010년간 이동통신/텔레매틱스 기기 생산액이 230.5조원, 부가가치유발효과가 99.8조원에 이를 전망이다. 우리나라가 세계 최고의 기술력으로 차세대 이동통신 서비스 및 기술을 선도함으로써, 모바일 분야에서 세계적 리더십을 확보할 계획이다.

② 광대역/홈 네트워크 기기

통신, 방송, 인터넷이 융합된 품질보장형 광대역통합망(BcN) 및 멀티미디어 콘텐츠 서비스가 가능한 홈 네트워크 환경 구축을 지원하는 기술 및 기기를 말한다. 광대역통합망, 홈 네트워크 분야 기술 및 시장 발전 추세에 따라 효과적인 기술확보 전략을 추진하고 있다. 우리나라가 선도할 수 있는 기술 분야에 집중하되, 단위기술을 모듈화하여 연관 응용 분야에서 필요할 때 사용할 수 있도록 활용성을 제고할 계획이다.

홈 네트워크 구현을 위한 정보가전, 통신, 방송, 게임 등을 융합하는 홈서버(홈게이트웨이) 등의 핵심기술 개발이 중요하다. 홈네트워크 산업은 CDMA, 반도체, TFT-LCD에 이은 한국의 대표산업으로 성장할 전망이다.

개방형 홈 네트워크 프레임워크를 개발하고, 2010년까지 멀티미디어 QoS(Quality of Service, 네트워크의 통신 품질 보장)를 보장하는 BcN 기술 확보를 목표로 하고 있다. 2006~2010년간 광대역/홈 네트워크 기기 생산액이 2.8조원, 부가가치유발효과가 1조원에 달할 전망이다. 광대역 정보통신기술의 지속적 발전을 견인함으로써 언제 어디서나 초고속 멀티미디어 서비스를 이용할 수 있는 환경을 조성하게 될 것이다.

③ 디지털TV/방송기기

고품질의 방송콘텐츠와 부가서비스를 언제 어디서나 자유롭게 받을 수 있는, 지능형 TV 및 수신 단말 기술 및 기기를 말한다. 신규방송서비스와 기기시장 창출을 위한 DMB(Digital Multimedia Broadcasting)송수신 시스템 및 이용자 맞춤형 방송 시제품을 개발한다. 영상, 음성, 데이터 방송이 가능한 양방향의 단말기를 개발할 것이다. DMB 시장 확대와 지속적인 경쟁우위 확보를 위해, DMB 전송 기술을 단계적으로 고도화할 계획이다. 통신·방송 융합 환경에서 지능형 방송서비스에 최적화된, 맞춤형 방송시스템 및 유비쿼터스 콘텐츠 서비스 기술을 확보할 계획이다. 현재의 1세대(1G) DMB 송수신시스템에 이어, 2010년까지 2세대(2G) DMB기술 확보를 목표로 하고 있다.

2006~2010년간 디지털 TV/방송 기기 생산액이 78.4조원, 부가가치유발효과가 32.9조원에 이를 전망이다. 디지털 TV/방송 기기의 고부가가치화는 '다이내믹 u-Korea'의 핵심 성장엔진으로 장착될 전망이다.

④ 차세대 컴퓨팅/주변기기

손목시계형 차세대 PC 개발, 입는 컴퓨터 플랫폼 개발, 바이오셔츠 개발 등을 통하여 인간 중심의 IT서비스 제공 기기를 개발할 계획이다. 의복, 시계, 목걸이 등에 내재되어 정보처리는 물론이고, 네트워크 기능을 사용할 수 있도록 하는 컴퓨팅 단말 기술 및 기기를 말한다. 휴먼인터페이스 기술이 집약되고, 이동성과 편의성이 확보되어야 한다. 섬유, 패션 등의 전통산업에 IT가 결합하여, 시너지를 기대할 수 있는 전략 항목이다. 향후 컴퓨팅/주변기기 분야는 고성능·다기능화 및 인간 중심의 편의성 극대화를 기본방향으로 발전할 전망이다. 이에 따라, 컴퓨팅 신기술 활용모델 발굴과 다양한 기기 간의 호환성 확보를 위한 표준화를 추진하고 있다.

2010년까지 유비쿼터스 서비스를 위한 차세대 컴퓨팅 환경을 구축할 계획이다. 미래의 전략산업으로서 2006~2010년간 생산액이 37.4조원, 부가가치유발효과가 14.5조원에 이를 전망이다. 이 분야가 고도화 될수록 새로운 디지털 라이프스타일이 확산되고, IT신문화가 창출될 것이다.

⑤ 지능형 로봇

언제 어디서나 이용자 요구에 부응한 서비스를 지능적으로 제공하는, 네트워크기반의 지능형 로봇 기술 및 기기(URC : Ubiquitous Robotic Companion)를 말한다. 미래핵심 산업으로써 로봇에 네트워크 기능을 부가하고, 저렴한 비용으로 IT서비스 이용이 가능해 진다. 로봇과 IT의 결합으로 인간 친화적인 휴먼 인터페이스를 구현할 계획이다. URC 서버, 로봇 플랫폼 시제품 등을 개발하여, 시범서비스를 실시하고, 주인을 알아보는 휴먼노이드 기술 기반을 구축할 것이다. 견마형 로봇 개발로 국방과 IT를 접목하는 시범사업을 추진하여 URC 적용분야를 확대하고, 보급형의 국민로봇을 출시할 계획이다. 이를 위해 로봇업체, 통신사업자, 부품 및 콘텐츠업체, 연구소 등의 역량을 효과적으로 연계할 수 있는 지원체계를 구축하고, 시장 활성화를 위한 법 · 제도 정비를 추진할 것이다.

2006~2010년간 지능형 서비스 로봇 생산액이 5.0조원, 부가가치유발효과가 2.0조원에 이를 전망이다.

⑥ RFID/USN 기기(Radio Frequency Identification/u-Sensor Network)

RFID/USN기기는 사물을 인식하고 상황을 감지하여 유용한 정보를 처리하는 기기로서, RFID 칩, 태그, 리더 및 USN 센서/노드 등의 기기를 포함한다. RFID 기기의 경우 기본 기능이 구현된, 태그, 리더 개발을 완료하였다. 부품 소형화 및 기술완성도 향상을 통해, 모바일 RFID 등 응용기술 확산에 초점을 두고 있다. USN 기기는 개별 소자의 기능 구현을 위한 초기 개발 단계로 센서 태그, 센서 노드 등 핵심기술 확보에 주력하고 있다. 이를 위해 RFID/USN 분야의 세계적인 클러스터를 지향하는 송도 u-IT클러스터를 중심으로 획기적인 산업 발전 기반을 구축할 계획이다. 2010년까지 태그의 대중화를 실현하고 RFID 리더 SoC(System on Chip)가 탑재된 휴대단말기를 개발할 계획이다.

▌클러스터(Cluster) : 특정 산업분야에서 다른 기능을 하는 관련기업, 기관 등이 일정지역에 입주하여 협력하고, 정보를 공유하여 지식과 기술창출 등에 시너지효과를 극대화하여 특정 산업을 발전시키는 것. 연구개발기능의 연구소, 대학, 생산기능의 기업집단, 지원기능의 벤쳐캐피털, 컨설팅 기관 등이 입주함. 미국의 IT 클러스터인 실리콘밸리, 영화산업의 클러스터로 헐리우드가 대표적.

2006~2010년간 RFID/USN 기기 분야 생산액이 4.8조원, 부가가치유발효과가 1.8조원에 달할 전망이다. 유비쿼터스 환경의 핵심 기기 분야로 생활의 편리성 증진에 기여할 것이다.

⑦ IT SoC/융합부품(IT System on Chip)

IT SoC는 하나의 칩(반도체)안에 여러 시스템이 모두 들어 있는 것을 의미한다. 이해를 돕기 위해 우리가 흔히 쓰는 PC를 예로 들어 보겠다. PC의 내부를 살펴보면 메인보드, 그래픽카드, 사운드카드, 랜카드 등이 있어서 소리도 나고, 모니터도 이용하고, 인터넷도 할 수 있다. 그런데 어떤 컴퓨터의 메인보드를 보면, 별도의 카드도 없이, 그래픽연결단자, 인터넷연결단자, 랜선연결단자들이 모두 붙어 있는 것을 볼 수 있다. 여기에서 메인보드가 여러 기능을 수행하는 하나의 반도체 칩(SoC)이라고 생각하면 된다. IT SoC는 사용자가 요구하는 IT 시스템 솔루션을 반도체 수준에서 제공하는 기술을 통칭한다. 이를 위해 IT SoC에는 신호를 제어 · 가공 · 처리하는 CPU, 논리모듈, 메모리, 내장형 SW 등이 포함된다. 통신이나 방송 단말의 저전력 · 고성능화를 위해 RF(Radio Frequency) 송수신, 영상 센서 등과 같은 기능도 점진적으로 탑재될 것으로 전망 된다.

IT SoC 및 부품은 비메모리 집적회로로써, IT 제품의 경쟁력을 좌우하는 핵심 요소이다. IT기반 나노/바이오가 융합되는 신시장 분야이다. R&D(Research & Development), 사업화 촉진 및 인력양성 측면에서 SoC 산업발전 기반을 조성하고, 기반 환경을 구축할 계획이다. 2010년까지 세계 IT SoC 및 부품의 선진국 도약을 목표로 하고 있다.

취약 분야인 비메모리 분야 경쟁력 향상을 통해, 2006~2010년간 IT SoC/융합 푸품 생산액이 27.2조원, 부가가치유발효과가 6.6조원에 달할 전망이다.

⑧ 임베디드 S/W(Embedded Software)

정보가전, 차량, 로봇, 산업기기, 의료기기, SoC 등 차세대 성장동력 분야의 제품에 내장되어, 제품의 부가가치를 높이는 소프트웨어(S/W)를 말한다. 하드웨어(H/W)제어, 통신, 멀티미디어, 인터넷, 인공지능 등 제품을 스마트하게 만드는 기능을 제공한다. 모바일 단말기 분야의 임베디드 S/W 경쟁력을 바탕으로, 정보가전, 텔레매틱스, 로봇 분야의 임베디드 S/W기술을 개발 중이다. 임베디드 S/W 기술혁신의 가속화와 S/W설계를 위한 고급인재 양성에 주력하고 있다. 우리나라가 강점을 가지고 있는 제조업과 임베디드 S/W 기술과의 접목을 통해, IT 신성장동력 분야의 경쟁력을 확보할 계획이다.

각종 시스템에 탑재된 임베디드 S/W 자체 개발분을 포함하여, 2006~2010년간 생산액이 약 46.5조원에 이를 전망이다.

⑨ 디지털콘텐츠/SW솔루션(Digital Contents/Software Solution)

Digital Life 시대의 도래로 문화, 교육, 의료 등 다양한 콘텐츠가 IT기술과 결합하여, 디지털 형태로 가공 처리된 콘텐츠의 중요성이 증대되고 있다. 한계비용 '0'에 가까운 고부가가치 산업으로 이동통신, 디지털 TV, 홈 네트워크, 지능형 로봇 등 다른 신성장동력 산업의 부가가치를 증대시키는 핵심 성장산업 분야이다. 언제 어디서나 사용자가 원하는 다양한 고품질 콘텐츠를 맞춤 형태로 제공하게 될 것이다. 시장수요에 기초하여, 디지털 액터(digital actor) 기술, 다중 CPU 기반 HD급 게임엔진, 공개SW 플랫폼 기술 등 핵심 SW기술을 지속적으로 확보해나갈 계획이다. 이를 위해, 신규 통신·방송 서비스 기반에서 제공할 수 있도록 차세대 콘텐츠 제작을 지원하고 있다. 컨버전스 환경에 대응하여, 통신업체, 기기업체, 콘텐츠 업체 간의 상생협력을 유도하고 있다.

2010년까지 데스크탑 분야의 공개SW 보급을 확산하고, 디지털콘텐츠 강국을 실현할 계획이다. 2006~2010년간 디지털콘텐츠/SW솔루션 분야 생산액이 83.8조원, 부가가치유발효과가 69.4조원에 달할 전망이다.

3 현재 유망한 유비쿼터스 제품과 서비스 5선

유비쿼터스는 커다란 시대적 흐름으로 경제와 사회전반에 큰 영향을 미치게 될 것이다. IT산업은 물론이고, 전통적인 제조, 서비스, 유통 산업 등에도 거대한 변화를 가지고 올 것이다. 유비쿼터스와 직·간접적으로 연관된 사업 분야는 너무도 다양해서, 일일이 나열하기도 힘들다. 유비쿼터스 기반의 새로운 사업 모델들이 향후 10년 이상 지속적으로 출현할 것이다. 여기서는 유비쿼터스 분야에서 현재 개발완료 되었거나, 진행 중에 있는 유망한 제품과 서비스에 관해서 살펴보겠다. 유비쿼터스라는 것이 막연한 개념이 아니고, 하나의 산업으로 벌써 실생활에서 구현되고 있다는 것을 인식하기 바란다.

RFID, 크기와 서비스개발 경쟁에 돌입하다

RFID(Radio Frequency Identification)은 무선주파수를 이용하여, 사물을 인식하는 시스템이다. 편의점, 마트 등에서 많이 사용하는 바코드시스템과는 달리 무선인식이 가능하여, 물건을 일일이 리더기(Reader)에 접촉하여, 스캔(Scan)할 필요가 없다. u-센터 네트워크(USN)와 함께 유비쿼터스의 기반을 이루는 시스템이다. RFID 시스템은 데이터를 저장하는 태그가 담긴 전자칩, 전파를 보내는 안테나, 안테나 수신을 통해 데이터를 읽고 판독하는 리더기(Reader)로 구성된다. RFID 시스템이 고도화되면, 모든 개별 사물들이 무선네트워크 상에서 인식이 가능해진다. 바코드시스템이 국내에 도입된 후, 유통, 물류 분야에 큰 변혁을 가지고 왔다. 그 바통을 RFID 시스템이 이어받을 것이라, 업계의 비상한 관심이 모이고 있다.

RFID는 현재 가장 활발히 활용되고 있는 유비쿼터스 기술 중의 하나이다. 몇 가지 사례를 들어보겠다.

미국 시애틀시 중앙도서관(Central Library)에는 사서가 없다. 대출과 반납이 사람 손을 거치지 않고 처리되는 무인도서관 RFID 시스템이 구축되었기 때문이다. 소형의 전자칩이 책 정보와 대출 정보를 담고, 대출이나 반납 시 리더기를 통해 정보를 제공하여 자동 대출, 반납처리를 한다.

일본 후쿠시마시는 병원의 폐기물을 추적하는 RFID 시스템을 구축하여 활용하고 있다. RFID 기술을 이용해, 폐기물의 이동에서 처리에 이르는 전 과정을 한눈에 파악하고, 불법폐기물 처리로 인한 환경오염을 완전 차단하려는 시도를 하고 있다.

벨기에의 한 대학에서는 치아에 개인식별정보(ID : Identification)를 담고 있는

RFID전자칩을 이식해, 신원을 확인하는 서비스 모델을 개발했다. 치아에 이식된 전자칩은 자연재해나 전쟁으로 희생된 사람들의 신원을 파악하는데, 매우 유용하게 사용될 수 있다. 현재는 윤리적인 문제로 주로 동물들에게 ID칩을 이식하여 실험하고 있지만, 더 소형화 되고 몇 가지 문제가 해결된다면, 주민등록증, 카드를 대신하는 역할을 할 수도 있을 것이다.

월마트, 베네통, 질레트, 베스트바이 등의 유통, 제조 기업에서도 RFID 시스템을 적극 활용하고 있다. 제품에 RFID 칩을 부착하여, 유통경로 추적 및 재고를 확인하거나, 제품의 스캔 없이 계산대를 통과하는 순간 계산가격을 알려주는 무인물류시스템을 구축하고 있다. 월마트의 경우 하루 재고비용만도 수천억 원에 달했으나, RFID시스템을 매장에 도입하고 나서는 결품률이 30% 줄고, 과잉주문도 15%나 줄어 재고비용 절감의 효과를 톡톡히 보고 있다. 베스트바이는 납품업체에 RFID 태그 부착을 의무화한 뒤, 재고관리시간이 78%나 줄었다고 한다.

한국수력원자력은 약 12만개에 이르는 원전 자재의 관리에 RFID 시스템을 도입하면서, 입고, 재고조사, 출고 등을 효율적으로 관리하게 되었다. 갑작스런 고장 시에도 즉각적인 대응을 할 수 있게 되어, 연간 50억 원의 비용이 절감될 것으로 예상된다.

RFID 시장은 이제 막 개화를 시작하였지만, 초고속 성장이 예상되는 분야다. 지난 2006년 세계 RFID 시장은 약 23억 달러에 그쳤다. 그러나 앞으로 10년 내 10배 이상으로 성장할 것으로 산업연구원(KIET)은 전망하고 있다. 산업자원부와 정보통신부의 통합을 계기로, 정부차원에서도 주류 유통정보시스템과 의약품 유통관리, USN(센서네트워크) 기반 어린이 보호구역 안전시스템 등 모두 17개 공공과제를 추진하고, 자동차 · 유통 · 가전 · 섬유 등 산업분야에서 RFID 사업을 확산하기 위해 많은 예산을 투입할 계획이다.

RFID산업의 활성화를 위해서는 개당 250~350원에 이르는 RFID 태그 가격을 최대한 낮추고, 현재 908.5~914㎒와 433㎒만 할당되어 부족이 예상되는 RFID 주파수 대역을 확충해야 하는 현안 문제들이 남아있다. 그러나 RFID는 적용범위가 거의 전 산업에 해당될 정도로 포괄적이어서, 미래의 핵심 기술 중의 하나가 될 것이 확실하다.

RFID는 이미 여러 곳에서 상용화가 진행되고 있고, 언론에서도 가장 많이 다루는 유비쿼터스의 한 분야이다. 유수의 여러 기업들이 미래의 핵심 사업으로 RFID를 생각하고 있다. 그만큼 경쟁이 치열한 분야가 될 것이다. RFID를 활용해 어떤 서비스 응용 모델을 만들 것인가? 그리고 전자칩을 어떻게 작고 저렴하게 만들어, 많은 정보를 담을 것인가? 하는 이 두 가지 측면이 경쟁의 중심이 될 것이다. 이미 선두기업 사이에서는 RFID 전자칩의 크기와 가격 경쟁, 응용서비스 개발 경쟁이 진행되고 있다.

홈 네트워크, 과연 가정의 평화를 가져다 줄 것인가?

홈 네트워크 란 TV, 컴퓨터, 오디오, 냉장고, 냉난방장치 등의 가전이 네트워크로 연결되어 시간, 장소에 상관없이 어떤 기기로도 다양한 홈 디지털 서비스를 받을 수 있는 미래의 가정환경을 말한다. 홈 네트워크를 통해 홈오토메이션, VOD, AOD, 원격진료, 냉난방원격제어, 홈뷰어 등의 홈 디지털 서비스를 받을 수 있다.

IT 환경은 영상, 음성, 데이터 등의 멀티미디어 콘텐츠가 단말기, 서비스, 네트워크의 형태에 관계없이 자유롭게 구현되는 **디지털 컨버전스**(convergence) **환경으로 변화되고 있다**. 즉, 영상으로 대변되는 방송서비스를 TV를 통해서만 이용할 수 있는 것이 아니고, 음성 서비스 중심의 휴대폰을 통해서 이용하고, 데이터 서비스 중심의 PC 등을 통해서도 이용하게 되는 것이다. 음성 통화로 대변되는 통신서비스를 휴대폰 등의 전화기뿐만 아니라, TV나 PC를 통해서도 이용하게 된다. 데이터로 대변되는 인터넷서비스를 컴퓨터뿐만 아니라, TV, 휴대폰을 통해서 이용하게 된다. 진정한 의미의 디지털 컨버전스가 구현되는 것이다. 통신, 방송, 인터넷 등 다양한 네트워크가 결합하여, 이종기기 간 네트워크로 연결되어 거대한 산업 시너지 효과를 창출할 수 있다. 이것이 가정을 중심으로 이루어지는 홈 네트워크이다.

휴대전화를 통해서 가정 내 가전제품, 냉난방기 등을 작동하고, 사무실에서 집안의 상태를 실시간으로 확인하고, TV드라마를 보면서 주인공이 입고 있는 의상을 바로 주문하는 것 등이 가능해진다. 음성인식 기술, 원터치 버튼, 유무선 제어 등 사용자의 편의성을 높이는 기술이 개발되면서, 음성 명령을 통해 가스,

조명, 에어컨 등을 켜고 끄는 것뿐만 아니라 외부침입, 화재나 가스사고 등을 사전에 감지하여 보호해 주는 역할을 수행한다. 수도, 가스, 전기 등의 원격검침이 가능해지고, 청소, 조리, 장보기 등에서도 홈 네트워크 기술이 접목되어 보다 안락한 가정생활을 할 수 있게 된다.

현재 건설, 전자, 통신 분야에서 활발히 홈 네트워크 사업이 추진되고 있다. 정보통신부는 홈 네트워크를 전략적으로 육성하기 위해 건설사업자, 통신사업자, 가전업체, 방송사업자, 솔루션사업자 등을 참여시키는 컨소시엄 구성을 유도하여 시범사업을 추진하였다. 산업자원부는 홈 네트워크 시범지역을 선정하여 집중 육성하려는 산업 클러스터 정책을 마련하기도 하였다.

홈 네트워크 시장은 초기에는 건설, 가전 등 하드웨어 중심의 시장이 형성된 후 서비스, 콘텐츠 등 소프트웨어 중심의 시장으로 바뀔 것으로 전망된다.

홈 네트워크 산업의 단계별 발전과정에 대해서 알아보겠다.

1단계. 기초 인프라 확장 단계이다. 홈 네트워크 수요활성화를 위해서는 광대역통신망 고도화, 가정 내 두 대이상의 PC 보급 확대 등의 인프라 확장이 필요하다. 경쟁의 주도권은 홈 네트워크 인프라 확대에 영향을 미치는 건설업체, 컴퓨터 관련 장비 업체가 가지게 된다. 주로 외부방문자를 확인하고, 문을 열어주는 홈오토메이션 서비스와 일부 가전기기의 원격제어 서비스가 제공되는 단계이다.

2단계. 홈게이트웨이(홈서버)를 중심으로 통합 단계이다. 가정 내 가전 기기들이 홈게이트웨이(홈서버)를 중심으로 통합하여 네트워크를 구성하는 단계이다. 홈 네트워크가 본격적으로 도입되는 단계로 홈 게이트웨이 주도권을 가지기 위해 가전업체, PC업체, 셋톱박스제조업체 등이 치열하게 경쟁할 것이다. 이와 더불어 방송, 통신, 인터넷 등 홈 네트워크 서비스를 제공하는 업체들의 경쟁이 예상된다. 양방향 멀티미디어 서비스의 이용이 가능해지고, 원격제어의 활성화, 방송 시청과 동시에 원격주문, 방송 참여 등이 가능해진다.

3단계. 네트워크 통합의 완성 단계이다. 가정 내의 모든 기기가 하나의 네트워크로 완전히 통합되어, 기기에 관계없이 디지털 홈서비스의 이용이 가능해지는 단계이다. 가전, TV, PC, 전화 등 이종 기기간의 자연스런 서비스 이용과 기능의 통합을 위해서 사용하기 쉬운 휴먼인터페이스 기술과 관련업체들 간의 네트

홈 네트워크 구성도 <자료 : ETRI, 정보통신기술산업전망>

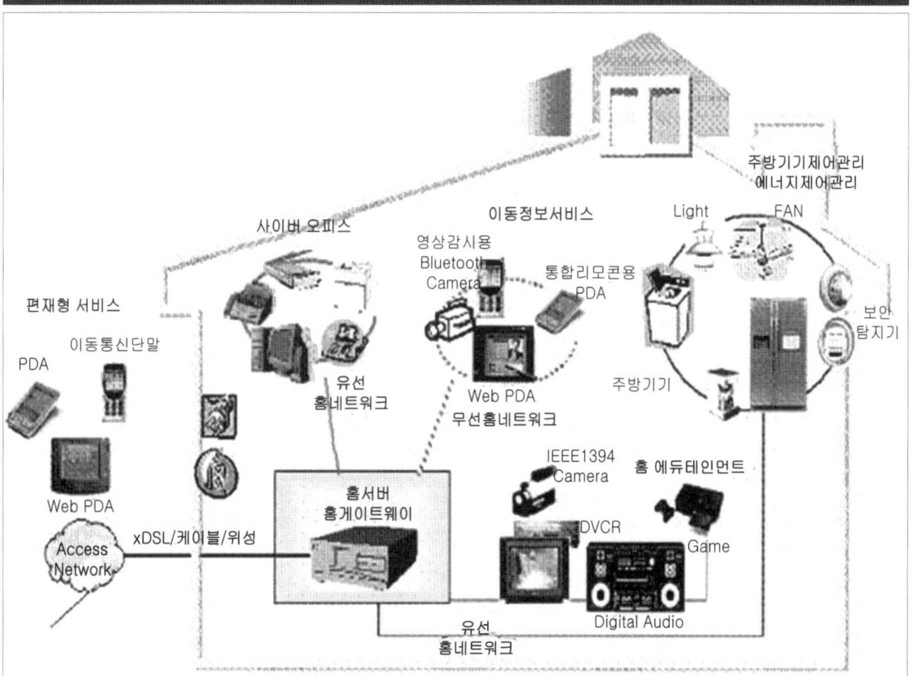

워크기술 표준, 미들웨어 표준에 대한 합의가 필요하다. 이시기에는 개인정보보호, 보안 등에 관한 이슈가 주요한 선결과제가 될 것이다. 통합네트워크 관련 서비스를 제공하는 업체가 경쟁의 주도권을 가지게 될 것이다. 1, 2단계에 비해서 가장 큰 시장규모를 형성하게 될 것이다.

휴대폰, 그 끝없는 진화와 뒷담화

국가의 신성장동력인 IT 분야에 있어, 전략적 중심에 있는 것들 중의 하나가 이동통신 이다. 유비쿼터스가 하나의 패러다임으로 인식되고 있고, 손안의 네트워크를 구축한다는 측면에서 그 의의가 더 커지고 있다. 이동통신 서비스는 끊임없는 진화를 통해 3세대(3G) 서비스가 진행 중에 있다. 이동통신 서비스 단말기인 휴대폰의 국내 생산이 전 세계의 25% 이상을 차지하고, 생산의 85%를 수출할 정도로 이동통신 단말기 산업이 국내 경제, 수출에서 차지하는 비중이 크다. 최근 수년간 국내 수출품목의 1~3위는 반도체, 자동차, 휴대폰이 번갈아가며 하고 있다. 이와 같이 경제에서 중요한 역할을 차지하고 있는 이동통신 단말기 산업은 국내외 신규수요 포화와 함께 새로운 전기를 맞이하고 있다. 3세대 기반의 새로운 이동통신서비스의 본격적인 보급, 디지털 컨버전스 현상의 확산과 더불어 다양한 기능이 결합된 차세대 단말기의 개발을 통해 새로운 수요를 창출하고 있다.

이동통신 서비스의 진화 과정을 알아보고, 향후의 발전 방향을 진단해 보자.

1세대(1G) 이동통신. ~1990년대 중반. 음성통화만 가능했던 시기이다. 음성을 전송하기 위해 주파수변조(FM : Frequency Modulation)를 사용하여 아날로그 방식이라고 한다. 과거 '한국이동통신'에서 국내 유일의 초창기 이동통신 서비스를 하고 있었다. 그 당시에는 사용자가 많지 않았고, 고가품목이어서 휴대폰이 있다는 것만으로도 괜히 어깨가 으쓱해지는 시대였다.

2세대(2G) 이동통신. 1996년에 등장하여 디지털 이동통신 시대가 시작되었다. 이 시기부터 유럽식의 GSM(범유럽이동통신)과 북미식의 CDMA(코드분할다중접속)로 이동통신 기술의 다양화가 이루어진다. 음성통화뿐만 아니라 문자메시지 등 데이터 통신이 가능하게 된다. 국내에서는 CDMA방식을 도입하여, 800MHz 대역을 사용하는 이동통신 사업자(SK텔레콤, 신세기)와 1.8GHz 주파수대역을 사용하며 새롭게 디지털 이동통신 서비스를 개시한 PCS사업자(KTF, LG텔레콤, 한솔텔레콤)가 있었다. 1997년 10월 PCS(Personal Communication Services) 서비스가 개시되면서, 본격적인 경쟁과 이동통신 보급화가 급격히 이루어졌다.

3세대(3G) 이동통신. IMT-2000 서비스 시대이다. 2GHz 대역의 주파수를 이용하며, 음성, 영상 및 고속데이터 서비스가 가능한 이동통신 서비스이다. 유럽식(비동기식)의 W-CDMA, 북미식(동기식)의 CDMA2000이 3세대 이동통신이다. 2세대에 비해 통신속도가 10배가량 빨라져서, 화상통화, 실시간 동영상 감상 등이 가능하다. 다운로드 최대 2Mbps, 업로드 300~400Kbps에 달한다. 국내의 경우 북미식만 도입했던 2세대와 달리 유럽식의 W-CDMA와 북미식의 CDMA2000을 동시에 추진하면서, 국가의 전략 수출종목으로 육성하고 있다. 현재. HSDPA, 리비전A 등의 전송속도를 개선되어 개념적으로는 3.5G에 해당하는 이동통신 서비스를 하고 있다.

4세대(4G) 이동통신. 차세대 이동통신이다. 3세대에 비해 통신 속도가 50배가량 빨라지면서, 지금의 유선 초고속 인터넷망 보다 2배 빠른 속도로 데이터 이용이 가능하다. 고속·고품질의 멀티미디어 서비스를 이용할 수 있다. 유·무선과 통신, 방송, 위성망이 완벽하게 통합하여, 휴대폰으로 집안의 각종 가전제품을 작동할 수 있고(홈 네트워크), 휴대폰과 개인휴대단말기(PDA)·컴퓨터 등이 연결된다. 텔레매틱스 서비스도 이용 가능하게 되는 등 유비쿼터스 시대에 중요한 역할을 할 것이다. 휴대폰으로 간단한 건강검진을 받고, 가상화면을 벽면에 띄워 대형 TV화면 크기로 방송을 즐길 수도 있다.

국내외적으로 향후 새롭게 시장수요를 견인해 나갈 차세대 이동통신 서비스에 점차 관심이 높아지고 있다. 유비쿼터스를 구현하는데, 중요한 기술적 토대가 될 것이기 때문이다. 이동통신서비스 사업자들의 혁신적인 서비스와 차세대 이동통신 네트워크에 대한 접근성 제공, 단말기(휴대폰) 제조업체들의 단말기 성능 강화가 중요해질 것으로 예상된다.

디지털 컨버전스 기술의 발달로 단말기에는 컴퓨팅을 비롯한 오디오, 비디오 기능이 부가될 것이다. 이동통신 기술의 발달에 따라, 차세대 이동통신 네트워크 및 서비스를 지원하게 될 것이다. 최초 단순 통신단말기로 시작해서, 디지털 디바이스의 기능을 통합하였고, 향후에는 유무선 융합형 단말기로 진화하게 될 것이다. 이동통신 단말기의 진화는 소비자의 수요와 밀접한 관련이 있다. 소비자 수용도를 통해서, 그 진화의 방향을 가늠해 볼 수 있다. 이동통신 단말기의 신규 서비스에 대한 소비자 수용도를 살펴보면, 다음과 같다.

첫 번째는, 기존 이동통신서비스(음성통신, 문자, 데이터)에서 단순 진화형 서비스인 화상전화, 멀티미디어 메시지, 개인정보관리 등이 가장 높은 수용도를 보인다.

두 번째로 높은 수용도를 보이고 있는 부분은 기존에 별도의 휴대용 디바이스를 통해서 제공되던 방송(휴대용TV), 이미지(디지털카메라, 캠코더), 모바일커머스(신용카드) 기능 등의 통합이다. LG텔레콤의 뱅크온, SK텔레콤의 M뱅크, KTF의 K뱅크 등 휴대폰을 통한 모바일뱅킹 서비스는 이미 자리를 잡고 있다.

세 번째 향후에 소비자 수용도가 높아질 부분은 유무선 융합형 서비스이다.

홈 네트워크 서비스, 멀티미디어 서비스, 네트워크 게임 등에 대한 수용도가 높아질 것이다. 미래의 진화방향임은 틀림없다.

이동통신 서비스 방식

CDMA (Code Division Multiple Access, 코드분할다중접속)

1996년 1월 세계 최초로 국내에서 서비스를 시작하였다. 퀄컴사에서 제안한 북미 이동통신 표준의 하나이다. 삼성전자, LG전자, SK텔레콤, KTF, LG텔레콤 등 국내 업체들이 단말기와 서비스에서 세계 최고의 수준이다. 사용자가 시간과 주파수를 공유하면서, 신호를 송수신하기 때문에 기존의 아날로그 방식(AMPS)보다 수용 용량이 10배 이상이다. 아날로그 음성을 디지털 신호로 전환 후 여기에 난수를 부가, 여러 개의 디지털 코드로 변환하여 통신한다. 통화자 마다 고유하게 부과된 코드만 인식하여, 1개 채널을 10배로 증가시키는 효과가 있다. 통화품질도 우수하다. CDMA는 1992년 관련업계의 회의론이 있었지만, 체신부가 우리나라 이동통신 표준방식으로 채택했다. 당시 이동통신기술은 시간분할다중접속(TDMA)방식을 적용한 유럽방식(GSM)이 대세였지만, 어느 나라에서도 시도한적 없었던 CDMA방식을 도입하여, 새로운 시장을 개척하기로 하였던 것이다. 미국의 퀄컴은 원천 칩 기술을 개발했을 뿐, 상용화 가능성은 미국 기업들조차 높게 보지 않았다. 한국이동통신, 한국전자통신원(ETRI), 삼성전자 등 민·관 협력 개발로 CDMA방식을 당시 세계 최초로 1996년 상용화에 성공하게 되었다. 이후 1997년 10월에는 한국통신프리텔(KTF), LG텔레콤, 한솔PCS 등 3개사가 CDMA방식으로 개인휴대통신(PCS) 서비스를 개시했다.

우리나라는 CDMA의 상용화로 퀄컴에 막대한 로열티를 지급하고 있는데, 자칫 사장될 수 있는 기술을 상용화한 공로가 있음에도, 로열티를 너무 많이 지급하고 있다는 지적이 있다.

GSM(Global System for Mobile Communication, 범유럽이동통신시스템)

1982년 유럽전기통신주관청회의(CEPT) 산하 GSM(Global System for Mobile communi cation)에서 새롭게 디지털 셀룰러 시스템을 선정한 것이 기초가 되었다. 1989년에 유럽전기통신표준협회(ETSI)로 이관되어 범유럽 표준규격으로 제정되었다. TDMA(시간분할다중접속) 방식을 적용하여, 유럽 17개국을 단일 통화권으로 묶은 것이다. TDMA(Time Division Multiple Access)는 일정시간을 간격으로 동시에 하나의 채널을 여러 사용자가 쓸 수 있게 해주는 기술이다. 주파수를 시간대별로 나누어 전송하는 방식으로 1채널을 3배 이상 증가시키는 효과가 있다.

현재 유럽방식(GSM)은 이동통신서비스 시장의 약 80% 이상의 점유율을 가지고 있는 것으로 추정된다. 2세대까지 북미식의 CDMA서비스만 실시했던, 우리나라가 3세대 이동통신에서 유럽방식(GSM)인 W-CDMA서비스를 적극 도입하기로 한 이유가 바로 여기에 있다. 이동통신 시장의 80%를 놓치지 않기 위해, SK텔레콤과 KTF가 3세대 이동통신 서비스로 W-CDMA를 도입하고, LG텔레콤은 북미방식인 CDMA2000을 도입하여 이동통신의 양대 시장을 노크하고 있다. SK텔레콤과 KTF의 경우 2세대까지 북미방식(CDMA) 서비스를 하다가, 갑자기 유럽방식으로 전환하기에는 어려움이 있었으나, 3세대인 W-CDMA 방식을 도입하되 통신 속도의 개선을 통해 사용자를 적극 유치한다는 계획으로 3세대를 거치지 않고 3.5세대에 해당하는 HSDPA 서비스를 시작하여 상당한 효과를 거두고 있다.

텔레매틱스, 자동차는 제3의 생활공간

텔레매틱스(Telematics)는 원격통신(Telecommunication)과 정보과학(Informatics)이 합쳐진 단어이다. 무선통신기술, 인공위성을 이용한 GPS(Global Positioning System, 위치확인 시스템)기술, 지리정보 시스템(GIS), 자동차제어기술 등이 총망라된 유비쿼터스 시대의 차량 종합서비스이다. 위치정보기술과 무선통신망을 활용하여, 자동차와 서비스센터를 연결해서, 자동차 운행 중 요구되는 각종 정보와 서비스를 제공한다. 휴대폰이나 PDA, 전용단말기 등을 통해 운전자에게 길을 안내하고, 실시간으로 교통정보 및 기타 정보들을 제공한다. 자동차뿐만 아니고 선박, 항공 분야에도 적용될 수 있다.

텔레매틱스에는 3대 서비스가 있다.

첫째, 운전지원 서비스이다. 길안내, 교통안내, 차량사고나 도난감지 등의 서비스를 제공한다. 네비게이션을 통해 길 안내를 자세히 받을 수 있다. 자동차가 주행 중에 고장 나면, 무선통신으로 서비스센터에 연결된다. 엔진 속에 내장된 컴퓨터가 자동차 주요부분의 상태를 기록하여, 정비사에게 정확한 고장위치와 원인을 알려준다.

둘째, 엔터테인먼트(Entertainment) 서비스이다. 자동차에서 방송, 음악, 영화 등을 즐길 수 있는 서비스를 제공한다. 지상파DMB, 위성DMB를 수신하여 방송을 청취하고, 라디오 청취, 영화 VOD(Video On Demand) 등을 자동차 안에서 즐길 수 있다

셋째, 인터넷 서비스이다. 자동차가 네트워크와 연결되어 언제 어디서나 무선 인터넷을 이용할 수 있다. 차안에서 인터넷 접속을 통해 필요한 정보를 찾을 수

있고, 사무업무도 수행할 수 있어, 'V오피스'(Vehicle Office)의 구현이 가능하다. 또한, 차안에서 모든 쇼핑이 이루어지는 'V커머스'(Vehicle Commerce) 시대가 열린다. 화면을 통해 이메일을 받아보고, 온라인 게임을 즐길 수 있다. 둘째와 셋째

국내 제공 텔레매틱스 서비스 현황 <자료 : kisdi, 2004.7.16>

구분	Before Market			After Market		
주 회사	현대-기아 자동차	르노삼성 자동차	쌍용 자동차	SKT	KTF	LGT
서비스 명	Mogen	INS-300	출시예정	Nate Drive	K-Ways	출시예정
제휴 통신사	LGT	SKT	KTF 컨소시엄			
주요 단말기 업체	현대오토넷, 현대모비스, LG 전자	삼성전자	현대오토넷	삼성전자	삼성전자, 현대오토넷	현대모비스
출시일	2003년 9월	2003년 10월	2004 예정	2004년 4월	2004년 5월	2004 예정
요금제	이동통신과 결합된 단일요금제	프리미엄과 레귤러요금제 적용		프리미엄/ 레귤러/ 라이트요금제	단일요금제	월 정액제
서비스 이용료	월 28,000원+ 통신사용료	프리미엄 (20,000원/월) 레귤러 (9,000원/월) + 통신사용료		프리미엄의 경우 월 28,000원 정액, 그 외에 기본료+ 정보이용료, 통화료 별도 부과		
단말형태	기존 오디오와의 통합 키트 옵션장착			네비게이션 키트와의 일체형 혹은 이동통신 단말기		
제공 서비스	교통정보, 길안내, 긴급구조, 생활정보, 개인정보 관리 등			교통정보, 길안내 서비스		

를 합쳐서 인포테인먼트(Infotainment) 서비스라고 한다. 이것은 Information(정보)과 Entertainment(엔터테인먼트)가 합쳐진 단어이다.

위와 같이 텔레매틱스는 일상공간이나 사무공간에서 이루어졌던 모든 일을 차 안에서 가능하게 한다.

한국통신정책연구원(KISDI)에 따르면, 국내에서는 자동차메이커, 이동통신사를 주축으로 텔레매틱스 서비스가 이루어지고 있다.

텔레매틱스의 주요 요소기술 GPS

텔레매틱스의 여러 주요 기술 중에는 GPS(Global Positioning System, 위성위치추적시스템)가 있다. GPS는 비행기·선박·자동차뿐만 아니라 자신의 위치를 세계 어느 곳에서든지 인공위성을 이용하여 정확히 알 수 있는 시스템을 말한다. GPS는 현재 단순한 위치정보 제공에서부터 항공기·선박·자동차의 자동항법 및 교통관제, 유조선의 충돌방지, 대형 토목공사의 정밀 측량, 지도제작 등 광범위한 분야에 응용된다. GPS수신기는 개인 휴대용에서부터 위성 탑재용까지 다양하게 개발 중에 있다.

GPS가 정확히 위치정보를 파악하는 원리는 삼각 측정 방법에 있다. GPS수신기로 3개 이상의 위성으로부터 정확한 시간과 거리를 측정하여, 3개의 각각 다른 거리를 계산하여, 삼각 측정 방법으로 현 위치를 정확히 계산할 수 있다.

GPS는 최초 군사적 목적으로 미국에서 개발되었다. 미국은 1978년 최초로 나브스타(NAVSTAR : Navigation Satellite Timing And Ranging) 위성을 발사하여, 무기유도, 항법, 측량 등의 군사용으로 사용하였다. 1990년대에 들어 NAVSTAR위성 수가 24개로 늘어나고, 무상이용이 활발해지면서 상업적인 서비스 시장이 형성되었다. 이후 6개의 위성이 추가되어 기본 위성에 문제가 발생할 경우의 백업 역할과,

GPS 수신기의 정밀도를 향상시키는 데에 이용되고 있다. 현재 GPS는 차량항법, 지도제작, 측지, 시각동기 등 군용 및 민간용 목적으로 다양하게 활용되고 있다.

GPS 기술은 텔레매틱스 서비스의 핵심이지만, 그 외에도 다양한 용도로 활용되고 있다. 휴대전화는 GPS에서 보내는 시간신호를 잡아준다. 이렇게 정확한 시간신호는 군사적으로 유용하여, 동시에 정확한 시간에 집중 타격을 가능하게 한다. 첨단 유도무기들은 GPS 수신 장치를 이용해 정확한 지점을 타격한다. 이동통신사들은 GPS와 기지국을 이용해, 길을 잃거나 위험에 빠진 자녀나 노약자의 정확한 위치를 제공하는 서비스를 하고 있다. GPS가 내장된 휴대전화를 가진 가입자가 긴급 통화 버턴을 누르면, 미리 설정해 놓은 사람에게 위치정보와 지도를 전송하는 서비스이다. SKT 폰 보디가드, KTF 안심귀가, LG 알라딘이 이와 같은 서비스이다. 그 밖에 보안전문업체에서 GPS를 활용한 보호 서비스도 있다. 명함 절반크기의 전용 단말기로 GPS위성 신호를 통해, 보호대상자의 위치를 파악하여, 인근의 휴대전화 기지국에 정보를 전송한다. 이 정보를 보안업체에서 관리하면서, 미리 설정해 놓은 안전지대를 소지자가 벗어나면, 휴대전화로 보호자에게 알린다. 긴급상황에서는 안전요원이 현장에 출동한다.

2003년 전 세계 GPS장비 시장은 35억 달러였고, 2010년이면 년 간 100억 달러의 시장을 형성할 것으로 예상된다. 현재 GPS는 미국의 위성을 무상으로 사용하는 것으로, GPS위성 독점을 우려한 러시아와 유럽은 이에 맞서 새로운 GPS 위성 서비스 체제를 서두르고 있다. 러시아 글로나스(Glonass) 항법위성이 있고, 유럽 갈릴레오(Galileo) 위성 서비스는 2010년부터 서비스될 예정이다. 한국도 유럽연합(EU)이 주도하고 있는 '갈릴레오 프로젝트'에 참여하고 있다. 갈릴레오 프로젝트는 유럽연합(EU)이 약 36억 유로(약 4조 3,000억 원)를 투자해 추진하는 독자적인 위성항법시스템으로 우리나라도 기본 분담금 500만 유로(약 75억 원)를 내고, 현금 및 현물을 추가 투자하면서 참여하고 있다. 미국의 GPS보다 더 정확한 것으로 알려진 갈릴레오 프로젝트는 지구 상공 2만 3,222Km에 총 30기의 위성을 띄워 2010년부터 위치확인 서비스, 인명재난서비스 및 시각정보 등을 제공할 계획이다. 이론상으로는 오차범위가 10Cm 이하의 정확한 위치정보를 제공할 수 있어, 고정밀 위치정보를 요구하는 항공항법 등 다양한 분야에 활용될 것으로 예상된다.

위치정보시스템은 지능형 고속도로와 교통안전 시스템에도 효율적으로 적용 가능하고, TV와 휴대전화 네트워크의 통합에도 기여하게 될 것이다. 그러나 GPS 위성을 이용한 위치정보는 거대한 사회적 감시망으로 작용하여, 프라이버시 침해의 논란이 야기될 수도 있다. 이런 부작용을 해소하기 위해 '위치정보 보호 및 이용 등에 관한 법률'이 공포되고, 개인위치정보 보호를 위해 특별한 경우를 제외하고는 사전 동의가 필요하게 되었으나, 향후 추가적인 법률 및 제도 개선이 지속적으로 뒤따라야하는 분야이기도 하다.

TV 전성시대 : DTV, DMB, IPTV, 유비쿼터스 TV

IT의 발전 속도는 정말 눈이 부실 정도다. 자고 일어나면, 새로운 서비스와 제품이 앞 다투어 시장에 나온다. IT업계 종사자라도 지속적으로 시장의 상황에 관심을 기울이지 않으면, 갑작스럽게 출현하는 신기술, 신제품들이 가지고 있는 핵심을 보지 못하고, 그냥 휩쓸려 지나치기 쉽다. 단지 신기술의 개발, 신제품의 출시라는 표면적으로 드러난 현상만을 인지하게 될 뿐이다.

최근에 등장하는 새로운 방송서비스가 그렇다. 정부가 유비쿼터스(Ubiquitous)를 국가 신성장동력으로 삼아 IT839 전략과 업그레이드 버전인 u-IT839 전략을 추진하는 중심에는, 새로운 방송서비스의 육성이라는 핵심과제가 포함되어 있다.

1936년 영국에서 처음으로 TV방송이 시작된 이래 방송을 시청할 수 있는 많은 서비스들이 개발되어 왔다. 케이블TV, 위성방송이 생기고, 디지털TV(DTV) 시대가 열리고, DMB방송, IPTV, 유비쿼터스TV 등 방송과 관련한 새로운 서비스와 이름들은 머리를 혼란스럽게 만든다. 그러다 보니 뭐가 뭔지 헷갈리기 시작하고, 나와 상관없으면, 무관심하게 그냥 지나치게 된다. 그냥 지나쳐도 상관없다. 그러나 이것 하나만은 알아두자. 바로 방송서비스의 진화 방향이다. 방송서비스가 현재 어떻게 변모하고 있는지? 그리고 앞으로 어떤 모습으로 변모할 것인지? 이것만은 알아 두자는 것이다.

방송은 한마디로 통신, 방송, 인터넷 세 가지를 통합할 수 있는 서비스로 진화될 것이다. 이것을 트리플 플레이 서비스(TPS)라고 한다. 방송서비스와 관련된 모든 기술의 진보는 바로, 이 TPS의 구현이라는 큰 틀을 벗어나지 않을 것이다. 최근에 등장하고 있는 디지털 TV, IPTV 등이 TPS의 메인드라이버라고 할 수 있다.

1) 디지털 방송(DTV)

가정 내 TV로 시청하는 아날로그 방송을 디지털화하여 대화면, 고화질, 입체 음향의 고품질 방송서비스를 하고, TV를 통해 인터넷도 할 수 있다. 우리나라는 미국식 디지털 방송 규격을 채택하여, 2010년까지 디지털 방송을 수신할 수 있는 디지털TV를 1,000만대 이상 보급을 목표로 하고 있다.

그런데, 꼭 우리가 디지털 방송 서비스를 해야 할까? 서두에 밝혔던 트리플 서비스에 답이 있다. 트리플 서비스를 위해선 방송의 디지털화가 반드시 필요하기 때문이다. 방송이 디지털화가 되면 정보의 손실 없이, 디지털 신호로 압축하여 보다 많은 정보량을 전송할 수 있다. 디지털화 된 다른 통신미디어, 인터넷 등과 접속하여 연계 사용이 가능하다. 이를 테면, TV 프로그램과 인터넷상의 콘텐츠를 결합하고, 시청자가 TV를 통해 각종 정보를 얻을 수 있는 데이터 방송 서비스가 가능하다.

2) DMB(디지털멀티미디어방송)

DMB는 Digital Multimedia Broadcasting의 약어이다. 디지털 방송을 가정에서는 TV로 시청하고, 이동할 때는 DMB서비스를 통해서 시청할 수 있도록 한 것이다.

DMB는 위성DMB, 지상파 DMB로 나뉘어 있다. 위성DMB는 TU미디어(SKT자회사)가 인프라를 구축하여, 이동통신 3사(SKT, KTF, LGT)를 통해서 주로 서비스가 되고 있다. 지상파 DMB는 방송3사가 주축이 되어 인프라를 구축하고, 이동통신 3사와 개인 휴대용 멀티미디어 기기를 통해서 서비스되고 있다.

위성DMB는 2005년 1월10일부터 위성DMB 시험 방송을 시작했고, 5월 1일부터 본 방송을 시작했다. 지상파 DMB는 방송센터에서 보내지는 방송을 지상의 중계 장치를 이용해 개개인에게 전송하는 방식이다. 2005년 12월 본 방송이 시작되었다.

SK텔레콤을 중심으로 한 위성DMB와 방송국 중심의 지상파 DMB가 상호 견제와 도입 시기를 저울질 하는 동안, 이에 무관할 수 없는 KTF, LG텔레콤 등의 이동통신사는 위성DMB진영과 지상파DMB진영 사이에서 이해관계에 따라 정책을 변경하면서, 현재 두 가지 서비스를 다하고 있는 상태이다.

어째든 여러 논란과 어려움 속에서 세계 최초로 국내에서 모바일 방송 수신 시대가 개막된 것은 큰 의미가 있다.

3) IPTV

Internet Protocol TV. TV나 컴퓨터 등 단말기 하나로 방송시청과 인터넷을 동시에 할 수 있는 서비스를 말한다. 초고속 인터넷을 통해서 제공되는 양방향성을 지향하는 방송 서비스이다. PC를 이용해 초고속 인터넷에 접속 후 사용하거나, 가정에 있는 TV에 셋톱박스를 장착하고 인터넷 회선을 연결해 사용한다. 마치 TV를 켜듯이 인터넷에 접속해 방송을 시청할 수 있다. IPTV의 또 다른 장점은 자신이 원하는 시간에 편리하게 방송을 시청할 수 있는 것이다. 방송을 보다가 멈출 수도 있고, 다음날 다시 볼 수도 있다. 또한, 인터넷이 제공하는 다양한 서비스와 콘텐츠도 이용할 수 있다. 이런 편리성은 TV시청 행태에 많은 변화를 가져올 것이다.

무선 인터넷의 전송속도가 점점 더 빨라지면서, IPTV가 모바일로 이전을 시도할 것이다. 무선 네트워크 속도가 초고속 유선인터넷과 맞먹게 되면, 휴대폰으로 IPTV를 시청할 날도 머지 않았다. 모바일 IPTV, WAPTV(Wireless Application

Protocol TV)라는 이름을 자주 접하게 될 것이다.

4) 유비쿼터스 TV

집에서 보던 TV방송 그대로를 집밖에서도 노트북, PDA 등을 통해 시청할 수 있는 방송서비스를 말한다. 유비쿼터스TV용 게이트웨이에 가정에서 이용하는 케이블TV나 지상파 TV 선을 연결하고, 초고속 인터넷을 연결하면, 밖에서도 실시간으로 TV를 시청할 수 있다. 게이트웨이가 방송신호를 패킷으로 바꾸어 인터넷을 통해 밖으로 내보내는 역할을 하고, 외부에서 무선인터넷 등에 접속이 가능한 노트북 등으로 인터넷을 접속해 TV방송을 시청한다. 해외에 있더라도 인터넷접속만 할 수 있다면, 국내TV 방송을 실시간으로 즐길 수 있다.

언뜻 위에서 언급한 DMB나 IPTV와 유사해 보이기도 하는데 유비쿼터스TV는 집에서 보던 TV방송을 그대로 보는 것이기 때문에, 별도의 이용료가 없고, 국내나 해외 어디서나 시청가능하다는 장점이 있다. TV용 방송을 TV가 아닌 다른 단말기로 시청하기 때문에, 저작권 문제가 발생할 수도 있다. 이런 문제가 앞으로 어떻게 해결되어 나갈지 관심 있게 지켜볼 일이다.

유비쿼터스TV용 게이트웨이는 이미 출시되고 있다. 2005년 포춘지로부터 창조적 기업으로 선정되기도 한 미국 슬링미디어의 '슬링박스', 일본 소니의 '로케이션프리베이스스테이션'이 대표적인 제품이다.

이처럼 새롭게 등장하는 방송관련 서비스들은 모두가 트리플 플레이 서비스(TPS)로의 진화라는 틀 안에 있음을 알 수 있다. 그 틀 안에서 앞으로도 더 새로운 방송서비스가 출현할 것이다. 이 시점에서 중요한 것은, 새로운 방송서비스의 형태가 아니다. 서비스를 지탱하는 콘텐츠가 얼마나 다양하게 생산되고, 좋은 퀄리티를 가질 수 있냐는 것이다. 시청자는 일률적인 방송프로그램이 아닌, 새롭고 다양한 콘텐츠를 원하고 있다는 것을 직시하여야 할 것이다. UCC(User Created Contents)가 각광을 받는 이유도 이러한 다양성에 기인하는 것이다. 여러 방송서비스를 통해 UCC가 전송되어, UCC 스타가 나오고, 인기 있는 개인 방송국이 출현하는 것이 이제 일상이 될 것이다.

Case Study 기회를 걷어찬 '웨스턴 유니언'의 말로

유비쿼터스는 미래를 준비하는 자에게는 분명 기회이다. 인터넷만큼이나 기업 경영환경에 많은 변화를 가지고 올 것이다. 눈앞에 다가와 있는 유비쿼터스라는 기회를 뻔히 보고 있으면서 놓칠 수도 있고, 잘 활용하여 새로운 부가가치를 창출할 수도 있다. 그 기회의 순간이 점점 더 다가오고 있다. 현명한 선택이 필요한 때가 다가오고 있다.

여기, 과거 기업의 운명이 걸려있던 새로운 기회를 걷어차고, 비참한 말로를 겪었던 '웨스턴 유니언'의 유명한 일화가 있다. 오래된 이야기이지만, 미래에 어떤 선택을 내리게 될 때, 본보기가 될 만한 사례이다.

기업의 경영은 선택과 결단의 연속이다. 순간의 잘못된 선택과 결단이 기업을 몰락의 길로 내 몰수도 있고, 엄청난 성공을 가져다 줄 수도 있다. '웨스트 유니언'은 비즈니스 역사상 최악의 결단으로, 결국 역사의 뒤안길로 사라진 기업이다. 그러면 지금부터 그 이야기 속으로 들어가 보자.

1876년 '알렉산더 그레이엄 벨(Bell)'은 역사상 위대한 발명 중의 하나인 전화기를 발명한다. 전선을 통해 음성을 전송하는 음선전화 기술을 발명하고, '전화기 특허권'을 취득한다. 당시 전화기를 발명한 또 다른 사람인 '엘리샤 그레이'보다, 불과 몇 시간 먼저 특허권을 취득한 '벨'은 세계 최고의 통신회사인 '웨스턴 유니언'을 찾아가게 된다.

'웨스턴 유니언'은 미국 전역에 전신망을 구축하여, 초창기 장거리 통신 시장을 장악하고 있던 미국 최대의 통신회사였다. '벨'은 '웨스턴 유니언'에 전화기 특허권을 10만 달러(현 가치로 약 170만 달러)에 팔겠다고 제안한다. 만약 여러분이 이런 제안을 받는다면 어떻게 하겠는가? '벨'의 제안을 받은 '웨스턴 유니언'의 '윌리엄 오톤(William Orton)' 사장은 장난감 같이 생긴 전화기가 전혀 소용이 없을 것이라 판단하고 단호히 거절한다. 나중에 전화기의 효용성이 입증되더라도, 대기업인 '웨스턴 유니언'을 위협하지는 못할 것이라 자만한 것이다.

'웨스턴 유니언'으로부터 거절당한 '벨'은 1878년 회사를 직접 차려서, 전화기를 만들어 팔기 시작했다. 이후 전화기는 큰 인기를 끌면서, 급성장을 하게 된다. 전화의 기술과 가치가 부각되면서, '웨스턴 유니언' 고객들이 전보대신, '벨' 전화회사에서 임대한 전화기를 사용하기 시작한 것이다. 뒤늦게 사태의 심각성에 위협을 느낀 '웨스턴 유니언'은 '벨'과 특허권 경쟁을 했던 '엘리샤 그레이'의 특허권을 매입하여, 전화기 생산을 추진하였다. 그러나 특허 소송에서 패소하고, 급기야는 '벨' 회사에서 전화기를 임대하여 쓰는 상황에 이르게 된다.

이후 1910년 '벨' 전화회사의 후신인 'AT&T'는 주식매입을 통해, '웨스턴 유니언'의 경영권을 확보하여, 인수합병을 한다. '벨'은 '웨스턴 유니언'이 10만 달러에도 사지 않았던 기술로 'AT&T'라는 초대형 기업을 일구어 냈다. 한 시대를 풍미했던, '웨스턴 유니언'은 굴러온 기회를 걷어차는 잘못된 결단으로 기업자체가 소멸하는 치욕을 겪게 되었다.

'웨스턴 유니언'의 잘못된 결단의 원인은 무엇일까? 경영진이 무능해서? '벨'이 최초 전화기 기술을 개발했을 때는 음성 신호를 몇 마일 정도 밖에 보내지 못했다고 한다. 당시 장거리 통신 서비스를 고객에게 제공하면서 많은 돈을 벌고 있었던 '웨스턴 유니언'이 가치 없어 보이는 전화기에 투자하는 대신 본업에 더욱 충실하겠다고 하는 것은 어찌 보면 합리적인 선택처럼 보인다. 그러나 전화기에 내재되어 있는 미래의 가능성을 보는 혜안이 없었던 것이 '웨스턴 유니언'으로 하여금 최악의 선택을 하게 한 것이다. '벨'의 회사는 초기에는 단거리 위주의 통신서비스로 돈을 벌어 기술개발에 투자하였고, 그로부터 약 20년 후에는 장거리 전화 서비스가 가능한 기술을 만들어 내게 되었다. 결국 '웨스턴 유니언'의 장거리 전신 서비스는 '벨'의 장거리 전화 서비스와의 경쟁에서 지게 되었다. '모든 사람들이 전화기를 들고 통화를 하는 시대가 올 것이다'라는 미래를 보는 혜안을 가졌다면, '벨'과 '웨스턴 유니언'의 운명은 아마도 크게 바뀌었을 것입니다.

1922년 8월 2일 미국의 전화시스템은 1분간 침묵을 지켰다고 한다. 그것은 벨의 죽음을 애도하기 위해서였다.

만약 여러분에게 '그레이엄 벨'같은 발명가가 새로운 기술을 들고 찾아와서, 그것을 사라고 하면 어떤 답을 하겠는가? 지금도 '1876년의 전화기'와 같은 변화, 혁신이 내 바로 옆에서 벌어지고 있다. 그중 하나가 유비쿼터스임에는 틀림없다. 바로 그것이 우리가 '미래를 보는 눈'을 키우며, 시대의 흐름을 항상 주시해야 하는 이유이다.

제 3 부

IT로 경영을 하라

디지털, e, 정보화, IT가 무슨 의미인지, 어떻게 쓰이는 지는 이미 잘 알 것이다. 이 나열된 단어들과 경영, 기업, 비즈니스 등의 단어가 합쳐져서 기업정보화, 디지털경영, e비즈니스(경영), IT경영과 같은 신조어가 파생되었다. 이 책의 서두에서 밝혔듯이, 이 파생된 단어들은 유행에 맞게 용어가 달리 쓰인 것이지 사실 다 비슷한 의미를 내포하고 있다.

인터넷, 정보통신 기술의 발전에 따라 디지털 환경이 도래하면서 기업의 경영환경이 급격히 변하였다. 이에 발맞추어 진보된 디지털 기술을 활용하여, 기업의 경영활동에 접목을 시도한 것이 기업정보화이고, 디지털 경영이고, e비즈니스이고 그런 것을 포괄하는 개념이 IT경영이다. 발달한 IT를 활용하여 기업의 경쟁력을 높이는 것이, 바로 IT로 경영을 하는 것이다.

그러면 꼭 IT로 경영을 해야 하는 것일까? 국내 기업 중 0.3%의 잘나가는 기업들이 거의 대부분 IT로 경영을 하고 있다면 어떠한가? 그들이 **잘나가는 비결 중에 하나는 분명 기업정보화를 통해서 IT로 경영을 하고 있다는 것**이다. 이 책은 이미 잘나가는 0.3%의 기업들에게는 필요 없을지도 모르겠다. 거기에 속한다면 바로 책을 덮어도 상관없다. 나머지 99.7%에 해당한다면 끝까지 잘 읽어주기 바란다.

앞으로 하는 얘기는 전혀 새로운 것이 아니다. 정보가 없어서 알지 못하고, 관심이 없어서 스치고 지나가는 기업정보화의 기본적인 지식들을 쉽게 전달하고자 하는 것이다. 지금 당장 IT로 경영을 할 수 없더라도, 언젠가 기업정보화의 필요성을 느끼고 도입하려 할 때, 알아야할 지식들을 전달하는 것이 목적이다.

기업이 정보화를 통해 IT로 경영을 하려고 마음먹고 찾아보면, 많은 솔루션들이 있다는 것을 금방 알 수 있다. 그런 솔루션을 처음 접하게 되면, 용어들은 생소하고 왠지 복잡하고 어렵다고 느껴질 것이다. 그러나 이제 그런 걱정을 접어두자. 모른다. 여기서 소개하는 대표적인 IT경영 솔루션을 이해하고 그 원리를 알고 나면, 앞으로 어떤 새로운 IT경영 솔루션이 출현한다 해도 어렵지 않게 그것을 이해하고, 도입을 결정할 수 있게 될 것이다. 결국 IT를 활용해서 경영을 하는 원리는 다 같기 때문이다.

그래서 시대가 다시 변하고, 막상 유비쿼터스 경영 시대가 도래를 했을 때, 기업경영을 하는데 유비쿼터스를 어떻게 활용할 것인지 스스로 결정하고 창의적인 발상을 통해 유비쿼터스 경영을 추구할 수 있는 바탕이 될 것이라 확신한다.

지금부터 IT경영의 개념에서부터 대표적인 IT경영 솔루션과 적용사례, 구축방법론에 이르는 폭넓은 정보를 최대한 쉬운 언어로 표현하여 이해를 돕도록 하겠다. 천천히 잘 살펴보기를 바란다.

1

IT경영(기업정보화)의 이해

0.3%의 잘 나가는 기업들이 다 하고 있다는 IT경영(기업정보화)에 대한 개념에서부터, 구현 스텝(Step), IT경영 시스템(솔루션) 소개에 이르기까지, 전반적으로 살펴보고자 한다. 실제 비즈니스에 접목할 때 참고가 될 것이다.

IT경영(기업정보화)란?

IT경영이란 IT 기술을 이용해 기업의 업무를 지원하고, 경영효율을 높이는 것이라고 할 수 있다. 좀 더 축소된 다른 표현으로는 기업정보화라고 할 수 있다. 시대적 상황에 따라 e비즈니스, 디지털 경영 등 다양한 표현으로 사용된다고 이미 얘기하였다.

기업의 정보화를 지원하는 여러 시스템과 솔루션이 있고, 이런 것들을 도입하여 기업경영에 잘 활용하고 있는 상태를 'IT로 경영을 하고 있다'라고 할 수 있다. 즉, 실제 경영에 잘 활용되지 않고 있다면 진정한 기업정보화가 아니다.

좀 더 부연설명을 하자면 기업정보화는 기업의 모든 혹은 어떤 경영활동에서 산출되는 정보를 효율적으로 관리하고, 공유하는 것을 말한다. 이를 위해서는 발달된 IT 기술, 인터넷 기술을 활용해서, 모든 정보를 디지털화하여 관리해야 한다. 그리고 여기서 더 나아가 정보의 효율적 관리와 공유를 통해 기업의 경영효율이 높아져야 한다. 그렇게 되었을 때, 진정 'IT로 경영을 하고 있다'라고 할 수 있다.

기업정보화(IT경영)에 대한 깊은 이해를 위해, 좀 더 자세히 의미를 살펴보겠다.

먼저, 의미의 해석으로 접근해보자. 데이터(Data)는 어떤 필요한 정보를 만들어내기 위해 획득한 가공되지 않은 원시 자료를 의미한다. 정보(Information)란 어떤 상황에 대처하기 위하여 필요한 지식, 사실 혹은 데이터들의 집합으로서, 실제 행동이나 활동에 활용될 수 있는 가공된 자료를 의미한다. 정보화란, 데이터를 유용한 가치를 지닌 필요한 정보로 만들어 활용할 수 있도록 만드는 과정을 의미한다. 즉, 수많은 데이터들을 통해 일정한 형식을 지닌 또 다른 가치 있는 정보로 만들어내는 활동을 말한다.

우화에서 볼 수 있는 '장님마을에 등장한 코끼리' 이야기를 생각해 보자. 옛날 한 장님 마을이 있었다. 하루는 왕이 코끼리를 타고 그 마을을 지나가게 되었고, 마을 사람들에게 코끼리는 처음 듣는 신비한 동물이었다. 그래서 마을 사람들은 왕에게 코끼리를 만져보게 해달라고 청하였고, 마을사람들 중 대표 3명이 코끼리를 만져볼 수 있도록 허락을 얻었다. 대표 3명이 코끼리를 각각 만져보고는, 마을로 돌아와서 각자 어떻게 생겼는지 얘기를 했다. 첫 번째 장님이 말했다. "코끼리는 넓고 납작한 것이 마치 양탄자 같았습니다." 그는 코끼리의 귀만 만져본 것이다. 그러자 두 번째 장님이 말했다. "코끼리는 길고, 부드럽고 힘이 있었어요. 뱀 같았습니다." 그는 코만 만져본 것이다. 이번엔 세 번째 장님이 말했다. "코끼리는 원통 모양이며 겉이 꺼칠꺼칠 했어요. 마치 커다란 나무줄기 같았습니다." 그는 다리만 만져본 것이다. 다른 마을 사람들은 세 사람의 말을 듣고는 누구의 말이 맞는지 헷갈렸고, 코끼리라는 동물을 도대체 알 수 없었다. 만약, 장님마을에 정보화라는 과정이 있었다면 어떠했을까? 코끼리에 대한 세 사람의 부분 데이터를 모아서 잘 조합하였다면, 코끼리라는 동물의 형상을 그려낼 수도 있었을 것이다. 장님마을에서는 데이터를 수집하는 과정은 있었지만, 이를 통합하여 가치 있는 정보로 만들어내는 정보화 과정이 없었기 때문에, 대표 세 장님들의 부분 데이터들은 모두 소용없는 것이 되었다. 이런 정보화가 장님마을 뿐만 아니라 기업에도 마찬가지로 필요한 것이다.

기업의 정보는 그 자체만으로는 의미가 없다. 정보는 정보의 생산자에서 소비자에게로 전달되는 과정에서 힘을 가지게 된다. 이것을 '데이터 흐름(Data flow)'이라고 한다. 기업정보화를 추진할 때, 바로 이러한 데이터의 흐름을 명확히 하여야 한다. 정보가 어떤 프로세스로 흘러갈지 잘 정의하여야 한다. 정보화 시스템은 정보가 힘을 가지기 위해, 정보 생산자와 소비자 간의 데이터 흐름과 이를 유기적으로 전달할 수 있는 통신 수단 역할을 수행한다.

기업의 생산, 판매, 마케팅, 관리·지원 활동에 존재하는 모든 정보(Data)는 그 자체만으로 정보로써 유용성을 지닐 수도 있다. 하지만, 산출된 정보의 통합과 적절한 조합, 재배치, 전달을 통해, 경영활동에 활용되는 정보의 최적화 과정에서, 정보의 재창조가 이루어지고, 이것이 다시 순환되는 것을 기업정보화라고 할 수 있다.

정보의 흐름(Data flow)

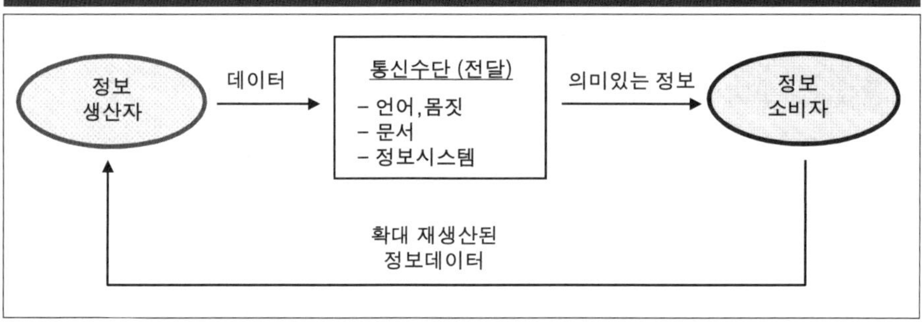

과거나 현재나 가치 있는 정보는 소수 계층에만 한정되어 전달되는 경향이 있다. 정보를 전달받고 계승한 자는 사회적으로 우월한 신분인 지배계층으로서 역할을 수행하는 경우가 많았다. 한 기업 내에서도 그러한 경우가 많았지만, 지금은 인터넷·디지털 기술의 발달로 정보의 가공과 전달이 용이해져서, 기업 구성원 전체의 정보화가 가능해졌다. 이는 기업 역량강화의 밑거름이 된다. 기업에게 정보의 가치란 대단히 중요하고, 기업경영의 핵심자산이 된다. 기업경영 환경은 항상 불확실하고 급변하기 때문에, 기업경영은 탄력적이고 신속, 정확해야 한다. 이를 위해서는 풍부하고, 정확한 정보를 신속하게 입수하고 분석하여, 기업경영에 적용하는 것이 반드시 필요하다.

그러면, 지금부터 IT경영의 이해를 돕는 구체적인 이야기를 시작하겠다. 이를 통해 경영활동에 탄력적으로 적용할 수 있는 역량을 갖추기를 기대한다.

스피드 경영으로 가는 지름길, IT경영

지금 필요한 건 바로 '스피드'. 한 인터넷 회선 사업자의 광고 카피였다. 이런 스피드는 인터넷 회선 속도에만 해당되는 것이 아니다. 디지털 시대에 경영의 영원한 숙제이자 화두가 바로 '스피드'이다. 앞으로 다가올 '유비쿼터스 시대', 그리고 그 이후에 올 시대에도 스피드는 굉장히 중요하다. 중요할 뿐만 아니라 경영의 속도는 점점 더 빨라져야 한다.

기업이 새롭고 혁신적인 제품을 만들어 내려면 충분한 시간이 필요하지만, 고객은 가만히 기다려 주지 않는다. 많은 정보로 무장한 똑똑한 '디지털 소비자'들은 기업에 더욱 빠른 혁신을 요구하고 있다. 경쟁에서 살아남으려면, 고객들의 요구에 빠르게 대응하는 속도 경영만이 살길이다. 과거 12~18개월이 걸리던 휴대폰 신제품 출시기간이 지금은 6개월이면 가능하다. 닛산자동차는 21개월 소요되던, 신제품 출시기간을 10개월 반으로 줄였다. 델, 노키아, 삼성전자, 애플 등 굴지의 기업들이 신제품의 출시기간을 단축시키는 스피드 경영을 통해 시장에서 굳건한 위치를 확보하고 있다. 지속적인 성장을 위해서, 고객이 원하는 신제품을 경쟁사보다 빠르게 개발하고 있는 것이다.

경쟁사보다 좀 더 빨리 소비자의 니즈를 파악하고, 신제품을 출시하는 것은 사람의 힘만으로는 될 수 없다. 바로 IT와 인터넷을 이용하여 스피드 경영을 할 수 있는 체계를 만들어야 한다. IT 기술을 이용하여, 기업의 지식과 역량을 통합하고 재분배하며, 표준화된 프로세스를 정립하여, 기업전반을 시스템화(체계화)하는 것이 필요하다. 그래야 기회를 잡았을 때, 일사불란하게 의사결정을 하고, 조직적인 업무수행으로 신제품을 경쟁사보다 빨리 출시할 수 있는 것이다. IT로 경영을 하는 것이 바로 스피드 경영으로 갈 수 있는 지름길인 것이다.

IT를 활용한 스피드 경영의 예를 몇 가지 들어보겠다. 전자결재시스템을 도입하여 10일 걸리던 결재완료기간을 단 3일로 줄인 것은, IT로 경영을 잘하여 스피드 경영을 실천한 것이다. 기업 내부 리소스를 통합하여 관리할 수 있는 ERP(Enterprise Resource Planning)를 도입하여 철저한 원가관리를 하고, 재무제표를 뽑느라 며칠 밤새워하던 작업을 단 몇 분만에 손쉽게 처리하는 것도, IT를 활용해 스피드경영을 하고 있는 것이다. IT를 통해 의사결정을 지원하고 경영적 결정이 빠르게 이루어지도록 도와주는 것이다.

표준화된 인터넷과 IT기술이 기업의 폐쇄적인 일부 업무영역을 허물고 있다. 조직구성원만이 기업 활동을 한다는 상식이 깨지고 있다. 블로그(blog)를 이용하면서, 개인의 전문지식의 공유와 전파라는 '인터넷 문화'에 익숙한 고객들을 기업 활동에 끌어들이고 있다. 고객이 기업 활동에 참여하여, 정보를 제공하고 공유할 수 있도록 열린 작업장을 구축하고 있다. P&G의 외부 웹네트워크인 이노센티브(InnoCentive)는 약 8만 명의 외부과학자가 참여하게 하여, 직원들의 문제점을 해결하도록 하고 있다. 아우디는 가상의 온라인 Lab을 운영하면서, 고객에게 많은 디자인 아이디어, 서비스 아이디어 등을 얻고 있다. 고객의 참여를 통해서 보다 빠르고, 정확하게 소비자의 목소리를 찾아내는 스피드 경영을 하고 있는 것이다.

시스코시스템즈의 CEO 존 챔버스의 유명한 말을 한 번 더 상기하자. "덩치가 큰 기업은 항상 작은 기업을 이기지 못하지만, 빠른 기업은 언제나 느린 기업을 이긴다."

좀 더 극단적으로 이야기하면 '비즈니스 세계에서는 빠른 기업이 되거나, 소멸할 기업이 되거나, 기업의 길은 둘 중 하나'이다.

홈페이지, IT경영의 출발

IT로 경영을 한다는 것은, 정보화 시스템을 통해서 기업이 업무의 효율성을 높이는 것이라고 하였다. 그럼, 홈페이지라는 정보화 시스템은 어떤가? 과거에는 기업 또는 제품에 대한 문의를 받게 되면 이것저것 설명해주고, 브로슈어를 보내주는데 적지 않은 시간과 비용이 들었다. 지금은 홈페이지 주소만 알려주면, 고객 스스로 살펴보고, 필요한 정보를 다운로드 받을 수 있다. 인터넷을 통해서 언제 어디서나 기업과 제품을 알릴 수 있어, 홈페이지는 폭넓은 영업 창구의 역할을 한다. 홈페이지가 업무의 효율성을 높이고 있는 것이다.

또한, 기업의 홈페이지는 열린 공간에서 기업과 고객이 직접 커뮤니케이션 할 수 있는 장을 제공한다. 고객의 의견을 수렴하여 아이디어를 얻는 다던가, 전문집단과의 네트워크를 형성하여 조언을 들을 수 있다. 그 밖에, 게시판을 운영하여 고객의 질의에 대답하는 직접적인 대응을 하고 있다. 어떤 기업은 게시판을 만들어놓고, 고객의 질의에 대해 불성실하게 답하거나, 아예 답조차 안하는 기업도 있다. 의도적으로 나쁜 글을 올리는 악플러들 때문에 게시판을 폐쇄하는 기업도 있다. 게시판에 올라온 고객의 글을 일일이 살펴보고, 답변을 한다는 것이 쉽지 않은 일이기 때문이다. 하지만 게시판 운영을 잘하여, 좋은 평가를 얻고, 기업 이미지를 제고하는 경우도 있다. 모 가수가 처음 드라마에 데뷔하면서, 연기력 때문에 그 가수를 비방하는 글이 방송국 드라마 게시판에 도배되었을 때, 담당 PD가 일일이 답변 글을 달아 비방을 잠재우고, 잔잔한 감동을 준 경우도 있다.

해충방제회사인 세스코(Cesco)사는 게시판에 올라온 황당한 질문에 일일이 재치 있는 답변을 함으로써, 세간의 관심을 끌고, 인구에 회자되어, 자연스럽게 기업홍보와 이미지제고를 하고 있다. 예를 들면 이런 식이다.

> (생생한 전달을 위해 게시판에 있는 글을 있는 그대로 발췌하였음.)
>
> 제목 : 지구인들이여 멸망하여라
>
> 질문 : 나는 화성에서 온 벌레초초초초대마왕이닷
> 너의 별 지구를 쳐들어갈 것이니 그렇게 알고 있어라.
> 시간은 4월 28일 정오12:00 이닷
> 각오해랏.
> 세스코직원들이여
> 캬하하하하하ㅏ하하ㅏ
>
> 답변 : 기다리다가 안 오셔서 점심 먹으러 갔었습니다.
> 전 시간약속 안 지키는 사람을 제일 싫어하거든요. ^^;

보는 사람으로 하여금 미소를 머금게 하지 않는가? 이런 세스코의 게시판에 정기적으로 들어와 읽어보는 애독자도 많이 생겼다고 한다. 홈페이지 좀 들어오라고 돈 써가며 광고도 하는데, 게시판 관리만 잘해도 기업에 얼마나 이득이 되는지 사례를 잘 보여주고 있다.

홈페이지는 고객의 접점에서 고객데이터를 수집하는 역할을 수행하고, 고객의 인구통계학적인 분석, 성향분석 등을 통해 마케팅전략을 수립하거나 제품 개발할 때 활용될 수도 있다. 신제품 출시 정보, 각종 행사 정보 등 알리고 싶은 정보를 홈페이지를 통해 수집된 고객의 이메일 주소로 발송할 수 있다.

홈페이지를 구축해서 잘만 활용해도 IT경영을 하고 있는 것이다. 신생기업이 가장 처음 하는 것이 홈페이지 구축일 정도로 홈페이지는 기본이 되었다. 그러나 홈페이지라는 기업정보화의 한 시스템을 만들어 놓았다고, 전부 IT로 경영을 하고 있는 것은 아니다. 그것을 어떻게 잘 활용하고 있느냐가 관건이다. 지금 자신이 속한 단체의 홈페이지가 있다면, 잘 활용되고 있는지, 어떻게 활용해야 할지 고민하라. 그것이 IT경영의 시작이다.

기본이 되는 IT경영 솔루션

IT로 경영을 할 수 있도록 지원하는 정보화 시스템은 많다. IT경영을 할 수 있도록 업무 프로세스 개선에 대한 컨설팅을 해주고, 소프트웨어와 하드웨어를 제공하는 토털 솔루션 형태로 제공하는 솔루션들이 많다. 앞으로도 많이 나올 것이다. IT로 경영을 잘 하기위해서 우리는 그 많은 IT경영 솔루션에 대해서 잘 알아야 할까? 답은 아니다. IT로 경영을 하는 것은 어떤 체계를 시스템화 하여 기업이 활용하게 하고, 경영효율을 높이는 것이라고 하였다. 바로 이 기본적인 원리를 제대로 이해만 하고 있다면, 기업 스스로가 창의적인 시스템을 고안하고, 활용하는 최적의 선택을 할 수 있다. 상용화된 솔루션, 정보화시스템을 선택하여 쓸 수도 있고, 그 기업만의 새로운 시스템을 개발하여 활용할 수도 있는 것이다.

앞으로, 기본이 되는 IT경영 솔루션 몇 가지를 제시할 것이다. 여기서는 어떤 것들이 있는지 전체적으로 살펴보고, 별도로 기본이 되는 3가지의 IT경영 솔루션을 하나하나 자세히 살펴보게 될 것이다. 이것을 잘 이해하여, IT경영 솔루션을 잘 활용하는 단계를 넘어, IT경영의 최상위 모습인 그 기업만의 **창의적 IT경영을 하기 바란다.**

① ERP(Enterprise Resource Planning, 전사적 자원관리)

3가지 중의 첫 번째, 소개할 IT경영 솔루션은 ERP(Enterprise Resource Planning, 전사적 자원관리)이다. 기업 내 모든 인적, 물적 자원을 효율적으로 통합 관리하여 주는 정보시스템을 ERP라고 한다. 기업의 경쟁력 강화를 목표로 하고 있다. 기업의 인사, 회계, 자재, 생산, 구매 관리 등 일반적으로 운영되는 업무 프로세스를 전산화할 때, 기존에는 담당부서가 외부 소프트웨어 개발 회사에 의뢰해 각 부서들이 독자적으로 운영하는 게 일반적이었다. 각각의 인사, 회계 등의 개별적인 정보시스템은 통합되지 않아 비효율적인 경우가 많고, 업무 조건이 변하여 프로그램을 수정해야 할 때, 각 부서별 시스템을 모두 수정해야 하기 때문에 효율성이 떨어지고 비용부담이 클 수밖에 없었다. ERP는 이런 문제점을 해소하기 위해 각 업종별로 표준화된 업무처리 프로세스를 담은 업무용 시스템이다. 기업의 운영과 관련해 필요한 모든 업무, 즉 인사, 회계, 자재, 생산, 원가, 구매, 발주 등 모든 프로세스를 정보시스템을 통해 통합하여 일관성 있게 처리할 수 있도록 해주는 전사적 자원 관리 시스템이다. ERP는 기업 업무 전 분야에 걸쳐있는 경영자원을 하나의 체계를 통해 통합시스템을 구축하여, 생산성을 극대화하려는 대표적인 기업의 리엔지니어링 기법이다.

ERP는 업종에 맞게 표준화된 업무처리 프로세스를 담은 정형화된 솔루션이지만, 비즈니스 프로세스를 분석하고, 그 기업 환경에 맞게 고객화(Customizing)를 수행하기도 한다. 즉, 기업에서 갖고 있는 고유한 업무의 성격과 프로세스를 먼저 분석한 후, 도입하고자 하는 시스템이 제공하는 프로세스를 적절히 조정하는 것이다. 구축 작업은 짧게는 몇 개월에서 길게는 몇 년씩 소요되기도 한다. 비용도 규모에 따라 수천만 원에서 수백억 원까지 다양하다.

② CRM(Customer Relationship Management, 고객관계관리)

두 번째, IT경영의 기본 솔루션은 CRM(Customer Relationship Management, 고객관계관리)이다. CRM은 고객들의 다양한 니즈(needs)와 원츠(wants)를 효율적으로 만족시키는 마케팅과 고객관리를 하기위해, IT기술을 활용한 것이라 할 수 있다. 니즈

(needs)는 말 그대로 어떤 필요를 말한다. '아, 배고프다. 뭐를 좀 먹어야겠어'라는 것은 니즈(needs)가 발생한 것이다. 원츠(wants)는 보다 구체적으로 원하는 것을 말한다. '맛있는 불고기에 김치를 같이 곁들여, 따뜻한 밥을 먹고 싶다.'라는 것은 원츠(wants)가 발생한 것이다. 참고로 디맨즈(demands)라는 것도 알아두자. 원츠(wants)가 보다 더 구체적으로 시간, 공간, 비용 요소까지 포함하여 요구가 발생하는 것을 말한다. 특정한 상품을 특정시간에 특정장소에서 특정가격으로 구매하려는 구체적인 요구이다.

매일 수없이 쏟아지는 상품만큼이나 소비자들의 취향도 다양하고, 수시로 변화한다. 따라서 수작업으로 처리된 일반적인 고객 데이터만을 기준으로 고객을 관리해서는 특정 고객에 대한 세부적인 정보를 얻기 어렵다. 기껏해야 영업사원 각자가 가지고 있는 공유되지 않는 정보가 전부이다. 그러나 고객관리를 자동적으로 수행해주는 CRM시스템을 이용하면, 고객 개인적인 취향이나 생활방식 등 세밀한 부분까지 데이터로 보관할 수 있고, 고객의 구매패턴과 관심을 보이는 상품 등에 대한 정보가 체계적으로 관리되어, 개인별 고객을 관리 하는 것이 가능해 진다. 모든 고객의 구매기록을 축적하고, 분석하여, 특정 고객의 향후 구매패턴을 도출할 수 있다. 개개인 소비자의 원츠와 니즈를 찾아 기업과 연결시켜주는 역할을 하는 것이다.

CRM은 전사적으로 고객 데이터를 효율적 통합 관리하고, 개인별 고객의 취향, 생활방식, 소비성향, 관심 상품 등 고객 밀착적인 데이터를 보관, 관리한다. 그리고 이런 데이터를 분석하여, 구매패턴을 분석하거나, 마케팅전략 수립, 제품 개발 등에 활용하도록 지원한다. 이동통신 업체들이 연령별로 세분화해 차별화된 마케팅을 전개하는 것도 바로 고객관계관리 시스템을 활용한 것이다. CRM은 궁극적으로 일대일 마케팅(One to One Marketing)을 가능하게 할 것이다. 개인별로 고객을 관리하고, 무차별적으로 다수를 상대로 마케팅을 하는 것이 아닌 개인마다 적합한 마케팅을 실시할 수 있도록 지원할 것이다.

③ SCM(Supply Chain Management, 공급망관리)

IT경영의 기본 솔루션 마지막 세 번째는 SCM(Supply Chain Management, 공급망관리)이다. 기업과 기업 간의 '협업시스템'이라고도 한다. 제조업체가 생산에 필요한 원자재를 구매한 후, 제품을 만들고, 시장에 공급하고, 유통하여, 고객이 구매하기까지의 전 과정을 공급망(Supply Chain)이라고 한다. 하지만 부품이나 원자재 공급업체의 원자재 납품과 소비자의 구매가 항상 일정한 것은 아니다. 그렇기 때문에 제품이 많이 팔리는데도 불구하고, 부품조달이 제대로 되지 않는 경우도 있고, 재고는 쌓이는데도 판매활동이 저조한 경우도 있다. 이러한 모순을 해결하기 위해 등장한 정보시스템이 SCM(공급망관리) 시스템이다. 최종적으로 소비자에게 공급될 상품을 만드는 제조업체는 부품, 원자재 조달이 필요하다. 이러한 조달, 구매 프로세스를 인터넷, IT기술을 통해 처리하는 것이다. 즉, 원자재 납품업체, 제조업체, 유통업체(물류센터, 소매업체 등), 더 나아가 고객까지 유기적으로 연결해 하나의 기업이 움직이는 것처럼 시스템적으로 통합하는 것이다. 모든 협력업체가 유기적으로 연결되어 있으면, 수요와 공급 간의 불일치를 줄일 수 있고, 제품도 적시에 공급할 수 있어, 경영효율을 대폭 향상 시킬 수 있다.

④ 기타 IT경영 시스템들

온라인상의 시장인 이마켓플레이스(e-Marketplace)를 잘 활용하여, IT로 경영을 할 수도 있다. 오프라인에서 직접 실물을 거래하는 시장만 있는 것이 아니다. 온라인상에도 기업간 거래를 하는 시장이 존재한다. 일반 소비자들이 인터넷 쇼핑몰을 이용해 상품을 구매하는 것과 마찬가지이다. 기업간에도 수없이 많이 발생하는 거래를 인터넷을 이용해 편리하게 처리할 수 있다. 무역업을 하는 회사라면, 거래처 하나를 찾기 위해 상공회의소나 무역협회 등을 통해 자료를 수집한 후, 적절한 업체를 찾아 전화나 팩스로 1차 접촉을 하고, 수차례의 업무협의를 거쳐 최종적으로 계약체결을 하기까지 복잡한 과정을 거쳐야 한다. 이러한 복잡한 과정을 인터넷을 통해, 편리하고 효율적으로 할 수 있다. 이마켓플레이스는 불특정 판매자와 구매자를 인터넷이라는 공간에서 서로 연결하여, 편리하게 상거래를 할 수 있도록 해준다. 이마켓플레이스를 이용하면, 조건 지정 검색을 통해, 적절한 판매자와 구매자를 빠른 시간 내에 찾아 낼 수 있다. 판매자에게 더 많은 Sales의 기회를 제공하고, 구매자에게 가격비교는 물론, 더 많은 구매물품 정보 습득의 기회를 제공한다. MRO(Maintenance Repair and Operating, 기업소모성자재)가 대표적이다. 기업 활동에 필요한 각종 소모성자재, 사무용품, 기계 부품 등에 이르는 모든 물품을 편리하게 구매할 수 있도록, 판매자와 구매자를 연결시켜주는 대표적 e-Marketplace이다. 많은 기업들이 이용하여, 매년 거래금액이 큰 폭으로 상승하고 있다.

그룹웨어(Groupware)라는 IT경영 솔루션도 있다. 개인용 소프트웨어와 반대되는 개념으로 붙여진 이름이다. 기업이나 기관, 단체의 구성원들이 컴퓨터로 연결된 작업장에서 서로 협력하여, 업무효율을 높이기 위해 사용하는 소프트웨어를 가리킨다. 1986년 미국을 중심으로 제기된 컴퓨터 지원에 의한 공동 작업(CSCW : Computer Supported Cooperative Work)이라는 개념이 기초가 되었다. 기업 내의 컴퓨터 사용자들이 랜, 인터넷 등의 통신망으로 연결된 개인 컴퓨터를 통해 서류 작성, 결재는 물론, 문서 보관 등의 업무까지 전산 처리할 수 있게 해준다. 전자우편, 전자게시판, 전자결재, 데이터공유, 전자회의 등의 기능을 수행한다. 그룹웨어는 기업의 업무성격에 맞게 메뉴를 구성하여, 서버와 개인PC에 그룹웨어를 설치해 놓으면, 사내 업무 협의와 관련한 모든 프로세스를 자동화해, 관련 담당자들이 동시에 효율적으로 업무를 수행할 수 있다. 각 조직별로 수행되는 업무와 일정 관리를 지원해서 조직 활동의 지연이나 재조정, 중복작업 등에 소요되는 시간을 절약할 수 있다. PC를 이용한 화상회의, 비디오 컨퍼런스(Conference)를 통해 이동 시간과 비용을 절감할 수도 있다. 부서나 업무별로 분산되어 있던 정보를 종합 처리하고, 업무 과정도 표준화할 수 있다. ERP의 일부 기능을 수행한다.

기업의 정보화를 구현하는 데는 단기적으로는 복잡한 절차를 거쳐야 하고, 비용도 많이 든다. 그러나 기업정보화는 장기적으로 볼 때, 기업의 업무효율을 높이고, 경쟁력을 강화하여, 글로벌 경쟁체제에서 살아남을 수 있도록 하는 아주 효과적인 수단이다. 혹시, 비용의 부담으로 인해 정보화시스템을 도입하지 못하는 경우에는, ASP(Application Service Provider)를 통해 정보시스템을 임대하여 쓸 수도 있다. 정부에서는 매년 중소기업 IT화 지원사업을 실시하여 ERP, SCM, CRM 등을 도입하는 업체에 대해 일정금액을 지원해주기도 한다.

IT경영 추진 시 명심해야 할 것

기업은 1년 365일 이윤을 창출하기 위해, 최고경영자에서 평사원에 이르기까지 밤낮으로 일을 한다. 그러나 이윤을 지속적으로 내기란 쉽지 않다. 연구개발에 투자해서 신제품을 내놓아도 시장의 반응이 뜻대로 나오지 않기도 하고, 경쟁사는 왜 이렇게 많은지 서로 고객을 뺏으려고 치열한 싸움을 거듭한다. 남들보다 앞서는 경쟁력 없이 생존할 수 없다. 그러나 경쟁력이 있다고 해도, 급변하는 시장 환경에 빠르게 대응하지 못하면, 무용지물이 되고 만다. 즉, 시장대응력이라는 경쟁력이 없다면, 다른 경쟁력은 다 소용없다. 적절한 타이밍에 시장에 빠르게 대응하는 시장대응력을 갖추기 위해, IT경영을 잘 활용해야 한다. 기업의 정보화를 통해 미래를 예측하고, 시장 환경 변화에 따른 즉각적인 대응을 통해 경쟁력을 높이는 것, 즉 경영효율을 높이는 것이 IT경영이다.

IT로 경영을 하는 것은 단순히 정보화시스템 도입만 가지고 되는 것이 아니다. 도입한 시스템을 조직 전체가 잘 활용해야 한다. 그렇게 하기 위해, IT경영 추진 시 고려해야 할 몇 가지 사항을 명심하기 바란다.

첫째, 기업 조직 전체의 변화를 준비하여야 한다. IT경영을 하기 위해 새로운 정보시스템을 도입하게 되면 많은 변화가 뒤따른다. 새로운 업무프로세스와 환경에 적응하는 과정에서 부적응 현상이 나타나기도 한다. 그렇지 않아도 처리해야 할 일들이 많은데, 새로운 정보시스템에 적응하려면, 번거롭고 업무량이 증가할 것이라 생각하여, 거부감을 갖는 직원이 나타난다. 변화에 저항하거나 둔감한 조직원들이 나타난다. 이럴 때, 기업과 최고의사결권자의 강력한 추진 의

지가 필요하다. 확고한 목표를 가지고, 흔들리지 말아야 한다. 다소의 고통이 따를 수 있지만, IT경영은 어느 한 개인, 어느 한 부서가 아닌, 조직 전체의 변화가 동반돼야 한다는 것을 잊지 말고 준비해야 한다. IT경영은 단순히 정보시스템을 도입하는 것으로 되는 것이 아니라, 조직 전체의 변화가 수반돼야 한다는 것을 명심해야 한다. 정보시스템 도입 단계에서 다소 혼란한 과정이 있더라도 안정화 단계에 들어서면, 업무 개선을 통해 효율성이 증대되고, 투명성이 제고된다는 신념을 조직 전체가 가질 수 있도록 준비해야 한다.

둘째, 역량 있는 멤버로 TFT(Task Force Team, 임무수행을 위한 임시로 구성된 팀)를 구성하라. 기업은 IT경영 솔루션을 기업 내 도입하는 정보화 프로젝트를 수행하기 위해 통상 TFT(Task Force Team)를 구성한다. 이 때 반드시 각 부서에서 업무 경력이 풍부하고 역량이 있는 멤버를 참여시켜야 한다. 하는 일이 좀 없어 보인다거나, 인터넷, 디지털을 잘 안다고, 업무에 능숙하지 않은 구성원을 참여시켜서는 안된다. IT경영을 추진하다보면, 기존의 업무관행을 없애고, 업무처리 프로세스를 개선하는 과정이 수반돼야하는데, 이는 해당 부서의 업무전문가가 참여해야 가능한 일이다. 혹시, '솔루션을 도입하게 되면 외부전문가가 다 알아서 해주는 것 아닌가?'라고 생각할지도 모르겠다. 물론, 도입 초기에 외부 전문가는 큰 도움이 된다. 정보화의 다양한 우수사례를 경험하고, 기업에 필요한 적절한 정보시스템을 잘 알고 있기 때문이다. 그러나 결국 기업을 변화시키고, 업무를 개선하는 것은 내부전문가가 참여하지 않고는 불가능하다는 것을 명심해야 한다.

셋째, IT경영 추진에 앞서 명확한 목표를 수립해야 한다. IT경영 추진의 목표는 기업의 목표와 병행되며, 기업에 대한 정확한 이해가 바탕이 되어야 한다.

기업의 현재 상황(As Is)과 미래의 모습(To Be)을 정의하여야 한다. 그리고 이를 바탕으로 IT경영 추진의 명확한 목표를 수립하여야 한다. 미래의 모습을 현실로 만들기 위한 목표를 수립하는 것이다. 네슬레가 IT경영을 추진하면서, 운영의 효율성(Operation Efficiency), 지속적인 혁신과 쇄신(Innovation And Renovation), 시간・공간・방법을 초월한 제품판매(Sales of Product 'Whatever, Wherever, However'), 고객과의 향상된 의사소통(Better Communication With Customers)이라는 핵심 목표를 설정하고, e비즈니스를 적극 활용하여, 이 목표를 달성한 것을 잘 상기해보라.

넷째, 기업에 맞는 최적의 IT경영 솔루션을 도입해야 한다. 기업의 매출 규모와 인원, 생산 체계, 문화 등 기업의 특성에 맞는 정보시스템을 도입하여야 한다. 그러기 위해 기업의 전체 자원에 대한 정확한 이해가 필수적이다. 다른 기업이 도입하여 성공했다고 해서 무조건 적으로 받아들이면 실패할 수 있다. 기업마다 경영목표, 업무처리 과정, 기업문화가 다르기 때문이다. IT경영 추진의 목표에 따라, 기업에 맞는 솔루션(정보시스템)을 도입하여야 한다. 맞는 솔루션이 없다면, 기업에 맞게 시스템을 설계하여, 창의적인 IT경영을 추진할 수도 있다. 상용화 되어 있는 IT경영 솔루션은 표준화된 프로세스를 가지고 있어, 기업이 그것에 맞추어 변화를 하는 것도 좋지만, 창의적인 발상으로 솔루션을 고객화(Customizing)하여 그 기업만의 독특한 정보 시스템을 구축할 수도 있다.

다섯째, IT경영을 추진하는 것은 결국 사람이라는 것을 명심해야 한다. 훌륭한 목표와, 최적의 솔루션, 조직을 변화시키려는 준비 등 모든 것이 잘 갖추어져 있다하여도 실제로 시스템을 운용하고, IT경영을 실천 하는 것은 사람이라는 것을 잊지 말아야한다. 조직원이 도입된 시스템을 잘 활용하고, 개선된 업무프로세스에 따라 행동이 바뀔 수 있도록 해야 한다. 시간이 가면 해결된다고 생각할 것이 아니라, 조직원의 빠른 적응을 위해 지속적인 교육을 실시하고, 포상제도를 도입하는 것도 좋다. 이런 저런 방법을 다 취했는데도 정보화시스템 활용도가 낮고, 업무효율화도 나타나지 않는다면, 도입한 시스템 자체에 문제가 있을 수도 있으니 재검토해야 한다.

IT경영 성공을 위한 CEO 5계명

성공했다고 평가받는 여러 종류의 기업 활동 이면을 들여다보면, 다양한 요인들의 복합작용에 의한 경우가 대부분이다. 인력, 체계, 시스템, 조직문화, 기업정신, 노하우, 의사결정 등 여러 요인의 복합작용에서 기업 활동의 성공이유를 찾을 수 있다. 특히, 기업을 대표하고 진두지휘하는 CEO 혹은, 의사결정권자들의 역할이 중요한 요인임은 부정할 수 없고, 기업의 IT경영 성공에 있어서는 그 역할이 더욱 중요하다.

기업의 IT경영 성공을 위해서, CEO에게 요구되는 5가지 사항을 정리하였다.

첫째, CEO가 알아야 한다.

IT 분야의 특성상 많은 외래어, 신조어가 난무한다. 사실 관심을 지속적으로 기울이지 않으면 유행, 트랜드를 따라잡기 힘든 분야가 IT이다. IT경영 솔루션도 마찬가지로 종류도 많고, 명칭도 쉽지 않다. 그렇다고, CEO나 의사결정권자들이 결제만 하고, 나머지는 실무자들이 다 알아서 하라는 식이라면, 그 기업의 IT경영은 실패하기 쉽다. CRM이든, ERP이든 외부전문가가 다 알아서 해주겠지라는 생각은 버려야 한다. 의사결정권자라면 도입하고자 하는 IT경영 솔루션에 대해 아주 전문적으로 알 필요는 없겠지만, 최소한 그것이 뭔지는 좀 알고 있어야 한다. 예를 들어, CRM은 고객관계관리를 의미하고, 고객의 구매패턴이나 성향을 시스템적으로 분석하고, 지속적으로 고객을 관리하기 위해 활용되는 정보화 시스템이라는 것 정도는 알아야 한다. 생후 12개월의 아이를 둔 부모는 유아용품에 관심이 많을 것이고, 서점에서 몇 차례 유아관련 서적을 구입하였다면,

CRM은 그 부모의 관심 사항이 유아 서적임을 분석해서 유아 서적 정보를 지속적으로 제공한다. 또한, 서적뿐 아니고 관련 용품 정보를 제공한다. 아이의 성장에 따라 연령에 맞는 교육서적 정보를 제공한다. 이러한 역할을 시스템적으로 수행하여 효율화할 수 있는 것이 CRM이다. 이런 내용은 IT 전문가여야 알 수 있는 것이 절대 아니다. '어떤 정보시스템이 어떤 경영활동에 필요하고, 어떻게 활용되는지' 정도는 CEO가 공부하여, 미리 알고 있어야 제대로 의사결정을 할 수 있고, IT경영의 성공으로 나아갈 수 있다.

CEO가 많이 알고 있을수록 실무자들이나 외부전문가들이 긴장하여 일을 제대로 한다는 것을 잊지 말아야 한다.

둘째, 정보시스템 도입이 목적이 아니라는 것을 명심해야 한다.

어떤 회사가 정보시스템을 도입해서 성공했고, 정부에서 지원금을 준다고, 경쟁사가 도입했다고, 무조건 정보시스템을 도입하려 한다면, 당장 그만 두는 것이 좋다. IT경영은 정보시스템(IT경영 솔루션)을 도입한다고 되는 것이 아니다. 명확한 목표의식을 가지고 도입한 정보시스템을 조직 전체가 100% 잘 활용할 수 있도록 하지 않으면, 정보시스템 도입이라는 단순 목적은 달성할는지 모르지만, IT경영의 본래 목적은 절대로 달성할 수 없다. 정보시스템 도입이 목적이 아니라, 기업 활동의 목적 달성을 위한 수단으로, 정보시스템을 잘 활용할 수 있도록 최선을 다해야 한다.

셋째, 전문가를 적극 활용하라.

IT경영 솔루션을 제공하는 업체는 전문가와 노하우를 보유하고 있다. 어떤 업체를 파트너로 할지 잘 선택하고 활용해야 한다. 전문 업체가 가지고 있는 지식과 정보, 경험과 노하우를 잘 살펴서 업체를 선택하고, 담당 전문가에 대한 기업의 요구사항을 명확히 하고, 필요하면 담당 전문가의 프로필을 살펴야 한다. 실제로, 정보화구축 프로젝트를 수행하는 담당이기 때문에 중요하다. 그러나 업체와 담당자를 잘 선택하였다고 해서 '그들이 다 알아서 잘 해주겠지'라고 생각해서는 절대 안 된다. 해당 기업의 특성과 요구사항에 대한 이해는 기업 내부 전문가가 더 잘 알기 때문에, 균형 있는 정보화 구축을 위해, 내부 전문가와 외부 전문가의 조화에 CEO는 많은 신경을 써야 한다. CEO는 다양한 사람들의 의견에 귀를 기울여야 한다.

넷째, 조직의 특성과 문화를 고려해야 한다.

정보화시스템을 활용한 IT경영은 기업에 변화와 혁신을 요구한다. 따라서 정보화시스템의 도입은 기존의 업무 프로세스와 강력하게 충돌될 수도 있고, 문화적인 충돌을 야기할 수도 있다. 선진화되고 표준화된 프로세스를 정보시스템이 가지고 있다하더라고, 그것이 해당기업의 특성과 너무나 상충하여 시스템 도입 후, 오히려 업무효율이 저하되는 역효과가 발생할 수도 있다. 그러한 점을 잘 고려하여 도입단계부터 리스크관리를 해야 하고, 도입 후에 문제가 발생하였을 때 어떻게 할 것인지 대응책을 마련해 두어야 한다.

다섯째, 시간과 자원을 충분히 투자해야 한다.

정보시스템 도입하는데, 충분한 시간과 자원을 투자하는 결정을 하기란 쉽지 않다. 항상 원가절감을 생각해야 하는 경영환경이다 보니 그럴 수밖에 없을 것이다. 그러나 IT로 경영을 하기 위해 정보시스템을 도입하고, 조직 전체가 제대로 정보시스템을 활용하는 단계에 가기까지는 충분한 시간과 비용투자가 필요하다. IT경영을 추진하는 과정에 시행착오도 발생하고, 돌발 변수도 생기기 때문이다. 그럴 때마다 시간과 비용이 추가로 투자되는 것이 사실이다. 이런 것을 미리 고려해 놓지 않으면, 시스템 도입 중에 시간 혹은, 예산 여력이 없어서 중도 포기하고, 그동안 투자한 노력과 비용을 날리게 될 수도 있다. 의사결정권자는 이런 상황을 고려하여 IT경영 도입 단계에서 반영하여야 한다.

Case Study 외환위기가 남겨준 IT경영의 교훈

지금도 생각하면 기분이 우울해지는 1997년 발생한 외환위기 얘기를 하려고 한다. 당시 기업에서 활동을 하고 있었던, 필자도 외환위기의 고통을 현장에서 고스란히 느꼈던 바이다. 우리나라는 외환위기로 IMF(International Money Fund, 국제통화기금)로부터 구제 금융을 받게 되었다. 돈의 목마름 속에서 금융권의 기업에 대한 대출 상환에 압박으로, 문을 닫는 기업들이 속출하였다. 경쟁의 법칙이 지배하는 세계에서 이런 위기는 어떤 기업에게는 몰락의 길이 되었고, 어떤 기업에게는 기회를 제공하기도 하였다. 그런 두기업의 사례를 소개하고자 한다.

나란히 여성의류제품 시장 점유율의 1, 2위를 차지하는 두 기업이 있었다. 1위 A업체는 매년 결산 후 발생한 당기순이익을 주주들에게 배당을 하고, 직원들에게 상여금을 지급함으로써 주주총회에서 인정받고, 임원 전원이 쉽게 재신임을 받았다. 2위 B업체는 주주 배당을 하는 대신 정보담당이사를 선임하고, 매년 매출액의 상당액을 정보시스템 구축과 관련 직원을 채용하는데 투자하였다. 상황이 이러하니 A업체의 주가는 오르고, 직원들은 변화를 추구하기 보다는 늘 하던 데로 편하게 일하였다. 반면, B업체는 정보화에 대한 투자로 정보전략계획을 수립하고, 비즈니스 프로세스를 개선하는 작업을 하면서, 직원들은 야근에 지쳐가고, 기업의 가치가 제대로 평가되지 않아 주가도 시원치 않았다. 그러다가 외환위기가 닥쳤다. 대부분의 사람들이 A업체는 생존하고, B업체는 도산하리라 생각했다. 그러나 모두의 예상은 빗나갔다. 정반대의 결과가 벌어진 것이다.

A업체는 외환위기를 미리 예측하지 못했고, 긴박한 상황에 효율적으로 대처

하지 못하여, 자금의 유동성확보에 어려움을 겼었다. 단기 자금 마련에 급급하여 다른 경영활동이 마비되는 지경에 이르렀다. 체계적이지 않고, 방만한 업무프로세스로 인해 위기 상황에 효과적으로 대처하지 못하고, 시장의 주도권을 2위 업체에 내주게 되었다.

반면, 정보화를 통해서 효과적인 대응 체계를 미리 갖추고 있었던, B업체는 외환위기 상황에서 눈부신 경영활동 능력을 보여준다. 프로세스 개선을 통해서 제품 하자율을 낮추어 생산원가를 10% 이상 절감하였고, 외환위기로 소비를 줄인 소비자들의 기호변화에 발 빠르게 대응하여 단기간에 주력제품군을 고가제품에서 중저가 브랜드로 전환하여, 오히려 매출이 증가하게 되었다. 또한, 정보화시스템의 미래예측 지원을 통해 과다한 단기부채를 저리의 장기부채로 전환하거나 미리 상환함으로써, 금융비용을 15% 가량 줄일 수 있었다. 정보시스템을 통해 기업의 모든 업무가 일관된 하나의 시스템으로 통합되어 쉽게 변화가 가능했고, 급박한 의사결정이 필요한 상황에서 정보시스템이 의사결정에 필요한 정보들을 빠르게 제공하였던 것이다. 연봉제와 성과급제를 도입하여, 외화위기로 심리적인 동요를 겪고 있는 직원들이 다른 생각 없이 열심히 맡은바 일을 수행할 수 있도록 동기를 부여하는 제도적 장치까지 마련하였다. 결국, 위기의 상황에서 B업체는 직원들의 단합을 이끌어내고, 경영활동을 효율적으로 수행함으로써 시장점유율이 상승하고, 주주와 협력업체로부터 전폭적인 신뢰를 받게 되었다.

외환위기에서 나타난 A업체와 B업체의 상반된 결과는 IT경영의 힘을 여실히 보여준다. 정보시스템이 기업의 업무프로세스를 일관되게 통일하여 신속하게 환경변화에 대응할 수 있도록 하였다. 기업 내 산재하여 있는 정보들을 수집, 정리, 재배치하여 필요한 정보를 즉각적으로 산출함으로써 기업이 미래를 예측하고 준비할 수 있도록 지원한 것이다. 항상, 위기의 순간에 의사결정 하나는 기업의 생존과 직결된다. 올바른 의사결정을 위해서는 정확한 정보가 제공되어야하고, 이를 지원하는 정보화의 필요성은 두말할 필요도 없다.

기업의 변화 시도에는 실패와 위기가 뒤따를 수 있다. 그러나 그냥 현재를 고수하게 되면, 훨씬 더 참담한 실패와 더 큰 위기를 맞게 된다는 것을 명심해야 한다. 항상 변화와 개혁을 추구하는 기업들에게 뒤쳐질 수밖에 없기 때문이다. 정보시스템은 기업에 비용과 리소스 투자라는 부담을 줄 수 있지만, 동시에 기업에 변화와 혁신을 요구한다. 또한, 성공적으로 정보시스템을 도입하여, IT경영을 잘 할 경우, 그 효과는 기대 이상일 가능성이 높다.

2

IT경영의 스텝을 밟아라!

IT경영의 필요성을 깨닫고 막상 IT경영을 하려고 하면 뭐부터 해야 할지, 어떻게 추진해야 할지 막막할 것이다. 정보시스템을 구축했다고, 하루아침에 IT경영이 돼는 것도 아니다. IT경영을 추진하려면, 단계를 밟아 진행해야 하고, 각 단계별 유의해야 할 사항들을 체크해야 한다. IT경영의 구현 스텝과 기업의 IT경영 진화 단계에 대해서 알아보자.

기업의 IT경영 진화 5단계

IT경영을 잘 하고 있는 기업들을 통계적으로 보았을 때, 몇 단계의 진화과정을 거친 것을 알 수 있다. 물론, 반드시 단계별로 진화하는 것이 아니고, 몇 단계를 건너 뛸 수도 있다. 단계별 진화의 과정을 알아보고, 기업이 지향해야 할 IT경영의 방향성을 스스로 점검할 수 있도록 하자.

기업의 IT경영 진화 5단계

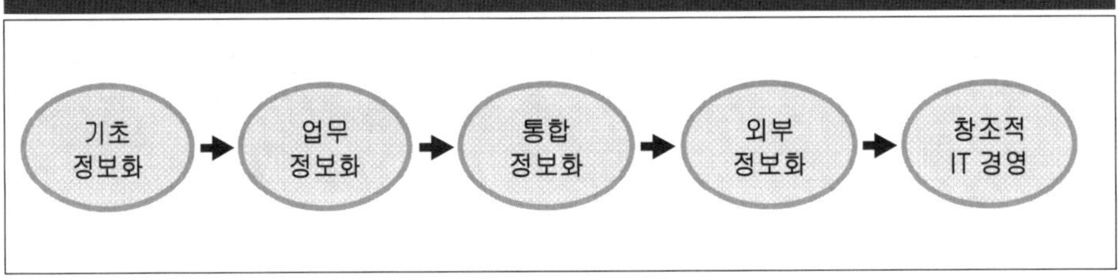

1단계는 기초 정보화이다

기업 내 구성원 개인별로 PC 등 사무 자동화 장비와 시스템이 갖추어져 있고, 업무의 공유를 위한 기본적인 인트라넷 환경과 대외적인 홍보를 위한 기업 홈페이지를 구축하고 있는 단계이다. 아주 기초적인 정보화를 이룬 상태이다.

2단계는 업무 정보화이다

기업이 수행하는 업무별로 프로그램을 개발하여 사용하는 단계이다. 인사, 회계, 영업, 마케팅, 생산 등 각 단위업무별로 프로그램과 시스템을 활용하고 있고, 그룹웨어 등의 솔루션을 도입하여, 공통 업무를 처리하고 있는 상태이다. 초기의 IT경영 단계라고 할 수 있다. 현재 국내에 많은 중소기업들이 2단계에 머물러 있다.

3단계는 통합 정보화이다

IT경영을 시작하는 단계이다. 단위업무별 정보시스템이 통합되어 일관된 정보처리가 이루어지고, 각종 정보가 의사결정권자 등 정보소비자에게 원활하게 공급되어지는 단계이다. 통합화하는 과정에서 기업의 업무프로세스가 효율화 측면으로 개선이 되고, 이는 기업의 변화, 혁신으로 이어질 수 있다. ERP같은 솔루션이 이를 지원한다. 통합정보화 시스템을 잘 활용하여 경영효율이 증대되면, 기업내부의 IT경영을 하고 있는 것이다.

4단계는 외부 정보화이다

기업 외부와의 관계에서 IT경영을 할 수 있는 단계이다. 기업 내부의 정보흐름이 기업 외부의 고객과 협력업체, 제휴사 등과의 흐름으로 확장되어, 각종 거래, 정보공유가 이루어지는 협업정보시스템이 구축되어 있는 상태이다. SCM, CRM 등의 솔루션이 이를 지원한다. 이런 솔루션을 잘 활용하여, IT경영을 하는 상태가 되면, 자연스럽게 혁신의 성과가 나타날 것이다. 현재 국내 대기업들은 대부분 3~4단계에 머물러 있다.

5단계 창조적 IT경영이다

기업이 여러 정보화 단계를 거치는 동안 축적된 노하우를 활용해서, 정형화된 틀을 벗어나 새롭고 창조적인 정보시스템을 선택하거나, 직접 설계, 구축하여 활용하는 단계이다. 기업이 변화된 환경에 적응하고, 탄력적인 정보시스템 응용능력을 보유하여, 새롭게 출현하는 정보시스템을 자율적 선택할 수 있고, 스스로 시스템을 설계할 수 있는 상태이다. 이를 통해 새로운 비즈니스 가치를 창출하고, 혁신적인 업무 방식을 스스로 창출하게 된다. 최상의 기업정보화 단계로 가장 이상적인 상태라고 할 수 있다.

IT경영 구현 스텝(Step)

여러 IT경영 솔루션이 있지만, 이를 기업 내 도입하고, 활용하여 진정한 IT경영을 구현하는 데는 공통적인 단계를 거치게 된다. 솔루션마다 구현 단계에 대한 표현이 조금씩 다르고, 일부 단계가 변경될 수 있다. 하지만, 큰 범주에서 보았을 때, 여기서 소개되는 단계를 크게 벗어나지는 않는다. IT경영 구현 스텝의 내용과 주의할 점 등을 잘 알고 있으면, 어떤 IT경영 솔루션을 도입하더라도 많은 참고가 될 것이다.

IT경영 구현 Step

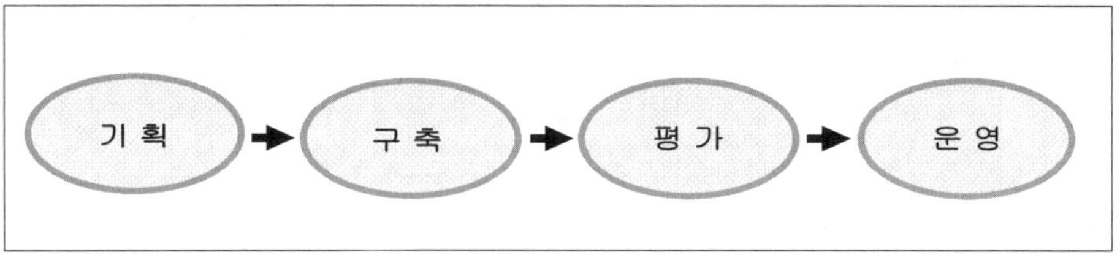

Step 1. 기획단계

IT경영을 시작하는 중요한 단계이다. 기획과정이 잘 이루어지면, 반은 성공했다고 볼 수 있다. 시간이 걸리더라도 기획이 제대로 이루어지도록 많은 노력을 해야 한다. 기업의 현황을 분석하고, 문제점을 도출하고, 이에 대한 대응 방안을 수립하는 단계이기 때문이다. 기획단계가 IT경영의 미래 방향과 운명을 결정짓는다.

기획은 힘든 과정이긴 하지만, 너무 어렵게 생각하여, 유연한 사고에 해가 되

게 할 필요는 없다. 일반적인 방법론이 많이 정립되어 있고 이를 따르면 잘 해낼 수 있다. 기획단계에서는 몇 개의 과정을 수행하게 된다. 그것은 '현황파악', '문제점분석', '전략수립', '과제도출'이다.

현황파악	미시, 거시적인 경제환경, 경영환경, 정보화환경 등을 분석하여 기업이 처한 현황을 파악하고, 시사점을 찾는 단계이다. 자료조사, 서면질의, 전문기관 의뢰 등을 통하여 할 수 있다.
↓ 문제점분석	기업 정보화 수준, 현행업무와 프로세스 분석을 통해 문제점과 개선의 기회를 도출한다. 일반조사, 서면질의, 인터뷰 등의 기법을 활용한다.
↓ 전략수립	도출된 시사점을 참고하여, 문제점을 해결할 수 있도록 최상위의 정보화 전략 을 수립한다. 정보화 비전, 목표, 추진전략을 세운다. 정보화의 구조를 정의한다. 시스템 구조, 부분별 상세구조를 설계한다.
↓ 과제도출	전략을 바탕으로 정보화 수행과제를 정의한다. 정보화 과제를 도출하고 우선순위에 따른 단계별 실행을 결정한다. 일정과 예산계획을 수립한다. 투자에 대한 효과를 정성적, 정량적 관점에서 분석한다.

명심할 점

① 문서관리를 철저히 하라!

기획단계에서는 많은 문서들이 산출된다. 모든 문서를 체계적이며 철저하게 관리해야 한다. 소프트웨어처럼 문서의 버전 관리도 잘해야 한다. 기획과정에서 산출된 문서들은 실제 구축과정과 평가, 운영 단계에서도 매우 중요한 자료로 활용된다.

- 환경분석서, 현행업무정의서, 문제점 및 개선기회 명세서
- 정보화전략, 정보화구조정의서
- 정보화과제정의서, 단계별 시행 계획서, 업무프로세스 정의서, 요구사항 명세서, 투자효과 분석서 등

② 내부전문가의 역할을 명확히 하라!

기업의 IT경영 추진을 위해 통상적으로 TFT(Task Force Team)을 구성하게 된다. 최고의 내부전문가를 임명하고, 전사적으로 역할을 명확히하여 업무에 전력을 다 할 수 있도록 해야 한다. 기획단계에서부터 외부전문가가 참여할 때는 너무 외부전문가에게 의존해서는 안 된다. 외부전문가는 제3자의 위치에서 객관적으로 기업의 현황과 문제점을 파악하고 분석할 수 있으나, 기업 내부의 업무특성을 속속들이 파악하는 데는 한계가 있다. 이때 TFT에 속한 내부전문가의 역할이 중요하다. 내부전문가는 기업의 시장 환경은 물론, 각 부서의 실무 업무 프로세스까지 능통하여, 기업의 문제점을 정확히 파악할 수 있고, 이것을 외부전문가와 협력하여 정보시스템에 반영할 수 있기 때문이다. 간혹 외부전문가가 기업의 현황파악 조사를 할 때, 직원들의 무성의한 협조로 제대로 파악이 안 되는 경우가 있는데, 이때 내부전문가가 참여하여 문제를 해결할 수 있다.

③ 의사결정권자의 의지가 중요하다.

IT경영을 추진하는데 CEO 등 의사결정권자의 의지가 상당히 중요하다. 추진하는 과정에 얘기치 않은 문제가 발생하고, 추가적인 시간과 비용이 투입될 수도 있다. 이럴 때 IT경영 추진에 대한 흔들림 없는 의사결정권자의 의지가 있어야 끝까지 마무리를 지을 수 있다. 기획단계에서 CEO의 의지, 조직의 의지가 반드시 확인되고, 기업전반에 공유되어야 한다.

기업은 정보화 투자에 대해 수익관점으로 접근하는 것이 당연한데, 수익에는 계량화된 수치 외에도 정성적인 측면이 많이 있음을 고려하여 확신을 가지고 투자를 해야 한다.

④ 개선된 업무프로세스에 대한 시뮬레이션을 실시하라!

기획단계에서 정보의 흐름이 개선되고, 새롭게 업무프로세스가 정의되게 되는데, 직접 업무프로세스를 따라 시뮬레이션을 해봐야 한다. 시뮬레이션을 통해 현업부서에서 발생할 수 있는 운영상 문제점을 최대한 찾아내고 수정을 해야 구축 후 실무에서 운영과정에서의 혼란을 최소화 할 수 있다. 현업부서에 구축된 정보시스템을 외면하지 않고 충분히 활용하여야 제대로 IT경영을 하는 것이라는 것을 명심해야 한다.

Step 2. 구축단계

기획단계에서 수립된 계획대로, 정보시스템(솔루션)을 도입하여 시스템을 구축하거나, 개발자들이 직접 개발하는 단계이다. 기획이 성공적으로 수행되었다면, 구축에서는 일정과 비용관리, 품질관리만 잘 하면 된다.

통상 기획단계에서 산출된 정보화구축과제(업무수행내역서)와 우선순위별 구축 일정을 기준으로 본격적인 구축 작업을 시작한다. 구축과정은 규모에 따라 수개월에서 몇 년이 소요될 수도 있기 때문에, 구축도중 다양한 환경 변화가 발생할 수 있다. 따라서 구축작업에 들어가기 전에, 이런 환경 변화에 유연하게 대처할 수 있는 대응 방안을 마련해야 한다.

명심할 점

① 전문 솔루션 제공업체를 잘 선정하라!

기획단계에서는 산출된 업무수행내역서, 일정표, 예산 등에 따라 솔루션 제공업체를 선정할 때는 투명한 경쟁 절차를 통해 기업에 맞는 업체를 선정하여야 한다. 업체의 개발능력, 노하우, 사후관리, 예산 등을 종합적으로 고려하여 객관적으로 평가하여야 한다.

전문 솔루션(하드웨어, 소프트웨어)을 도입할 경우, 사후관리와 유지보수에 대한 서비스와 비용에 대한 부분도 명확히 하여야 한다.

아예 처음부터 전문 업체를 선정하고, 기획단계에서부터 같이 IT경영을 추진할 수도 있다. 기업 환경에 맞게 선택하면 된다.

② 투자에 대한 부담이 있으면 임대방식도 고려하라!

기업의 규모가 크지 않고, 정보시스템 구축에 대한 초기 투자에 대한 부담이 있을 경우, 임대방식도 고려할 수 있다. 기획과정에서 도출된 과제의 범위와 예산의 규모에 따라 하드웨어 장비만 임대로 하여 소프트웨어를 도입할 수도 있고, 하드웨어와 소프트웨어 전부를 임대방식으로 이용할 수도 있다. 하드웨어는 호스팅서비스를 받으면 되고, 소프트웨어는 ASP(Application Service Provider)를 이용하면 된다. 모두 월간 사용료를 지불하는 형식으로 회계상 비용처리가 가능하다. 하드웨어와 소프트웨어를 동시에 임대해주는 업체도 있다. 임대서비스를 이용하면, 시스템 유지보수와 관리에 대한 부담을 덜 수 있으나, 이 경우 기업 환경에 맞추는 커스터마이징(Customizing, 고객화)이 어렵다는 것을 고려해야 한다. 기능 개선에 따라 추가적인 월간 사용료 상승이 발생할 수 있다.

③ 돌발 상황에 대한 대응책을 마련하라!

구축과정에서 발생 가능한 얘기치 않는 문제점을 나열하고, 이를 해결할 수 있는 대안을 마련해 두어야 한다. 그러면 돌발상황이 발생하더라도, 미리 예견하였던 문제라면 당황하지 않고 해결할 수 있고, 시스템 구축을 포기하거나 연기하지 않아도 된다.

외부 솔루션 업체의 사정으로 구축을 못하는 상황이 올 수도 있고, 기업내부의 사정으로 투자비용을 삭감해야 하는 경우도 있다. 외부 업체를 선정할 때, 이런 리스크 관리에 대한 대비책을 마련하라 요구할 수도 있다. 또한, 충분한 예산을 확보해 놓아야 한다.

Step 3. 평가(테스트)단계

시스템 구축 및 개발이 완료되면, 정보시스템을 가동하기 전에 제대로 구축이 되었는지 테스트를 한다. 정보시스템의 하드웨어 장비와 소프트웨어 프로그램이 에러(Error)없이 정상적으로 운용되는지 면밀히 테스트하여, 잘못을 바로 잡는 과정을 수차례 반복해야 한다. 시스템이 오픈(Open)된 후, 실무에서 사용하는 도중 발견되는 오류가 전혀 없을 수는 없지만, 이를 최대한 줄여야 손해를 최소화할 수 있다. 구축하는데 많은 시간과 공을 들여 작업하고서는 자칫 테스트단계를 소홀할 수도 있다. 오픈 후 발견된 작은 에러 때문에 전체 시스템의 퀄리티(Quality)가 평가절하될 수도 있으니, 시간과 노력을 충분히 기울여서, 오픈 전에 문제를 발견하고, 해결하도록 노력해야 한다. 서비스 개편을 빈번히 하는 포털

사이트의 경우 테스트만 전담하는 부서가 있어, 개발 산출물을 몇 번이고 정밀하게 테스트한다. 테스트하고, 개발담당이 수정하고, 다시 테스트하고, 다시 수정하는 작업을 오류가 수정될 때까지 반복한다.

평가는 몇 가지 종류로 구분하여, 평가표를 가지고 진행한다. 각 평가의 명칭이 중요한 것이 아니고, 평가에 누가 참여하고 어떤 순서로 진행되는지 절차가 중요하다.

① **개발자 테스트** : 담당한 개발자 스스로가 테스트해 보고, 시스템이나 프로그램상의 오류와 버그를 잡아 수정하는 과정이다.

② **알파 테스트** : 정보시스템 구축에 참여했던 TFT나, 각 부서의 일부 인원 혹은 전담 테스트팀 등 특정한 일부 관계자들이 테스트를 하여, 오류와 버그를 잡아내고, 담당개발자들이 수정하는 과정을 반복하여 진행한다.

③ **베타 테스트** : 시스템의 정식 오픈 전 최종적으로 하는 테스트이다. 주로, 실제 사용자 들을 중심으로 테스트를 하게 된다. 실무자 테스트 그룹을 만들어 진행할 수도 있고, 경우에 따라서 실제 업무에 적용 전 일정기간 동안 실무자 전원이 참여하여 집중적으로 테스트를 진행할 수도 있다. 평가표에 따라 테스트 후, 오류를 집계하여 수정을 한다. 거의 실제 오픈 환경에서 진행하기 때문에 상당히 중요한 테스트 과정이다.

점검사항

① 시간을 충분히 할애하라!

정보화 프로젝트를 진행하다 보면 어찌된 일인지 항상 일정에 쫓겨서 시스템을 오픈하는 경우가 많다. 그래서 평가를 대충 건너뛰거나 소홀히 하게 된다.
그렇게 되면 오픈 후에 돌이킬 수 없는 문제가 발생하게 된다. 평가는 다른 어떤 단계만큼 신중하고 정밀하게 이루어져야 하기 때문에 시간을 충분히 할애해야 한다. 또한, 평가 단계에서 예상치 못한 에러가 발생하여, 이를 수정하는데 많은 시간이 소요될 수도 있다. 시간에 쫓겨 이를 제대로 처리하지 않는다면, 실무에서 적용하는 과정에서 더 큰 문제를 초래할 수 있다.

기획단계에서 일정을 잡을 때, 이를 고려하여 평가시간을 충분히 할애해야 한다.

② 평가표로 테스트하라!

테스트는 참여자가 임의로 평가하고, 오류를 잡는 것이 아니다. 그렇게 되면 테스터들이 골고루 평가하지 못하고, 놓치는 오류가 많이 생긴다. 따라서 평가가이드가 되는 평가표를 작성하여 나누어 주고, 그것을 토대로 평가표에 있는 항목 하나하나를 테스트하고 문제점을 지적하도록 해야 한다.

평가표는 기획단계에서 산출되었던, 업무내역서, 요구사항명세서, 업무프로세스 정의서 등을 참고하여, 전 시스템을 꼼꼼히 살펴볼 수 있도록 작성한다. 업무프로세스 정의서는 정보의 흐름에 기초하여, 실무담당자와 관련부서의 업무처리프로세스를 규정한 것으로 정보시스템의 데이터 처리과정이 잘 되고 있는지 평가할 수 있게 해주는 기본 문서가 된다.

③ 사용매뉴얼을 작성하라!

초기에 정보시스템 활용을 극대화하여 IT경영 체제로 빨리 전환하기 위해서는 사용매뉴얼을 작성하고, 교육하여, 실무자들이 정보시스템을 활용하는 업무환경에 쉽게 적응할 수 있도록 해야 한다. 따라서 시스템 사용매뉴얼을 실무자에게 교육한 후, 베타테스트에 실무자가 참여하도록 하는 것이 효과적이다. 평가단계 이후에도 사용매뉴얼은 신입사원이나 부서 이동 인원 교육에 있어서 지속적으로 활용되기 때문에 꾸준한 업데이트가 이루어져야 한다.

정보시스템에 대한 이해가 깊은 사람이 매뉴얼을 작성하도록 하고, 외부전문업체가 정보시스템을 구축하는 경우 계약 시 매뉴얼 작성을 명확히 요구하는 것도 좋다.

Step 4. 운영단계

운영단계에서는 2가지를 중점적으로 고려하여야 한다. 첫째는, 정보시스템을 잘 활용하여 진정한 IT경영이 이루어지도록 해야 한다. 둘째는, 시스템의 운영과 유지보수에 신경을 써야 한다.

좋은 정보시스템이라도 실무자들이 활용하지 않으면, 아무 소용이 없다. 기업이 정보화는 이루었지만, IT경영을 제대로 하고 있는 것이라고 할 수 없다. 어떻게 보면 가장 안 좋은 상황이다. 따라서 지속적인 사용 교육과 인센티브제 도입, 부서별 사용 평가 등 다양한 방법을 동원하여, 조기에 정보시스템 활용을 극대화하는 노력을 해야 한다.

테스트와 수정이 완료되면, 시스템을 오픈하여 실제 업무에 적용하게 된다. 실제 업무에 적용 후에는 시스템이 항시 정상 가동될 수 있도록 모니터링을 하고, 문제점이 나타나면 즉각 대응할 수 있는 체계를 통해 처리를 해야 한다. 또한, 환경 변화에 따른 예기치 못한 상황이 발생하거나, 새로운 업무 프로세스가 추가 된다거나, 시스템의 업그레이드가 필요할 경우 이를 대응하기 위한 유지보수 계획과 조직을 갖추고 있어야 한다. 이럴 경우 추가 투자요소가 생기는데, 이를 고려하여야 한다.

점검사항

① 유지보수(운영) 조직 구성

정보시스템을 외부전문업체가 대행하여 구축하였거나, 임대서비스를 통해서 이용하게 되는 경우가 대부분이다. 어떠한 경우이건 유지보수 조직이 구성되어 운영되어야 한다. 조직까지는 아니더라도 업무담당자가 선임되어야 한다.

정보시스템을 외부업체가 구축하였다면 선택은 2가지가 있다. 기업 내부 전산관련 조직이 있어, 기본적인 유지보수를 전담하고, 필요한 경우 외부업체에 유지보수를 의뢰할 수도 있다. 내부 전산 조직이 소규모이거나 아예 없다면, 시스템을 구축한 외부업체에 유지보수를 아웃소싱 할 수도 있다. 하드웨어장비와 소프트웨어 등 모든 관리를 외부업체가 수행하게 된다. 아웃소싱을 하였다면, 기업 내부에는 최소한의 업무담당자를 선임하여, 외부업체와 커뮤니케이션을 전담하게 할 수 있다.

기본적인 유지보수를 제공하는 임대서비스를 이용하는 경우도 기업내부 담당자가 선임되어 각 부서의 유지보수 요청을 취합하고, 커뮤니케이션 할 수 있도록 창구를 일원화 하는 것이 효율적이다.

② 커뮤니케이션 체계를 정의하라!

유지보수를 내부에서 수행하건, 아웃소싱을 활용하건 간에 유지보수 요청에 대한 커뮤니케이션 체계를 정의하여야 한다. 각 부서의 담당자가 유지보수 요청을 취합하여 전산 담당자와 커뮤니케이션 하거나, 기업의 담당자가 전체 유지보수 요청을 취합하여 아웃소싱 업체와 커뮤니케이션을 하도록 한다. 유지보수 요청과 처리프로세스를 미리 정의해놓아야, 실제 유지보수 업무 발생 시 혼돈 없이 체계적으로 처리를 할 수 있다.

어떤 요청을 할 때는 항상 정해진 문서나 포맷으로 전달하도록 하고, 요청에 대한 처리과정이 추적될 수 있도록 해야 한다. 애초에, 정보시스템이 이런 유지보수 프로세스를 지원하도록 요구하는 것도 방법이다.

③ 추가 비용을 감안하라!

시스템을 운영하고, 유지보수 하는 데는 추가적인 비용이 발생한다. 정보시스템의 사용이 활발해지면, 정보의 양이 많아지고, 이를 관리할 시스템이 업그레이드 돼야 한다. 그럴 경우, 장비를 증설하거나 기능개선을 위해 추가적인 비용이 발생한다.

이러한 점을 감안하여, 매년 유지보수 계획을 수립하고, 정보시스템의 원활한 운영을 위한 예산편성을 해야 한다.

또한, 정보시스템의 활용을 극대화하기 위한 교육 및 인센티브제도를 운영하는데 소요되는 비용도 감안해야 한다.

Case Study 월마트의 창의적 IT경영 Pull 전략

경쟁사에 비해 작은 규모로 출발했지만, 현재 세계 최대의 유통업체가 된 월마트의 성공비결에는 여러 가지 요인이 복합적으로 작용하였다. 그중에서도 손꼽을 수 있는 것이 **'창의적인 IT경영 전략'**이다.

1962년 월마트는 미국의 아칸소주 로저스시에 1호점을 개설하였다. 이후 월마트의 매장이 9개가 되었을 때, 경쟁업체인 K마트는 250여개 매장을 가지고 있었다. 당시 할인마트간의 경쟁이 치열했다. K마트는 홍보 마케팅 예산을 쏟아부으며, 브랜드 이미지 제고에 치중했다. 반면, 같은 식으로 경쟁하다가는 승산이 없다고 판단한 월마트는, 낮은 가격에 제품을 공급하는 저가격 정책으로 고객을 유인하는 전략을 택한다. 그러면서, 내건 슬로건이 항상 저렴한 가격에 판매한다는 'Everyday Low Prices'이다. 가격을 낮춤으로써 판매를 늘리고, 그와 함께 수익을 늘리려는 전략을 폈다. 결국, 고객에게 낮은 가격에 제품을 공급하려면, 저비용 구조로의 개선이 반드시 필요했다. 경쟁자보다 낮은 가격에 제품을 구매하고, 운영비용을 절감해야 했다. 그러기 위해 월마트가 선택한 것이 바로 정보시스템이다.

월마트는 'Everyday Low Cost'를 목표로, 1980년대부터 정보시스템에 지속적인 투자를 한다. 월마트가 도입한 정보시스템은 기존의 정형화된 정보시스템(솔루션)을 도입하는 데 그치지 않고, 새로운 발상으로 정보시스템 구축하여, 그야말로 창의적인 IT경영을 실천한다. 이를 바탕으로 K마트를 추월하며, 세계 최대의 유통업체로 성장한 것이다. IT경영을 통해 기존 관행을 깨트리는 혁신을 단행하고, 그것이 오늘날의 성공을 가져온 것이다.

그럼, 월마트가 지금까지 어떤 창의적인 정보시스템을 도입하였는지 하나씩 살펴보자.

첫째, 90년대부터 본격적인 해외진출 전략으로 전 세계에 점포가 개설되자, 월마트는 정보시스템을 구축해 전 세계 지점을 네트워크화 하였다. 3개의 인공위성을 활용하여 전 세계 지점을 네트워크화 하고, 세계에서 가장 저렴하게 제품을 만들거나 구매할 수 있는 나라를 선택하여, 고객에게 가장 저렴하게 상품을 공급함으로써, 막강한 가격 경쟁력을 갖추게 되었다. 위성통신으로 본사, 점포, 배송센터 등을 하나의 네트워크로 연결하고, 실시간으로 정보를 취합하고, 공유할 수 있는 데이터웨어하우스(Data Warehouse)를 구축하였다. 모든 점포에서 산출되는 판매데이터 등을 축적하고 분석하여, 기업의 의사결정을 효율적으로 지원하였다. 고객의 구매동향, 신제품에 대한 반응도, 제품 당 수익률 등 판매를 촉진할 수 있는 정보 등을 얻을 수 있었고, 재고를 효율적으로 관리할 수 있었다.

둘째, CRM(고객관계관리) 기법을 도입하여, 고객의 신상정보와 구매이력을 분석하여, 주로 구입하는 상품이 무엇이고, 함께 판매되는 연관 상품이 무엇인지 분석할 수 있었다. 이를 통해, 고객이 미래에 어떤 상품을 살 것인지 예측하고, 해당하는 제품 정보를 제공하였다. 당연히, 구매로 이어지는 확률이 높아졌다. CRM을 통해서 알아낼 수 있는 정보는 다음과 같은 것들이다. 테니스 라켓을 구입한 사람은 조만간 골프채를 구입할 확률이 높다. 골프 용품을 구입한 사람들은 캐주얼 셔츠를 구입할 확률이 높다. 남성이 기저귀를 구입하였을 때는 맥주를 함께 구입하는 경우가 많다. 이런 정보를 바탕으로 월마트는 매장에 상품을 디스플레이할 때, 연관된 상품들을 같이 진열함으로써 매출을 올릴 수 있었다. 그밖에도, 특정상품을 주로 구입하는 고객의 인구통계학적인 분석, 요일별, 날씨별, 계절별 판매 연관성 분석 등 다양한 정보를 추출하여, 의사결정에 활용하였다.

셋째, SCM(공급망관리) 시스템을 도입하여, 상품을 공급하는 제조업체, 상품을 운송하는 물류업체와 네트워크로 연결하였다. 할인마트의 경쟁력은 고객이 원할 때, 저렴하게 상품을 공급해 주는 것이다. 상품을 공급하는 제조업체가 제때에 상품을 공급해 주어야 가능한 일이다. 그런데, 제조업체가 언제든 상품을 공급할 수 있도록 많은 재고를 쌓아놓을 수는 없는 일이다. 만약, 할인마트에서 갑작스럽게 많은 상품 공급을 요청한다면, 당연히 상품 부족 현상이 발생할 수밖에 없다. 수요와 공급의 불일치가 발생하는 것이다. 이러한 비효율적인 구조를 개선하기 위해, 월마트는 전국의 월마트 점포에서 판매된 데이터를 취합하여, 제조업체에 제공하였다. 제조업체가 직접 월마트 시스템에 들어와서, 상품 판매 현황을 파악하고, 예측생산을 할 수 있도록 한 것이다. 제조업체는 어떤 상품을 제조하고, 납품해야 하는지 정확하게 판단할 수 있었다. 이를 통해, 수요와 공급이 일치하고, 상품의 제조에서 소비자에게 공급되는 시간을 단축할 수 있었다. 제조업체는 매일 월마트 점포의 판매 데이터를 볼 수 있고, 과거 판매 데이터를 통해 매상, 재고, 출하현황까지 한눈에 파악하여, 경영활동의 지표로 삼을 수 있었다.

물건을 싸게 공급받으려는 할인마트와 조금이라도 더 받으려는 제조업체는 항상 이해관계가 상충할 수밖에 없다. 어떤 경우에는, 제조사와 할인마트가 서로 적대관계가 되어, 아예 상품을 취급하지 않는 상황도 생긴다. 월마트와 P&G

도 한때 이런 문제로 굉장한 마찰이 있었다. 그런데 SCM을 통해, P&G는 재고량을 현격히 줄일 수 있었고, 월마트에 더 저렴한 가격에 상품을 공급할 수 있었다.

넷째, 월마트는 상품 운송을 담당하는 물류업체와 네트워크화 하고, 협업체계를 구축하여, 물류관리, 배송관리에 효율화를 꾀하였다. 물류업체는 월마트의 시스템에 접속하여, 배송요청을 실시간으로 파악하여, 사전에 준비할 수 있었다. 각 점포는 위성통신망을 이용해, 배송차량의 위치를 실시간으로 파악하여, 언제 도착할지 예상하고, 입고준비를 할 수 있었다. 물류망에 따라 배송효율이 떨어진다 싶으면 입지가 좋아도 점포를 개설하지 않았다.

이외에도, 월마트는 인공위성을 통한 제품교육, 통신 등 다양하고 창의적인 방법으로 IT경영을 실천하였다.

월마트는 좋은 목표를 가지고, 지속적으로 도입한 정보시스템을 통해, IT경영을 잘 실천하였다. 그로 인해 1990년대 들어 모든 경쟁사를 제치고, 세계 최대의 유통업체로 성장하였다. 2000년대 초반에는 매출액 기준으로 세계 최고가 되기도 하였다. 1980년대부터 정보화에 눈을 뜨고, 투자를 계속하고 있는 월마트가 앞으로 어떤 정보시스템을 새롭게 도입하여, 창의적으로 IT경영을 실천할지 관심 있게 지켜볼 일이다.

3

IT경영의 기본솔루션 I, ERP편

IT 비즈니스, e비즈니스, 유비쿼터스, IT경영 등에 대한 지금까지의 이해와, 앞으로 소개할 기본 IT경영 솔루션 3가지에 대한 지식을 바탕으로, 창의적인 IT경영 활동을 할 수 있기를 바란다.
각각의 IT경영 솔루션 하나하나는 책 한권으로 소개하고도 모자람이 있지만, 여기서는 기술적인 부분이나 아주 전문적인 부분을 다루기보다는, 경영적 관점에서 접근하여 핵심에 대한 이해와 소양획득을 목표로, IT경영 솔루션을 축약하여 다루었다.
그러면, IT경영을 지원하는 여러 솔루션 가운데, 그 첫 번째로 ERP (Enterprise Resource Planning)에 관하여 살펴보자.

ERP의 쉬운 이해

ERP는 1990년대 중반 대기업 중심으로 국내에 도입이 시작되었다. 당시 삼성전자가 독일의 SAP社로부터 ERP도입에 나섰다. 이를 계기로 SAP가 국내에서 본격적인 ERP영업을 시작하면서 국내에도 ERP 시장이 열리게 되었다. SAP는 1995년 국내에 지사를 설립하며, 최고의 ERP 솔루션인 'R/3'를 들고 본격적인 영업을 시작하였다. 이후 오라클 등의 외국계 회사에서 후발로 국내 시장에 진출하였다.

ERP의 국내 도입 당시의 정보시스템은 영업, 회계, 생산, 자재, 인사 관리 등을 위하여, 개별적인 시스템과 프로그램을 개발하여 사용하던 것이 고작이었다. 이런 상황에서 기업의 모든 부서의 업무를 통합하여, 하나로 관리해주는 정보시스템인 ERP의 등장은 가히 혁신적인 것이었다.

ERP(Enterprise Resource Planning)는 '전사적자원계획'이라는 의미처럼, 기업 경영에 필요한 모든 자원과 경영활동을 통합하여 관리해주는 거대한 소프트웨어이다. 패키지소프트웨어로서 ERP는 표준적인 업무프로세스가 모두 들어있다. 한번 입력된 데이터는 업무프로세스에 따라 전 부서를 흐르며, 일관적인 관리가 가능하기 때문에, 유사 데이터를 재입력해야 하는 비효율성을 제거할 수 있다. 기존 업무처리 방식에서는, 영업부서가 수주한 정보를 영업 관리시스템에 입력하고, 영업정보를 출력하여, 생산부서에 전달하고, 생산부서는 생산 관리시스템에 다시 입력한 후 관련 정보를 출력하여, 회계부서에 전달하고, 회계부서는 회계 관리시스템에 다시 입력하는 등, 아주 비효율적으로 업무가 처리되었다. 그러나 ERP 환경 하에서는 영업부서에서 영업정보를 한번 입력하면, 생산부서, 회계부서에 일제히 전달되어 일관적인 정보관리와 업무처리가 가능하다.

ERP의 정의

'ERP는 기업의 모든 자원을 전사적으로 통합・관리하고, 기업 활동을 지원하여, 경영효율을 극대화하는 정보시스템'이라고 정의할 수 있다. 예전부터 기업은 해당 부서별로 필요한 업무프로그램을 개발하여 각 각 사용하였지만, ERP는 모든 부서의 업무프로그램을 패키지로 제공하여 지원하는 통합정보시스템이다. 전 부서에서 산출되는 정보를 통합 관리하고, 공유가 가능하도록 지원한다. ERP는 자체적으로 경영활동에서 산출되는 모든 정보를 통합 관리할 수 있는 표준화된 정보프로세스와 업무처리 프로세스를 가지고 있다. 따라서 ERP를 도입하는 기업은 표준화된 프로세스를 가질 수 있다. ERP가 산업별 특성을 반영한 표준화된 업무프로세스를 가지고 있기 때문에, ERP를 도입할 때는 기업특성을 충분히 고려하여, 알맞은 ERP 솔루션을 선택해야 한다.

IT분야 조사분석, 컨설팅 전문 기관인 가트너 그룹(Gartner Group)은 ERP를 다음과 같이 정의하였다. 'ERP란 비즈니스 기능들이 통합되도록 설계되어진 응용프로그램의 집합이자, 의사결정지원시스템'이다. 즉, 생산관리 시스템, 인사관리 시스템, 재무관리 시스템 등의 각 비즈니스 기능들이 하나로 통합되어진 패키지이고, 필요한 정보를 제때에 제공하여 의사결정을 지원하는 시스템이라는 것을 강조하였다. 그렇다. ERP는 업무를 지원하면서 업무활동에서 나오는 정보를 통합・관리하여, 필요한 정보를 즉각적으로 산출・제공함으로써 중요한 의사결정 지원 기능을 수행한다.

ERP의 등장배경

1990년대 중반을 지나 2000년대 이르는 사이에 급격한 경영환경 변화의 물결이 일어난다. IT의 발전과 인터넷의 급속한 보급으로, 정보가 광범위한 지역으로 빠르게 전달되면서, 소비자의 니즈(needs)도 빠르게 변하게 된다. 기업의 경영은 국내에만 머무르지 않게 되고, 글로벌 경영을 보다 효율적으로 할 수 있는 환경이 조성된다. 해외에 진출을 하게 되고, 이는 기업의 경영대상범위의 확대로 이어져, 경영활동은 더욱 복잡해진다. 이런 과정에서, 기업이 관리해야할 유형, 무형의 경영자원이 확대되고, 기업 내·외부의 정보량이 폭발적으로 증가되었다. 하지만 그것을 수용하지 못하는 한계에 다다르게 되었다. 한때, 인터넷, IT 바람을 타고, 기업의 컴퓨터 등 전산장비를 도입하고, 각 부서의 업무단위별로 정보시스템을 구축했지만, 늘어나는 정보자원을 관리하기에는 역부족이었다. 기업전체로 정보가 원활히 공급되지 않는 정보의 동맥경화 상태에 이르게 된 것이다. 따라서 이러한 경영환경의 변화에 유연하게 대응할 수 있는 역량을 보유했는지 여부가 기업생존의 필수 조건이 되었다. 그것을 지원하는 새로운 정보시스템이 요구되었고, 그것이 바로 IT경영 솔루션인 ERP인 것이다. ERP를 통해 기업은 유형, 무형의 경영자원을 통합 관리하여, 의사결정에 유용한 정보를 즉각적으로 산출하고, 업무를 지원함으로써 환경변화에 대응하고, 경영효율을 높일 수 있다.

ERP의 발전과정과 현황

오늘날의 ERP의 모습이 갖추어지고 개념이 확정되기 전에는, 제조업체를 중심으로 자재 구매 업무에 한정한 정보시스템이 구축되어 활용되었다. 제품의 자재 소요량과 구매조달 관리를 지원하는 MRP(Material Resource Planning)라는 정보시스템을 기업에서 도입했었다. 이것이 발전하여 나온 MRP-2는 자재, 구매 관리에 한정하지 않고, 생산공정을 중심으로 생산, 영업, 회계 등 업무관리 범위를 확대하면서, ERP로 발전하는 초석이 되었다. 이어서 등장을 한 ERP는 1990년대 후반에서 2000년대 초반까지 많이 활성화 되었다.

대한상공회의소 전자상거래지원센터의 자료에 따르면, 2005년 ERP시장규모는 약 4,780억 원이라고 한다. 초기부터, 대기업 중심으로 ERP가 적극도입 되면서, 외산 솔루션이 시장을 장악하였다. 그러나 중소기업(SMB : Small Medium Business) 시장에서는 주로 국산 솔루션을 많이 도입하였다. 과거 대기업들이 도입한 ERP 프로젝트의 규모를 잠깐 살펴보면, POSCO 6백억 원(Oracle 제품), KBS 1백억 원(SAP 제품), 조폐공사 50억(SAP 제품), 정통부 우정사업본부 117억(Oracle 제품) 등 그 금액이 상당하였다. 현재 대기업 시장에서는 ERP의 도입이 어느 정도 완료된 상태이다. 반면 중소기업 시장에서는 아직도 도입이 미진하여 잠재된 수요가 크다 보니, 중소기업용 ERP 솔루션이 많이 출시되고 있다. 중소기업(SMB) 시장에서 외산과 국산 솔루션의 경쟁이 가열되고 있고, 지나친 수주경쟁으로 수익률이 떨어지고 있다. ERP 솔루션업체들은 해외 진출을 모색하는 등 시장 활성화를 위한 노력을 계속하고 있지만, 다소 어려운 시장상황을 보여주고 있다. 그러나 ERP의 업그레이드 수요가 있고, IT, 유비쿼터스 등과의 결합으로 새로운 ERP가 등장하여, 제2의 도약을 맞이하리라 기대해 본다.

ERP의 도입효과

ERP는 경영활동에서 제한된 경영자원을 효율적으로 활용하고, 필요한 정보를 제때에 산출할 수 있도록 지원하다. 그런 지원을 통해 도입 된 ERP를 기업 전 직원이 제대로 활용하여야 큰 도입효과를 볼 수 있다. ERP의 도입을 통해 기대할 수 있는 여러 가지 효과가 있는데, 몇 가지만 살펴보자.

기업이 ERP를 도입할 때는 크게 조직관점의 효과, 경영자관점의 효과, 실무자관점의 효과를 기대할 수 있다. 이 세 가지 효과가 균형적으로 나타나야 ERP를 통한 IT경영을 실천하고 있는 것이라 할 수 있다.

첫째, 조직 관점의 효과

통합된 하나의 시스템을 통해 일관된 업무처리가 가능해지고, 유기적인 협력이 이루어진다. 이것은 환경변화에 기업이 신속하고 탄력적으로 대응하도록 해준다. 남들보다 먼저 신제품을 출시하고, 신속한 고객 대응을 하고, 시장상황에 맞는 경영 계획 수립 등 조직의 유연하고 탄력적 운영이 가능토록 하는 효과가 있다.

둘째, 경영자관점의 효과

필요한 정보가 신속하게 산출돼 의사결정력이 강화된다. 긴급한 의사결정이 필요한 상황에서 신속하고 신뢰성 있는 정보를 제공해주기 때문에 스피드 경영을 할 수 있다.

셋째, 실무자관점의 효과

ERP를 주로 사용하는 실무자에게 가장 다양한 효과가 나타나고, 이것은 기업 전체에 영향을 주기 때문에, 어떻게 보면 기업 전체의 기대효과라고 볼 수 있겠다.

먼저, 실무자들이 표준화된 업무 프로세스에 맞추는 과정에서, 업무가 효율적으로 개선된다. 부서간의 통합된 정보자원을 관리함으로써 중복이 제거되고, 차이로부터 오는 혼란이 없어진다. 각 부서의 업무처리가 신속해 진다. 수작업으로 하는 업무처리를 ERP가 수행함으로써 업무가 줄어들고, 처리속도가 빨라진다. 수요예측으로 체계적이고, 계획된 생산을 하여 효과적으로 미래를 준비할 수 있다. 실무처리를 위한 정보 산출이 용이해 진다. 예전엔 영업팀이 영업상황을 정보시스템에 입력하고, 프린트해서 생산팀에 전달해야 했지만, ERP를 도입하면, 한번 입력된 영업상황은 생산팀에 자동으로 전달된다. 필요할 때 언제든지 조회할 수 있다. 결국 이러한 효과를 바탕으로 업무의 효율화와 생산성 향상을 이룰 수 있다.

ERP에 요구되는 것들

ERP는 기업의 잘못된 업무관행을 개선하고, 프로세스를 표준화하고, 조직을 변화시키는 정보화시스템이다. 컴퓨터나 서버장비처럼 단순히 시스템 도입만으로 끝나는 것이 아니다. 따라서 ERP에 다양한 사항들이 요구된다. 여기서 몇 가지 주요한 요구사항들을 살펴보겠다. ERP를 선정할 때 참고하기 바란다.

첫째, 가장 기본적인 것이다. 기업 전체 업무를 지원하고, 통합하는 기능을 제공해야 한다. 모든 부서가 활용할 수 있는 업무 프로그램을 지원하고, 산출된 정보들을 하나로 통합하여야 한다.

둘째, 업종에 맞는 프로세스를 지원해야 한다. 제조, 금융, 식음료, 제약, 유통 등 각 업종별로 업무처리 프로세스가 틀리기 때문에, 업종, 산업에 맞는 표준 프로세스를 지원해야 한다.

셋째, BPR(Business Process Re-engineering, 업무프로세스 재설계)을 지원해야 한다. 즉, ERP가 가지고 있는 최적의 업무프로세스를 기준으로, 현업의 업무프로세스를 재설계하고, 개선하기 위한 지원을 해야 한다. BPR은 불필요한 정보, 비효율적인 업무과정을 제거하여, 업무를 단순화시켜서 생산성을 높인다.

넷째, 변화관리를 지원해야 한다. ERP는 업무프로세스뿐만 아니라, 조직의 구조, 문화까지도 변화를 요구하는 혁신적인 정보화 시스템이다. 따라서 조직 구성원의 반발과 저항이 발생할 수 있다. 이에 대한 전문적인 케어(Care)가 있어야 한다. ERP도입 초기단계부터 계획적으로 변화관리기법을 적용해야 한다. 예를 들어, ERP 도입을 시작하기 전에, 직원들의 설문조사를 통해 정보시스템이 필요하다는 결과를 얻어내고, 그 필요성을 직원들 스스로 느끼게 한다. 그 후 ERP를 도입을 하게 되면, 직원들이 선택한 설문조사 결과를 토대로 정보시스템을 도입한 것이기 때문에, 선택한 것에 대해 끝까지 책임지려하는 일관성의 법칙에 따라 반발이 약화될 수 있다.

다섯째, 신기술을 적용해야 한다. 인터넷의 시대에서는 ERP를 인터넷과 연동하여 사용할 수 있어야 하고, 무선 인터넷 시대에서는 모바일 디바이스를 통해 ERP를 활용할 수 있도록 지원해야 한다. 새로운 기술을 접목한 정보시스템을 도입하는 것이 중복투자를 최대한 방지할 수 있다.

여섯째, 고객화(Customizing)를 지원해야 한다. ERP는 표준 업무프로세스를 기준으로 개발된 정보시스템이기 때문에, 기업이 그 프로세스에 맞추는 것이 일반적인 방법이다. 하지만, 때로는 기업 상황에 맞게 변경하거나, 혹은 그 기업이 더 좋은 업무프로세스를 가지고 있을 경우, 이에 맞게 변경해주는 고객화를 지원해야 한다. 그것이 창의적인 IT경영으로 가는 길이기도 하다.

일곱째, 유지보수와 업그레이드 지원해야 한다. ERP 도입이 완료된 후, 무상 유지보수 기간을 보장하고, 유상 유지보수에 대한 계획을 가지고 있어야 한다. 정보시스템의 특성상 정보가 계속 축적되면, 사용상 문제가 생길 수 있기 때문에, 이에 대한 유지보수 방안을 제시해야 한다. 또한, 도입 후에 기능의 추가나,

새로운 기술의 적용이 필요할 때 지원할 수 있는 방안을 가지고 있어야 한다.

ERP와 같은 정보시스템은 한번 도입하면, 장기간 기업 경영에 활용되기 때문에, 선택할 때 신중해야 한다. 잘못 선택하고, 후회하기에는 그 대가가 너무 크다는 것을 명심해야 한다. 여기서 제시된 요구사항 말고도, 필요한 것들을 꼼꼼히 살피고, ERP를 선택할 때 기준으로 삼아야 한다.

ERP가 지원하는 업무 모듈

ERP는 전사적 자원 관리 솔루션으로서 기업이 수행하는 다양한 업무를 프로그램화하여 편의를 지원한다. 다양한 업무 프로그램 모듈의 통합적인 집합이라고 할 수 있다. 각 업무 프로그램의 모듈은 전사적 차원에서, 상호 연계되어 정보의 흐름이 이루지고, 정보의 공유가 가능하도록 개발된다. 산업별 ERP에 따라서 구성하고 있는 업무 지원 모듈은 차이가 있겠지만, 보편적인 구성모듈의 예시를 살펴보도록 하겠다.

ERP 구성모듈 예시

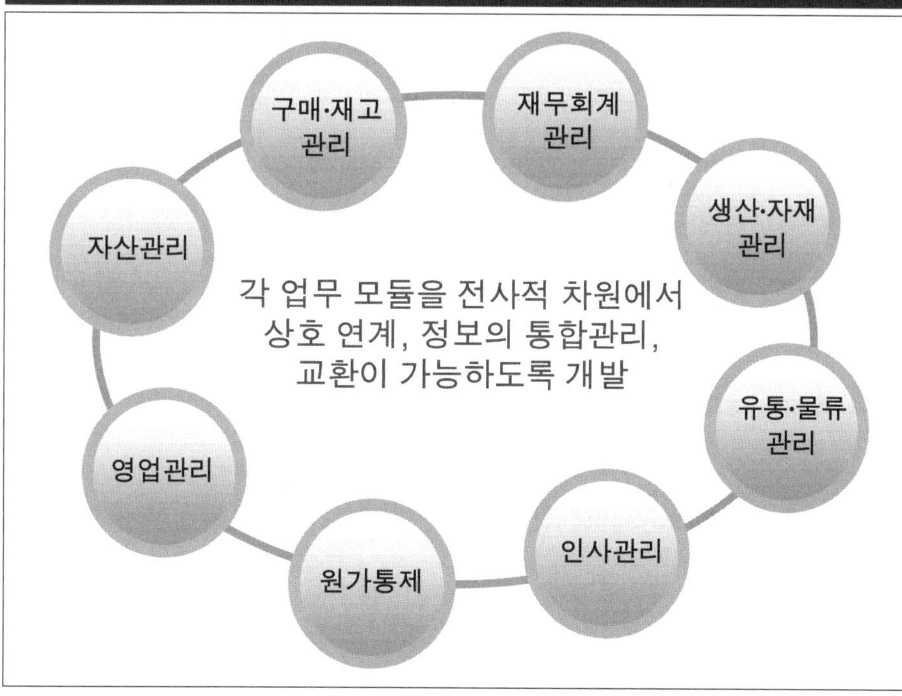

재무회계관리 모듈은 기업의 살림을 담당한다. 미수금관리, 미지급금 관리, 자금관리 등 기업의 일반회계 업무를 지원하고, 현금, 자산에 대한 관리 및 통제 기능을 제공한다. 재무제표 생성을 통해 기업의 실적을 관리할 수 있도록 한다.

생산 · 자재관리 모듈은 생산현장을 관리하고, 통제하는 기능을 제공한다. 생산량을 결정하고, 생산계획에 차질이 없도록 생산관리를 지원한다. 자재수급계획을 수립하고, 차질이 없도록 관리한다. 생산제품의 품질관리, 설비관리 등도 지원한다.

유통물류관리 모듈은 원자재, 부품 등의 조달에서 제품을 생산하여, 시장에 유통되기까지의 과정에 물적 흐름을 효율적으로 관리하고, 통제하는 기능을 제공한다. 모든 물적 흐름을 기록하고, 추적하는 피드백 기능을 통해, 막힘없는 물적 흐름이 이루어지도록 지원한다.

인사관리 모듈은 조직 및 조직 구성원을 관리하고, 지원하는 기능을 제공한다. 기업의 경영전략, 사업계획수립에 따른 인력수급계획을 수립하고, 채용, 교육, 직무배치, 승진, 급여, 인센티브 및 복리후생 등에 관한 업무를 지원한다.

원가통제 모듈은 회사 내의 경영실적을 세부적으로 평가하고 관리하는 기능을 제공한다. 부서별, 제품별, 혹은, 거래처별 등의 기준으로 손익분석, 원가분석 등의 기능을 제공한다. 이를 통해, 경영실적을 관리할 수 있다. ERP의 다른 모듈에서 발생된 최신의 정보를 실시간으로 제공받아 의사결정에 필요한 정보를 산출한다. 원가통제 모듈은 재무회계관리 모듈에 포함될 수도 있다.

영업관리 모듈은 일반영업지원과 고급영업지원으로 나눌 수 있다. 일반영업지원에는 견적서, 주문서 작성, 홍보물 발송 등의 영업대응 기능이 있고, 세금계산서 발행, 청구서 작성 및 처리 등의 대금청구 기능이 있다. 고급영업지원에는 고객관리, 경쟁사 분석, 각종 영업정보 관리와 분석, 영업전망 시뮬레이션 기능 등이 있다.

자산관리 모듈은 주로 기업의 고정자산을 관리한다. 자산을 등록하고, 감가상각, 이연상각 등을 수행하여 자산의 현황, 잔존가액, 처리계획 등을 관리한다. 재무회계관리 모듈에 포함되기도 한다.

구매 · 재고관리 모듈은 자재 소요계획 수립, 구매관리, 재고관리, 재고자산평가 등의 기능을 수행한다. 구매에서 재고관리에 이르는 전 과정의 업무를 지원하여, 구매의 투명성과 재고의 효율화를 돕는다.

ERP의 구현 스텝(Step)

이미 공통의 관점에서 IT경영 구현 스텝(Step)을 살펴보았고, 여기서는 개별 솔루션으로서 ERP의 구현 스텝을 살펴보겠다. 특히, ERP의 구현 Step편에서는 도입을 검토하고, ERP업체를 선정하는 등의 도입준비 단계를 중점적으로 다룰 것이다. 이것은 이후에 다루어질 CRM, SCM의 구현 Step편에서는 자세히 언급되지 않을 것이다. 그러나 비슷한 과정을 거친다는 것을 미리 얘기해 둔다. 참고하면서 살펴보기 바란다.

ERP 자체가 대규모 정보화 프로젝트이고, 조직전체가 참여하기 때문에 시작에서 완료에 이르기까지 체계적으로 준비하고 구축해야 한다. 또한, 구축 이후의 사후 관리 문제까지도 염두에 두어 장기적 관점에서 구현해야 한다.

Step1. ERP도입준비

ERP의 도입준비 단계에서는 다시 세부 과정으로 나눌 수 있다. ERP 도입검토, 도입여부결정, 요구사항분석, ERP업체 선정이다.

도입검토 → 도입여부결정 → 요구사항분석 → ERP업체 선정

첫째, 도입검토는 ERP 도입의 필요성을 집중적으로 검토하게 된다. ERP 도입이유와 목적, 기대효과 등을 정의한다. 시장과 경쟁사도 분석하고 벤치마킹한다. 기존의 정보화시스템과의 관계 등도 정립한다. 예산확보 여부도 중요하다. 그리고 조직전체의 참여에 대한 준비는 되어있는지, 의사결정권자의 의지는 확고한

지 등을 검토해야 한다.

둘째, 도입여부를 결정한다. 도입이 결정되면, ERP 프로젝트 추진팀, 즉 TFT를 구성하여 본격적인 추진 작업에 돌입한다. TFT를 구성하면 역할, 권한, 책임을 공식화하여, TFT업무에 전념할 수 있도록 하는 것이 좋다. 이후, ERP 솔루션과 전문 업체를 선정하기 위한 준비 작업에 착수한다.

셋째, 요구사항분석에서는 기업의 현황을 진단하고, 요구사항을 정의한다. 기업의 제반 현황을 분석하여 업무상 문제점, 정보화 현황의 문제점 등을 도출한다. 도출된 문제로부터 필요로 하는 요구사항을 정의한다. 각 부서별, 혹은 단위 기능별 업무 요구사항을 정의하고, 사용 중인 정보시스템 등에 대한 정보화 요구사항을 정의한다. 이것은 ERP 솔루션을 선정할 때, 중요한 근거 자료가 된다.

넷째, ERP업체 선정이다. ERP 솔루션과 업체를 선정하고, 계약을 맺는 과정이다. 경쟁 제안절차를 통해서 ERP 업체를 선정하는 것이 좋다. 제안요청서 작성, 제안요청서 발송, 제안서 접수, 평가, ERP업체 선정, 계약의 과정을 거치게 된다.

제안요청서(RFP) 작성 → RFP발송 → 제안서접수 → 평가 → ERP업체선정 → 계약

먼저, 제안요청서(RFP, Request For Proposal)을 작성하여, ERP업체들에게 보낸다. RFP는 기업현황진단, 요구사항정의서 등을 기초로 작성을 하고, 제안방법, 구축기간 등 상세한 사항을 포함하여, ERP업체에 RFP를 보내서 제안할 것을 요청한다. 통상 RFP 설명회를 개최하여, ERP업체들을 대면하고 설명한다. 제안에 참가하는 기업은 정해진 기한에 제안서를 제출하게 된다. 그러면 기업은 투명한 평가 절차를 거쳐 평가를 진행한다. 평가를 할 때는, 평가항목이 체계적으로 구성된 평가표를 활용하고, 조직내부와 외부전문가가 골고루 참여하는 평가팀을 구성하는 것이 좋다. 통상 평가항목에는 솔루션 공급자의 평가요소, 기능적 평가요소, 기술적 평가요소, 가격 및 기간 평가요소, 서비스 및 사후관리 평가요소 등을 고려한다. 평가에서 가장 우수한 점수를 받은 업체를 우선협상대상자로 선정하여, 가격협상 등을 진행하고, 원만히 협의 되었으면 계약을 체결한다. 계약서는 ERP업체가 작성하거나 혹은 해당 기업이 직접 작성할 수도 있다.

주의할 점

- 기업의 현황분석, 요구사항을 정의할 때는 철저하게 해야 한다.
- ERP업체를 선정할 때는 제안서 평가의 공정성, 투명성을 기하고, 통상 ERP업체의 제안서에 대한 프리젠테이션을 듣게 되는데, 이때 평가표에 의해 진행하는 것이 좋다.
- ERP 도입을 위한 전담팀(TFT)를 구성하고, 이때는 각 부서에서 정예 요원을 차출하여, TFT의 역할과 권한 등을 명확히 하고 공식화하여 업무에 집중할 수 있도록 한다.

Step2. ERP 구축

구성된 TFT와 ERP업체가 협력하여 실제 구축하는 단계이다. 요구사항에 대해 한 번 더 점검한다. 그에 따라 상세한 업무설계를 하고 시스템을 구축한다. TFT는 필요하면 내부의 협력을 최대한 이끌어 내야한다. 전체적인 프로젝트 관리, 즉 일정, 비용, 업무수행내역서의 준수 등을 점검한다. ERP 솔루션에 따라 구축과정이 조금씩 달라지는데, 참고로 하나를 살펴보자. S사의 ERP 솔루션의 경우, 프로젝트 준비, 비즈니스상세설계(업무설계), 시스템 구현, 최종준비, 시스템 개통 및 지원 등의 과정으로 구축작업이 진행된다.

주의할 점

- 프로젝트 관리의 3대요소인 일정, 비용, 문서 관리가 중요하다. 특히, 문서관리는 흔히 간과하기 쉽기 때문에 더욱 세심한 주의가 필요하다.
- 업무수행내역서, 요구사항정의서 등에 맞추어 프로젝트가 잘 진행되고 있는지 철저히 관리를 해야 한다.
- 내부 참여인력의 역할 분담을 하고, TFT와 ERP업체의 원활한 커뮤니케이션이 이루어지도록 하고, 이 부분에 문제가 없는지 수시로 점검한다.
- ERP 자체가 표준화 기술을 적용하고 있는지, 기술 확장성은 있는지도 고려한다.

Step 3. 평가(테스트)

IT경영 구현 Step에서 자세히 설명하여, 여기서는 간단히 언급하겠다.

구축이 완료되면, ERP 시스템을 개통하기 전 평가를 하고, 최종준비를 한다. 개발자 테스트, 실무자 테스트 등을 통해서 평가를 하고, 발생되는 문제는 즉각적으로 해결하도록 한다. 실무자 테스트에 들어가기 전에 먼저 사용 교육을 실시하고, 평가를 하게 되면 더 효율적이다.

주의할 점

- 테스트를 할 때는 반드시 평가서를 만들어, 그대로 평가를 진행하도록 한다.
- 프로젝트 구축단계에서 일정이 늦어져 테스트단계를 소홀히 하기 쉽다. 그러나 시스템 오픈이 다소 지연되더라도, 평가를 철저히 하는 것이 좋다.

Step 4. 운영 및 유지보수

평가를 통해 최종준비가 완료되고, 시스템을 개통한 후, 실제 운영하는 단계이다. 각 부서별로 ERP를 통해서 업무를 수행하게 된다. ERP에 대한 사용교육,

인센티브제도 등을 실시하여 적극적으로 활용하도록 유도한다. 이런 방법으로 조기에 ERP가 정착되게 하는 것이 중요하다. ERP는 하드웨어, 소프트웨어 등이 결합한 시스템으로 유지보수가 필요하다. 시스템에 대한 지속적인 모니터링을 하고, 문제발생시 빠른 해결을 할 수 있도록 한다. 필요하면 기능개선 등의 업데이트를 실시한다. 유지보수는 내부에서 할 수도 있으나, 통상적으로 기업에서는 비용을 부담하고, ERP를 구축한 업체가 담당을 하게 된다.

주의할 점

- 사용자 교육을 지속적으로 실시하여, 시스템에 빨리 적응하고, 활용률을 높일 수 있도록 한다.
- 조직 및 업무방식 등에 변화가 올 수 있으므로, 이에 대해 잘 받아들일 수 있도록 교육, 계몽 등을 해야 한다.
- 각 부서별 ERP 활용에 대한 평가를 하고, 인센티브 등을 제공하여 동기를 유발하는 것도 좋다.
- 시스템에 대한 모니터링을 철저히 하고, 문제발생시 처리 프로세스를 명확히 하여 시스템이 항시 가용상태가 되도록 한다. 미리, 담당팀 혹은 담당자를 선정해 놓아야 한다.
- 향후 시스템의 업그레이드 계획 등을 고려하고, 유지보수를 위한 예산을 감안해야 한다.

연간 17억 원을 절감한 신성이엔지의 ERP

신성이엔지는 반도체용 크린룸(청정실) 시스템 분야에서 독보적 위치를 선점하고 있고, 생산공정 자동화 설비 시스템 분야에도 주력하고 있는 회사이다. 크린룸 사업은 반도체 및 TFT-LCD, PDP 등의 평판디스플레이 제품을 제조하는 공간에 공기 청정도를 제어하는 장비를 생산, 설치하는 것이다. 주요 납품처로는 삼성전자, 하이닉스, LG필립스 등이 있다. 2003년엔 매출 1,215억 원에 98억 원의 순이익을 올렸다.

신성이엔지에서 ERP가 왜 추진 되었을까?

신성이엔지는 창사 초기부터 정보화에 꾸준히 투자해왔다. 1990년대 초에는 경영정보시스템을 도입하고, 1997년도에는 회계, 급여, 생산, 자재 등의 개별 정보시스템을 구축하여 사용해 왔다. 그런데, IMF 외환위기 이후 상황이 급변하여, 제품수명 주기가 짧아지고, 경쟁이 치열해졌다. 내부에서는 부서 간 협조체계가 허술해, 급변하는 요구사항에 발 빠르게 대응하지 못했다. 또한, 정보인프라 연계가 취약한 것도 문제로 대두되었다.

기존 정보시스템은 부문별 정보화로 부서 간 정보공유가 안되었고, 중복된 업무 수행이 많았다. 제품 수명이 짧아지고, 중장기 수요가 불규칙적인 상황에서 조직의 빠른 대응이 요구되었다. 유기적인 체계와 업무수행 프로세스 개선이 절실하게 요구되었다.

신성이엔지는 사업 특성상 수주해서 생산, 납품 및 수금방식으로 거래가 진행되어, 정확하고 신속한 업무처리가 필요했다. 견적 → 기본설계 → 수주(계약) →

본설계 → 제작 → 시험검사 → 납품 → 시공계약 → 착공 → 시공 → 준공 → 운용 순서로 복잡하게 업무가 진행된다. 그렇기 때문에 사내전체에서 수주를 중심으로 원활한 정보의 흐름이 중요했고, 정보의 일관성 유지가 필요했다. 그러나 경영환경이 변하면서, 사내 업무프로세스의 약점이 드러났고, 결국 기업혁신의 일환으로 ERP 도입을 결정하게 된다.

ERP의 도입 현황

신성이엔지는 2000년도에 약 3개월간 디지털 경영을 위한 정보화전략, 비전, 목표를 수립하였다. '기업경영의 Speed-up', '환경변화에 유연한 정보시스템', '대응력 강화', '기업 활동에 정보의 전략적 활용', '시스템 간 유기적 연계' 등이 그것이다. 그리고 이후 2000년 11월 ERP 도입을 결정하였다.

공사관리, 구매발주관리, 생산자재관리, 영업관리, 인사관리, 품질관리 등 주요한 기능을 통합하는 ERP를 도입하였다. 협력사를 위한 기업정보포털(Enterprise Information Portal, EIP)을 구축하여, e-구매시스템을 운영하였다. e-구매시스템을 통해 협력업체는 구매발주, 납품, 미납자재, 입찰현황 등의 조회가 가능해졌다. ERP 도입 이후에 CRM, SCM 등을 추가로 구축하겠다는 계획도 세웠다.

ERP 도입에 따른 성과

수주, 생산, 납품의 업무처리 절차가 하나의 유기적인 흐름으로 이루어졌고, 업무프로세스 개선을 통해 업무효율이 극대화 되었다. 영업, 생산, 공사, 구매, 연구, 인사시스템과 연계된 체계적인 정보관리를 통해, 효율적 예산 운영 구조가 확립되었다. 분기 마감 결산이 월 마감으로 단축되어, 회사의 예산 운영 속도가 빨라졌다. 언제 어디서나 접근이 가능한 웹기반의 시스템을 통해, 결제 시간이 244시간에서 52시간으로 줄어드는 등 신속한 의사결정 지원체계가 확립되었다. 단순 반복 업무가 ERP시스템을 통해 처리되고, 업무처리 시간이 단축되어, 조직 전체가 좀 더 생산적인 업무에 리소스를 집중할 수 있게 되었다. 평가시스템으로 평가시간을 줄이고, 공정성과 투명성을 확보할 수 있게 되었다. ERP 도입으로 연간 17억 원의 비용절감 효과를 거둔 것으로 추정되었다. 이외에도 ERP 도입을 통해 많은 정량적(Quantity), 정성적(Quality) 효과를 거둔 것으로 평가된다.

ERP도입 성공요인과 시사점

체계적으로 추진하여 ERP 도입에 성공할 수 있었다. 정보화전략수립, 프로젝트 계획 수립, 업무분석, 정보시스템 설계 구축, 테스트, 유지보수 등 1년 6개월에 거쳐 체계적으로 진행하여, 2002년 1월 본격적으로 가동하였다. 그 뒤 1년 동안은 정보시스템의 유지보수에 각별히 주의를 기울였고, 안정화 단계를 거쳐 100% ERP 가동율을 달성하였다.

수주, 생산, 납품 방식에 따른 부서별 업무를 하나의 시스템을 통해, 유기적이고 일관되게 처리되도록 한 것이 또 다른 성공요인이었다.

CEO가 정보화의 중요성을 인식하고, 흔들림 없이 추진하였다. 신성이엔지는 CEO의 든든한 지원 아래 정보화 계획을 수립하고, 실행에 옮길 수 있었다. 경영진과 전 직원이 정보화 필요성의 목표를 분명하게 인식하고 있었던 것이 주효했다.

일관된 정보와 업무처리 Flow(예시)

크게 영업부문, 생산부분, 공사부분의 업무로 구분되는 신성이엔지의 중요 분야에서 정보와 업무처리 흐름이 어떻게 일관되게 이루어지는지 예시를 통해서 살펴보겠다.

다음은 영업에서 수주된 내용이 생산부문과 공사부문으로 전달되어 처리 되는 과정이다.

최초 영업부서에서 수주를 하고, 영업자가 계약내용을 등록 한다. 이 내용이 전자결제시스템을 통해 의사결정권자에게 보고 및 승인이 되고, 승인된 계약내용이 생산자재시스템, 공사관리시스템에 통보된다. 생산부분과 공사부분 담당자가 각 시스템에 통보된 내용을 조회하고, 필요한 업무조치 후 생산과 공사에 필요한 자재구매를 신청한다. 구매 신청 내용이 구매시스템에 전달되고, 구매내용을 협력사들이 조회 및 참여하여 전자입찰을 하고, 투명한 선정절차에 따라 업체 선정 후 발주, 납품이 자동으로 이루어진다. 협력사는 구매시스템을 통해 입찰현황, 납품처리 등 관련된 사항을 파악할 수 있다. 협력사로부터 자재가 납품되면, 생산과 공사부분 각 담당자는 자재입고를 등록한다. 최종적으로는 각 업무 시스템을 거친 데이터는 원가시스템에 저장 및 분석되어 원가를 산정하게 된다.

이렇게 해서 누적된 정보를 통해 표준원가가 산정된다. 각 부서에서는 표준원가를 이용해 각종 분석을 실행하고, 경영진이나 임직원들은 수주, 매출, 수금 등에 대한 계획과 실적을 실시간으로 파악할 수 있다. 이런 정보들을 통해 신속한 의사결정을 수행하게 된다.

영업, 생산, 공사시스템의 일관된 업무처리 흐름도(예시)

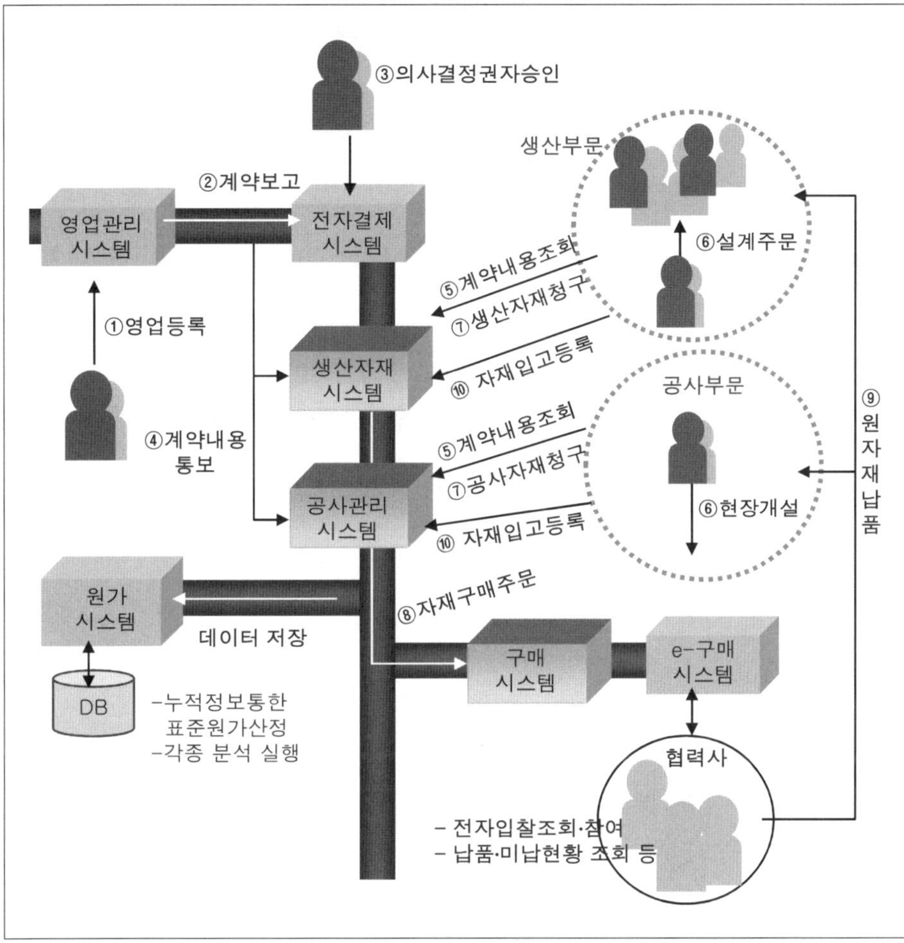

한진해운, ERP로 국제경쟁력 확보에 주력

1977년 창업 후 국내 최대의 해운기업으로 성장한 한진해운은 컨테이너선, 벌크선, LNG선 등 200여 척의 선박을 운영하여, 연간 1억 톤 이상의 화물을 수송하고 있다. 자산 약 6조원, 매출액 약 6조원 규모의 세계적 선사이고, 직원 수는 3,800명에 달한다.

전 세계 약 60여개의 정기, 부정기 항로를 운영하고 있다. 매출액의 90%는 내외 3국간 영업으로 발생하고, 전 세계 3개 지역그룹 산하에 30여 개의 해외 현지법인, 200여 개의 해외 지점 등 거미줄 영업망을 운영하고 있다. 미국 최대의 롱비치 항만에 46만평 규모를 포함하여, 도쿄, 부산, 카오슝 등 국내외 11개의 전용터미널과, 상하이, 칭따오, 포트켈랑 등에 6개 내륙 물류기지 등 세계적인 물류네트워크를 구축하고 있다.

한진해운은 2005~2007년 약 3년간 ERP 구축 및 안착에 역량을 집중하면서, 재무, 회계, 인사, 고객관리, 전략수립 등 핵심분야 모두를 혁신하는데 주력하였다.

한진해운에서 ERP 도입이 왜 추진 되었는가?

다른 기업들과 마찬가지로 1990년대 말까지 운영하던 정보시스템은 클라이언트/서버 구조로 유연한 시장 변화에 대응이 불가능하였다. 비즈니스 환경은 변하는데, 기존의 정보시스템으로는 수용의 한계를 느끼게 된 것이다. 또한, 전 세계 거미줄처럼 엮여 있는 영업망을 하나의 네트워크로 통합하여, 표준화된 업무 프로세스를 적용하고, 기업의 자원을 최적화하여 운영하기 위해서, 새로운 체제

확립이 요구되었다. 이를 지원하는 새로운 정보시스템이 절실하였고, 결국 ERP 도입을 결정하게 된다.

ERP 도입의 추진 경과

2005년 2월 TFT를 구성하여 재무, 물류, 인사, 경영관리, 고객관리 등 분야에서 비즈니스 프로세스 혁신을 단행하고, 정보와 프로세스 표준화를 위한 계획을 수립한다. 각 업무분야마다 목표를 수립하고, 프로세스 개선계획을 체계적으로 수립하였다. 예를 들어, 인사 분야에서는 '글로벌 선진 인사 운영과 통합인사 프로세스 확립', '인사정보 표준화와 통합화', '대임직원 인사 서비스의 효율화'라는 목표를 세우고, 프로세스 개선작업을 진행하였다. 그리하여 급여, 인사, 교육 시스템의 통합으로 관리의 편리성 증대, 중복데이터 삭제, 고객데이터 클린징, 한 화면에서 인사, 교육 등의 내용조회 및 업무 처리 등의 요구사항을 도출하였다.

표준화 계획 수립 후, 2007년 3월까지 전 세계 편재해 있는 정보자원을 통합관리할 수 있는 시스템을 구축하고, 재무, 구매, 인사 등에 ERP시스템을 우선 도입하였다. 이어서 2007년 5월에는 기획, 영업, 물류, 전략수립 부분까지 확대하여 적용을 하였다. 또한, 전사 통합 구매시스템을 운영하여, 구매프로세스의 글로벌 표준화, 글로벌소싱 체계를 운영하였다.

ERP도입을 통한 성과와 시사점

한진해운은 ERP도입을 통해 내부에 축적된 데이터들에 대한 표준화, 통합화, 품질보장을 이루어 정확성을 확보하였다. 재무, 인사, 구매, 교육부문 등이 선진화된 프로세스로 통합관리가 되었고, 글로벌 통합된 네트워크 기준으로 영업과 물류 운영을 하였다. 전사적으로 수익성 기반에 따라 계획하고 실행, 평가하는 체계로 전환하여 효율적으로 경영하였다. 다양한 시뮬레이션을 통해 최적의 전략과 목표를 수립하고 평가가 가능하였다. 해운업계는 특성상 환율, 유가, 원자재가격, 국가별 선박서비스 관련 규제 등의 변화에 상당히 민감하다. 이런 환경변화에 대해 다양한 시뮬레이션을 가동하면서, 최적의 전략과 목표를 수립할 수 있도록 하여, 기회를 잡고, 위기요소를 회피하는 것이 가능해졌다. 조기결산을 통한 경영정보도 즉시 제공받을 수 있어, 월 결산에서 일 결산 체계로 전환되었다. 현장에서 처리된 데이터는 3시간 정도에 집계와 확인이 가능하였다. IT신기술을 적용하고 전사 업무를 통합, 표준화해 상황변화에 유연한 조직 대응체계를 갖추었다.

ERP로 투명성을 실현한 우미건설

우미건설은 1980년대 초반 주택사업을 시작하여, 2000년대 초반 사업권을 충정, 경기지역으로 확대하면서 본사를 수원으로 이전하고, 조직을 확대하였다. 여러 개의 건설 개발 관련 회사를 계열사로 보유한 건설그룹이다.

우미건설에서 ERP 도입이 왜 추진 되었는가?

우미건설이 본격적인 정보화 투자를 시작한 2002년의 정보화 현황은, 컴퓨터, 기본 네트워크 환경, 초급 수준의 그룹웨어, 인트라넷 자체 구축 수준으로 IT경영 발전 단계의 2단계에 머물러 있었다. 그런데 2002년 본사를 광주에서 수원으로 이전하기로 결정하면서, 경쟁이 치열한 수도권 사업을 성공적으로 펼치기 위해, 경쟁력확보를 위한 일환으로 정보화가 필요하다고 판단하였다. 그래서 ERP 도입을 결정하게 된다.

구체적 이유를 좀 더 살펴보겠다.

첫째, 직원의 업무 공백에 따른 인수인계의 문제가 발생했다. 본사의 수도권 이전이 결정되자 일부 경력사원들이 이탈하기 시작하였고, 새로 사원을 채용했지만 업무 공백을 막는데 어려움이 있었다. ERP를 도입해, ERP에 들어있는 표준화된 업무프로세스를 적용하면, 업무 공백을 효과적으로 줄일 수 있다고 판단한 것이다.

둘째, 건설현장 증가에 따른 관리상의 문제가 대두되었다. 2000년 이후 해마다 공사현장 수가 늘어, 6개의 아파트 현장이 2002년에는 13개로 증가하였다. 사업지역 역시 과거 호남권에서 경기, 충청 등 전국적으로 확대되어, 건설현장

관리상의 문제가 발생하게 된 것이다.

셋째, 업무효율화와 정보공유 환경 구축의 필요성을 절감하였다. 본사와 현장 간의 공사 현황과 자재 관련 업무를 더욱 긴밀하게 연계시켜야 했고, 법인 및 계열사별 인적자원의 통합 관리가 이루어져야 했다. 그 외 회계부분에선 전표 입력 등 반복적인 작업을 줄이고, 업무의 간소화를 이룰 필요성이 있었다.

ERP의 도입과 주요한 추진 과제

2002년 7월부터 약 3개월간 시스템 개발, 구축을 진행하였고, 오픈 후 6개월 가량 적응 기간을 거쳐, 1년6개월 뒤 ERP시스템을 완전히 정착하였다. 우미건설은 실행예산, 기성관리(공사의 진척도 또는 진행상황 관리), 공사손익, 공사원가, 작업일보 관리 등을 수행하는 공사관리 기능, 인력, 급여를 관리하는 인사관리 기능, 자재관리 기능 등과 재무, 영업 등 순수관리 기능, 기타 경영지원 기능을 모두 포함하여 ERP를 구축하였다. 또한, 협력업체 관리 기능을 일부 도입하였다.

ERP 도입에 따른 성과

주요한 성과로 다섯 가지만 정리하였다.

첫째, 실행예산 수립에서부터 집행까지 업무 흐름을 재정립하였고, 현장별 하도급자의 기본 정보와 계약사항 등이 일괄 조회가 가능하게 됨으로써, 모든 자료에 대해 투명하고 일관성 있는 관리체계를 확보하였다.

둘째, 자동 자재발주, 최적의 생산 스케줄 등 자재관리를 통해 청구된 자재에 대한 구매를 단계별로 파악하고, 적기에 필요자재를 공급할 수 있도록 하여, 최저 원가 생산 실현과 재고의 최소화를 이루었다.

셋째, 자금 흐름의 실시간 파악이 가능하여, 원활한 자금운용을 지원하였다.

넷째, 공사관리와 자재관리는 건설 특유의 불투명성이 가장 큰 부분인데, 공사에 필요한 자재물량을 본사의 통제시스템을 통해 조절할 수 있게 되어, 투명성이 확보되었고, 자재의 과잉투입이 방지 되었다.

다섯째, 반복적인 회계업무의 신속하고 정확한 처리를 위해, 전표관리, 월잔액관리, 원장관리, 결산관리, 장부관리, 하도급대장관리, 세무관리 등의 기능을 도입하였다. 며칠씩 작업해야 가능했던 재무제표 작성을 손쉽게 할 수 있게 되었다.

ERP 도입모듈(예시)

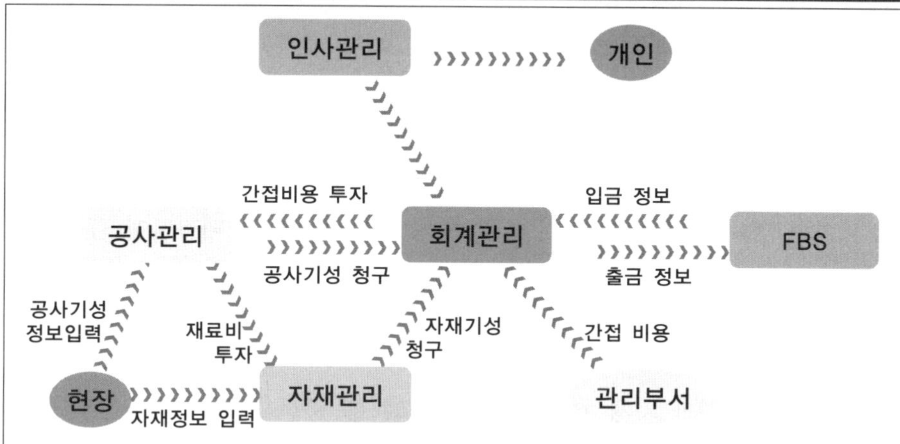

<출처: 기업정보화 성공가이드북, 기업정보화센터>

ERP도입 성공요인과 시사점

우미건설의 ERP에서는 몇 가지 성공요인을 찾아볼 수 있다.

첫째, 건설업종 전문의 좋은 ERP업체를 파트너로 선정한 것이다. 2002년 초반 우미는 먼저 국내 중소규모 ERP 개발업체인 G사를 파트너로 선택하였다. 일단 도입비용이 크지 않고, 우미건설의 업무환경에 잘 맞추어 개발할 수 있으리라 믿음 때문이었다. 그러나 오픈 단계에서 ERP시스템 사용이 너무 불편하다는 직원들의 항의가 터져 나왔고, 업무효율화를 위해 만든 시스템이 오히려 업무에 지장을 초래하게 되어 시스템을 중도 폐기하게 되었다. 그러나 IT경영에 대한 목표가 뚜렷했기에 ERP 도입을 다시 추진하였고, 여러 ERP 전문업체로부터 제안을 받았다. 제안업체 중에서 건설업의 특성을 잘 이해하고 있고, 패키지의 기능이나, 구축 경험, 사후 지원 등의 측면에서 합격점을 받은 중견 SI 회사인 D사를 선정하였다. 예산에 비해 다소 높은 금액이라는 문제가 있었으나, 협의를 통해 최종 사업자로 D사를 선정한다.

둘째, ERP에 담긴 정형화된 표준 업무프로세스를 잘 준수 한 것이다. 우미건설은 프로젝트 초기에 ERP패키지를 그대로 따를 것인지, 아니면 일부 수정을 할 것인지 여부를 놓고 갈등하였다. 그런데, 몇 몇 사례를 통해, IT경영 역량이 부족한 상태에서, ERP를 지나치게 수정하면, ERP 본연의 기능을 살리지 못해서, ERP도입에 실패할 수 있다는 것을 알게 되었다. 결국, ERP패키지에 담긴 정형화된 표준 업무 프로세스를 그대로 준수하였고, 성공적으로 ERP가 도입된 것이다.

셋째, 공사 진행과 자재 흐름의 투명성 확보에 중점을 둔 것이다.

넷째, 지속적인 내부교육을 통해, 시스템 활용도를 조기에 높인 것이다. 변화에는 저항이 따르게 되고, 이로 인해 시스템의 활용도가 떨어질 수 있다. 이런 것들을 프로젝트 TFT가 주도하여, ERP활용 교육을 강화하고, 직원들을 계몽하면서 해결하였다. 기존 직원들에 대해 지속적인 재교육을 실시하였다. 신입사원은 연수기간 동안 별도의 정보화 교육실시하여, 현업에서 바로 활용할 수 있도록 하였다. 임원들은 일대일 교육을 통해, 정보화 활용능력을 높였다.

다섯째, 지식경영TFT의 지속적 운영이다. 부사장이 총괄하고, 각 부서의 임원과 팀장, 중견관리자가 골고루 참여한 지식경영TFT는 시스템 구축완료 후에도,

매주 정기 회의를 갖고, 다양한 사내 정보화 관련 현안이나 문제들을 찾아내서 공론화하고, 대안을 모색하여, 정보화 시스템에 반영하고, 조직 전체의 정보화 마인드를 고취하는 등 회사의 핵심조직으로 자리 잡았다.

여섯째, 타사 벤치마킹을 철저히 한 것이다. 우미건설을 ERP시스템을 구축하면서, 동일한 ERP업체의 패키지를 도입해 성공적으로 운영하고 있던, D산업을 구축 모델로 삼고, 장점을 배우기 위해 많은 노력을 기울였다. D산업의 경우 사업내용이 아파트를 주요 시장으로 하고 수주를 약간만 하는 우미건설과 업무패턴이 유사하였기 때문이다. D산업을 철저히 벤치마킹하여 ERP를 구축했고, 결과적으로 D산업이 정착에 2년이 걸린 ERP를 1년 6개월 만에 정착시켰다.

4

IT경영의 기본솔루션 II, CRM편

두 번째로 소개되는 IT경영 솔루션인 CRM(Customer Relationship Management) 편이다. 고객을 바라보고, 케어(Care)하는 일에는 전사적인 참여가 필요하다. 마케팅부서나, 고객관리 부서 등 조직의 일부만의 일이 아니다. 같은 맥락으로 CRM은 전사적인 관점에서, 기업의 고객 중심적 경영활동을 지원한다. 고객관계 관리를 하기 위해 CRM을 어떻게 활용해야 하는지 지금부터 자세히 알아보자.

CRM의 쉬운 이해

CRM(Customer Relationship Management)는 고객관계관리이다. 이름그대로 고객과 관계를 만들어 가는 것을 관리하는 것이다. 고객과의 관계를 만든다? 과거에는 어땠을까?

과거에 고객은 단지 기업의 상품을 구매하는 소비자에 불과했다. 한번 상품을 사고 나면, 그냥 잊혀지는 존재였다. 생산만 하면 물건이 팔리던 과거시절에는 그랬다. 그러다가 생산중심의 시대가 끝나고, 기업 간 경쟁이 치열해지면서, 기업은 점점 더 고객에게 관심을 쏟게 되었다.

기업은 고객을 유인하기 위해 매스마케팅(Mass Marketing)을 시작하였다. 불특정 다수의 고객을 대상으로 회사를 알리고, 제품을 선전하였다. 그렇게 시작된 매스마케팅은 지금까지도 계속되어 오고 있다. 매스마케팅은 절대 다수를 대상으로 하여 비용적인 부담도 크고, 니즈(Needs)가 제각각인 고객을 상대로 하기 때문에 비효율적이다. 하지만, 단 번에 기업의 이미지 혹은 상품을 알릴 수 있는 매스마케팅은 차마 뿌리치기 어려운 유혹이다. 소비자도 어느덧 매스마케팅의 속임수에 너무도 익숙해졌다. 정말로 원하는 상품에 대한 정보를 주어도, 대중매체 광고를 통해서 알려지지 않으면, 소비자는 쉽게 그 상품을 구매하려들지 않는다. 이것이 아직까지도 기업들이 매스마케팅에 의존하는 이유일 것이다.

그럼 기업은 절대 다수 고객을 상대로 어떻게 광고를 하고, 마케팅을 어떻게 할지만 고민하면, 고객에 대한 할 일을 다 했다고 볼 수 있을까? 물론 답은 '아니다'이다.

매스마케팅의 파워가 지금까지도 그런대로 유지되어 오고 있는 가운데, 고객을 상대하는 다양한 마케팅 방법들이 새로 고안되었다. 돈만 있으면 누구나 다 할 수 있는 매스마케팅에 의지하지 않고, 새롭게 고객을 상대할 수 있는 다양한 방법들이 개발되었다. 세분화마케팅도 그중 하나이다. 고객을 하나의 덩어리로 보는 것이 아니라, 몇 덩어리로 그룹을 지어 마케팅을 하는 것이다. 같은 그룹의 고객들은 비슷한 성향과 구매의사를 가지고 있다고 보고, 그룹별로 마케팅을 하는 것이다. 틈새마케팅(Niche Marketing)이라는 것도 있다. 어느 그룹에도 속하지 않고, 그룹과 그룹사이의 틈새에 있는 고객의 니즈를 찾아 상품화하고 마케팅을 하는 것이다. 이 외에도 여러 마케팅기법, 방법론이 출현하면서 그때그때 유행하고, 사용되고 있다.

그럼 CRM은 어떠한가? CRM을 마케팅방법론 중의 하나라고 생각하는 사람들이 있는데, 그것은 잘못된 것이다. CRM이 고객을 상대하는 방법을 제시하긴 하지만, 마케팅방법론은 아니다.

CRM의 시작은 고객 분석에서부터 시작한다. CRM은 고객이 기업에 남겨준 데이터를 분석해서, 기업이 직접 고객을 파악할 수 있도록 도와준다. 매스마케팅과 같은 기업 활동을 위해서는 소비자에 대한 조사 분석이 필요하고, 기업은 보통 이것을 전문기관에 의뢰한다. CRM은 이런 매스마케팅과 같은 기업 활동에서, 필요한 고객정보를 신속히 제공하여, 기업의 의사결정을 지원한다. CRM의 고객 분석 정보는 마케팅활동에서만 활용되는 것이 아니다. 기업의 전략수립, 상품기획, 마케팅, 제품생산, 고객관리, 기타의 경영활동 전반에서, 필요한 고객 분석 정보를 제공한다. 이것은 CRM이 전사적인 기업 활동을 지원하는 든든한 기반이라는 것을 의미한다.

CRM 이전에도 데이터베이스마케팅(Database Marketing)이라고 해서, 고객 데이터에 대한 분석을 통해서 마케팅을 한다는 개념이 있었다. CRM은 이것으로부터 진화했다고 볼 수 있다. 그러나 데이터베이스마케팅은 이름에서 풍기듯이, 마케팅을 위한 하나의 수단이라는 의미가 강했다. 반면에 CRM은 기업 조직전체에서 활용하는 정보화 시스템으로서, 이를 잘 활용하면, IT경영을 할 수 있는 기업의 핵심 인프라(Infra)와 같은 것이다.

CRM의 개념

CRM에 대한 개념을 이해를 위해 여러 기관에서 내놓은 CRM에 대한 정의를 살펴보자.

"기업의 고객 및 잠재고객 관련 정보를 정확히 파악하여, 고객 관계 관리를 효과적으로 지원하기 위한 경영전략이다"(가트너 그룹)

"기업이 보유하고 있는 고객 데이터를 수집, 가공, 분석하여 고객 개개인의 특성에 맞게 활동을 계획, 수행, 평가하는 일련의 과정이다"(한국소프트웨어산업협회)

"기업이 우수고객을 지속적으로 유지하는 동시에 신규고객을 확보하고, 고객 관련 비용을 최소화하여, 기업의 경쟁력을 향상시킴으로써 기업 가치를 극대화하기 위한 경영개념이다"(Ovum)

위의 세 가지 정의에 CRM의 개념이 잘 표현되어 있는데, 여기에다 고객가치 개념을 부여하여 CRM을 다시 정의 내리면 다음과 같다.

'CRM은 수집된 고객 데이터 분석을 통해 고객마다 차별화한 서비스를 제공하고, 고객과 장기적인 관계 관점에서 **생애가치**(LTV : Lifetime Value)**를 극대화**하여, 경영효율을 높이고자하는 고객관리 경영전략이며 이를 시스템으로 구현한 것이다.'

고객과 단순하게 어떻게 관계를 잘 맺을 것인가로 끝나는 것이 아니라, 생애가치(LTV) 관점으로 접근하는 것이 중요하다. 고객이 기업과 평생 동안 관계를 맺고 거래를 하면서, 얼마나 많은 가치를 기업에 줄 것인가를 분석해야 한다. 기업에 더 많은 이익, 즉 가치를 안겨다 주는 고객을 선별하여 관리하고, 그런 고객을 찾아내서 내 고객으로 만들어야 한다. 그런 것이 가능하도록 하는 것이 CRM의 주요한 기능이다.

이탈리아 경제학자인 파레토(Vilfredo Pareto)가 말한 "전체 결과의 80%는 전체원인 중 20%에서 비롯된다."는 법칙이 CRM에서도 적용된다. 기업 매출의 80%는 전체 고객 중 20%에서 달성될 수 있고, 따라서 20%의 고객을 선별해서 집중하는 것이 중요하다고 보는 것이다. 기업의 모든 고객에 가치를 매겨서 그에 맞게 고객대우를 하고 관계를 맺는 것이다.

CRM을 기업이 도입하여 구축하려면, 생각해야 할 3가지 요소가 있다. 기업의 목표, 전략, 시스템이다. 기업의 목표에 맞는 고객관계 전략을 먼저 세우고, 이를 달성하기 위한 프로세스를 시스템으로 구현하는 것이다. 좋은 고객전략과 시스템은 성공적인 CRM 구축의 필수 요소이다. 여기에 한 가지 더 추가하면, CRM은 기업의 조직 전체에서 활용되는 정보시스템이기 때문에, 조직의 구성원 전체가 고객에 대한 중요성과 가치를 분명히 인식하고, 고객 중심적으로 사고하는 경영마인드의 전환이 필요하다.

CRM의 등장배경

지금까지 늘어놓은 얘기만으로도 CRM이 왜 등장했는지 짐작했을 것이다. 하지만, 이해를 좀 더 돕기 위해서 등장요인 중 몇 가지 중요하다고 생각되는 것을 정리하였다.

첫째, 고객 중심 환경으로의 변화이다. 정보 접근성이 뛰어난 네트워크 시대에 고객들은 스스로가 정보화 되어 있다. 때로는 상품을 만들어 파는 기업보다, 상품에 대해 더 많은 정보로 무장을 한다. 그만큼 까다롭고, 다양한 니즈가 고객으로부터 발생하고 있다. 또한, 고객 개인마다 다른 가치와 욕구를 가지는, 다양성이 점점 더 커지고 있다. 기업이 어설프게 고객에게 접근했다가는 별 소득 없이 마케팅 비용만 낭비하기 십상이다. 당연히 기업은 각각 다른 고객 특성에 맞는 접근 전략을 가질 필요가 생겼다.

둘째, 고객 정보의 획득이 용이해졌다. 고객이 기업, 상품에 대한 정보를 쉽게 획득하는 것과 마찬가지로, 기업 역시 고객의 정보 확보가 용이해졌다. 바로 인터넷, 정보기술의 발달로 고객 정보 획득 원천이 풍부해졌고, 정보기술을 활용해 이런 풍부한 고객 정보를 쉽게 수집하고, 체계적으로 관리할 수 있게 되었다. 앞으로도 더욱 새로운 고객관리 기술이 등장할 것이다.

셋째, 마케팅 관점의 전환이 요구되었다. 경영환경이 상품에서 고객으로 중심 이동을 하였기 때문에, 당연히 마케팅 관점의 전환이 필요했다. 매스마케팅을 열심히 하고, 진열대에 상품을 전시하고, 구매를 기다리는 방식으로는 고객 중심환경에 대응하기에는 역부족이 되었다. 고객의 가치를 중시하고, 좀 더 고객에게 밀접하게 다가가는 마케팅을 위해, 새로운 관리 기법이 필요한 상황이 되었다.

넷째, 전사적인 고객 관리 체계가 요구되었다. 환경의 변화에 따라, 많은 정보들이 기업 안팎으로 넘쳐나고, 고객의 목소리가 다양해지는 상황에서, 마케팅 혹은 영업부서 등 일부 조직만으로 고객에 대한 모든 것을 담당하기에는 한계가 발생했다. 빠르게 변화하는 고객의 요구에 대응하기가 어려웠다. 마케팅, 영업은 물론이고 생산, 구매, 기획 등 조직 전체 기능에서 고객의 다양한 정보를 추출하는 것이 필요했다. 고객의 단순 인구통계학적 정보에서부터 구매, 불만, 취향, 소비 패턴 등의 다양한 정보를 추출하고, 이를 활용하는 전사적인 고객관리 체계, 전사적인 고객 중심 경영이 필요하게 되었다.

다섯째, 고객 데이터 관리 시스템의 한계가 드러났다. 여러 정보화시스템을 도입해 선진경영을 하던 기업에서 조차, 쏟아지는 고객의 정보를 체계적으로 관리하는데, 한계가 드러났다. 기업 내외에서 발생되는 다양한 고객 정보가 기업 내부의 시스템으로 제대로 유입되지 못했다. 당연히 고객의 정보를 분석해서, 경영활동에 활용하는 것을 기대하기 어려웠다. 따라서 고객의 정보를 효과적으로 취합하는 새로운 프로세스의 설계가 요구되었고, 새로운 고객 분석 모형을 통해, 분석된 고객정보를 전사적으로 활용할 수 있도록 지원하는 새로운 고객관리 시스템이 필요하게 되었다.

CRM? CEM(Customer Equity Management)!

마케팅과 영업은 고객을 상대하는 최접점의 기업 활동으로써 중요하기도 하고, 많은 예산을 차지하는 부분이다. 과거 기업은 고객 만족을 최우선하여, 모든 고객을 왕처럼 모시려고 하였다. 그러나 이제 모든 고객을 다 만족시키는 기업의 전략이 변화하고 있다. 고객이 원하는 제품을 어떻게 만들어내고, 어떻게 판매할 것인가는, 기업이 해야 할 당연한 고민이다. 여기에 더해 기업은 이익을 안겨다 주는 고객과 손실만 입히는 고객을 구별해서, 이익을 주는 가치 있는 고객을 어떻게 더 잘 대우할 것인가를 새롭게 고민하고 있다. 그러면서 등장한 것이 DB(Database) 마케팅이고, CRM이다.

과거에는 고객과 기업의 관계가 상품과 돈을 주고받는 거래의 순간에 잠깐 형성되었다가 끝났지만, 이제 고객은 단순히 상품을 구매하는 거래의 대상이 아닌, 평생 관계를 맺는 장기적인 대상으로 여겨지고 있다. 기업은 단기적인 이익을 위해 제품을 판매하고 끝나는 것이 아니라, 장기적인 관점에서 고객과 관계를 지속하는 것을 중시하게 되었다. 기업의 경쟁력이 상품이나, 마케팅 자체에서 뿐 아니라, 고객과의 관계와 경험에서도 비롯된다는 것을 알게 된 것이다.

신규고객을 확보하는 비용은 기존 고객을 유지하는 비용에 5배 이상이 더 든다. 하버드 비즈니스리뷰에서는 고객 유지율을 5% 향상시키면, 수익은 25%에서 최대 95%까지 증가한다는 사례 조사를 발표하였다. 기업이 경쟁사의 고객을 유인하는 것보다, 기존 고객을 평생고객으로 전환하는 것이 더 효율적이라는 얘기다. 기존의 고객을 기업의 가장 소중한 자산으로 생각하고, 관리를 해야 한다는 것이다.

기존 고객을 어떻게 효과적으로 관리할 것인가? 한마디로, 기업 이익에 더 많이 기여하는 고객에게, 더 좋은 대우를 하면 된다. 바로 CEM(Customer Equity Management), 즉 **고객공평관리 개념**을 적용하는 것이다. CEM은 로버트 블랫버그(Robert Blattberg)와 존 데이튼(John Deighton)이 하버드 비즈니스리뷰를 통해서 소개한 것으로, 모든 고객을 공평하게 대우하고, 관리하라고 충고한다. 여기서 공평의 의미는 고객이 기업에 이익을 주는 만큼 그에 상응하는 대우를 해야 한다는 것이다. 즉, 모든 고객에게 최고의 서비스를 제공하기보다는 고객의 가치를 기준으로 구별하고 차별화하는 것이 필요하다. 기업에 1억 원의 이익을 안겨준 고객과 1천만 원의 이익을 안겨준 고객을 똑같이 대우할 것인가? 그들에게 감사의 의미로 똑같이 10만 원짜리 상품권을 선물로 주는 것이 과연 합당한 것인가?

평소 친밀한 고객 관계를 유지하면서, 충성도 높은 고객을 지속적으로 창출하고, 궁극적으로 생애가치를 높이는 방식으로 고객 관리가 되어야 한다.

이미 여러 기업에서는 모든 고객을 만족시키기보다 기업 이익에 공헌도가 높은 핵심 고객을 선별 대우하여 효과를 보고 있다. 은행과 거래하는 고객들은 언제부터인가 등급분류에 따라 다른 대우를 받고 있다. 은행은 고객을 VIP에서 일반에 이르는 다양한 등급으로 분류하고, 수수료 면제, 대출 및 환률 우대 등으로 차별화된 대우를 하고 있다. 한 은행의 조사에 따르면 전체 고객의 5%가 은행 예대마진의 65%, 은행수익의 49%를 차지한다고 한다. 모든 고객을 동일하게 대우하지 않고, 은행에 더 많은 이익을 주는 고객에게 선별 대우를 하는 것이 당연하지 않겠는가?

기업은 고객 만족을 중시하고, 다양한 마케팅 기법을 활용하고 있으나, 고객에 대한 가치 측정에는 무관심하였다. 그러나 고객의 가치측정은 고객 관계를 효과적으로 유지하기 위한 핵심이다. 현재의 고객이 미래에 가져다 줄 이익을 계산하는 것은 경영전략의 방향을 제시하고, 기존 고객과 잠재고객에 대한 투자의 지침이 된다. 이를 통해 효율적인 마케팅을 수행할 수 있다. 이제 마케팅의 중요한 과제 중 하나는 고객 가치를 향상시키는 것이다. 마케팅성과 측정의 기준이 고객의 유지, 확보, 이탈, 고객 가치 상승 등이 되어야 한다.

단순히 '고객 중심 경영'이라는 구호만으로 기업을 영속시키기는 어렵다. 고객의 가치를 평가하고, 이를 지원하는 CRM과 같은 시스템을 도입해야 한다. 장기적 관점에서 기업의 성장이 고부가가치 고객을 얼마나 확보하느냐에 달려있다는 것을 명심하고, CEM 개념을 CRM에 접목해야 한다.

기능적 측면에서의 CRM 분류

CRM은 기능적 측에서 몇 가지로 분류된다. 그러나 CRM의 분류를 어떻게 하느냐는 중요하지 않다. 강조한 바와 같이, IT경영 솔루션(기업정보화 시스템)에 있어서, 기능적이고, 시스템적인 측면보다는, 경영적 관점과 변화 관점의 지원이 더 핵심이기 때문이다. 그래서 CRM을 기능적, 시스템적으로 접근하여 분류하는 것이 그다지 중요하지 않다는 것이다.

다만, CRM을 좀 더 쉽게 이해하기 위해서는 뭔가 특징적인 설명이 필요하기 때문에, 기능적 특징에 따라 분류한 CRM을 살펴보고자 한다. 고객 분석 기능에 초점을 두고 있느냐, 운영 지원 기능에 초점을 두고 있느냐에 따라 3가지로 분류된다.

분석에 초점을 둔 CRM(분석 CRM, Analytical CRM)

전사적으로 통합된 고객 데이터를 집중, 관리하여 고객을 분석하는데 중점을 둔다. 고객이 도대체 누구이고, 고객은 기업에서 어떤 거래행위를 하고 있는지 알기위해, 기업의 여러 부서와 다양한 채널을 통해서 수집된 고객데이터를 모으고 분석한다. 고객의 데이터원천(Resources)에 대한 관리와 분석을 통해 의사결정을 지원하는 것에 중점을 둔다. 고객의 데이터를 분석하기 위해, 데이터마이닝(Data Mining), OLAP(On-line Analytical Process) 등의 툴을 이용한다. 데이터마이닝은 고객의 행동을 분석, 예측, 점수화 및 그룹화 하는 것이다. 구축된 고객통합 데이터베이스를 대상으로 마이닝(mining) 작업을 통해 고객의 특성을 분석하여, 의사결정에 이용하는 과정을 지원한다. 즉, 데이터에 숨겨진 패턴과 관계를 찾아내어, 광맥을 찾아내듯 정보를 발견해 내는 것이다. 예를 들어, 백화점 판매데이터를 분석하여, 금요일 오전에는 어떤 상품들이 잘 팔리는지, 팔리는 상품들 간에는 어떤 상관관계가 있는지 등을 분석해서 마케팅과 영업에 반영한다. 별도로 자세히 언급하겠다. OLAP는 사용자가 데이터에 직접 접근하여, 대화식으로 정보를 분석 하는 도구이다. 과거의 역사적 자료를 활용하고, 제품, 영업, 유통 등 다양한 경영활동 차원에서 동향과 비교분석 등 복잡한 분석을 수행한다. 다차원 분석이라고도 한다. 예를 들어, 당월 매출액이 전월에 비교해 얼마나 상승했는지, 지난 해 같은 달과 비교했을 땐 어떠한지 등에 대한 분석 데이터를 얻을 수 있다.

이런 분석 툴을 활용하여, 고객의 생애가치(LTV)를 산출하고, 고객 세분화, 고객의 구매행태 파악, 팔리는 상품간의 연관성, 추천 상품 선정 모형 등을 얻을 수 있다.

운영에 초점을 둔 CRM(운영 CRM, Operational CRM)

고객을 대상으로 어떤 마케팅이나, 영업활동을 지원하는데 중점을 둔다. 인터넷, 다양한 IT 기술을 활용하여 기존에 해오던 마케팅 활동을 효과적으로 지원하고, 그 과정에서 나오는 고객정보를 수집하여 통합관리 한다. 사실 많은 기업들이 고객데이터의 분석에만 초점을 맞추고 있는데, 분석된 데이터를 활용해 시스템적으로 경영활동을 지원하게 하는 운영 CRM도 중요하다. 분석 중심이냐 운영 중심이냐를 놓고 따질 것이 아니라, 고객을 분석하고, 이를 실제 경영활동 지원까지 연계하는 종합적 관점의 CRM이 돼야 한다.

어쨌든, 운영 CRM은 주로 고객접점에서 마케팅, 영업, 고객대응 등의 서비스 업무를 지원하고, 그 과정에서 발생되는 고객과 접촉기록이나, 거래기록, 고객

프로필, 기타 자료 등을 수집하고 관리하는데 중점을 둔다. 마케팅자동화, 캠페인관리, 영업자동화, 서비스자동화 등의 시스템을 지원한다.

협업에 초점을 둔 CRM(협업 CRM, Collaborative CRM)

분석(Analytical)과 운영(Operational) CRM이 통합된 개념이다. CRM이 지향해야 할 모습니다. 인터넷이 급성장하면서, 하나의 대고객 마케팅 채널로 자리 잡게 되었다. 고객의 데이터가 인터넷을 통해 자연스럽게 기업에 흘러들어오고 있다. 기업은 이 데이터를 분석하여, 인터넷을 통한 고객 대응까지 연결하면서, 분석과 운영을 하나의 업무흐름에서 수행할 수 있게 된 것이다. 주로 인터넷 기반에서 고객의 정보를 습득하고 분석하여, 마케팅 활동까지 지원하기 때문에 e-CRM이라고도 한다.

협업 CRM은 기업이 고객과의 모든 접촉을 통해서 발생되는 데이터를 저장하고, 분석해서, 고객 전략 수립, 마케팅, 판촉, 영업활동 등을 할 수 있도록 지원한다.

CRM은 분석 지원에 비해, 운영 지원이 아직 미흡한 편이다. 앞으로 운영 지원을 어떻게 강화하느냐에 따라 CRM의 가치가 더욱 커질 것이다. 그리고 고객분석과 다양한 운영 지원이 하나의 프로세스에서 원활히 이루어지도록 하는 것이 기술적인 과제가 될 것이다.

서두에서 언급했지만, CRM을 기능적 측면으로 분류하는 것은 크게 의미가 없다. CRM은 통합의 관점에서 고객정보를 분석하고, 그것을 여러 경영활동에서 활용할 수 있도록 시스템적으로 지원해야 한다. 그래야 CRM이 진정한 기업의 정보화, IT경영을 실천하는 길을 제공할 수 있다. CRM의 경쟁력도 바로 그곳에 있다고 할 수 있다.

전략수립 시 참고할 CRM의 효과

CRM 시스템을 구축하려면, 반드시 기업의 전략수립이 우선돼야 한다. 기업마다 특성이 다르고, 고객과 관계를 맺는 방법은 틀릴 수밖에 없다. 고객을 보는 눈이 다르고, 고객을 대하는 방법도 제각각 다르다. 따라서 먼저 고객과 어떤 관계를 맺을 것인지, 기업에 맞는 최적의 전략을 결정하고, 그에 따라 시스템적으로 구축해야 한다.

CRM에 기대하는 효과에 따라, 다양한 고객관계전략을 수립할 수 있다. 다음 예시된 CRM의 효과를 살펴보고, 어떤 효과에 중점을 둔 전략을 수립할 것인지 참고하기 바란다.

첫째, 충성도 높은 고객확보

CRM 시스템을 통해 고객 요구에 부합하는 제품과 서비스를 제공하고, 고객의 소리를 신속하게 파악 대응하여, 만족도를 향상시킬 수 있다. 고객만족도 향상을 통해 결국 충성스러운 고객을 확보할 수 있다. 신규고객 보다는 주로 기존고객을 대상으로 충성도를 높이는 전략을 수립할 수 있다.

둘째, 평생고객가치(LTV)의 측정과 향상

평생가치 개념을 적용하여, 고객이 기업에 주는 생애가치(LTV)를 평가하여, 향상시키고, 기업은 고객에게 평생만족을 줄 수 있다. 기업의 제품군이 다양하고 가격의 편차가 있다면, 생애가치 향상에 중점을 둔 전략을 수립해서, 고객의 가치를 평가하고, 고객마다 선별적인 대우를 통해 고객의 가치를 향상시킬 수 있다. 신규고객을 생애가치 관점으로 평가하여, 선별하여 접근하는 전략을 수립할 수 있다.

셋째, 고객 유지비용 감소 효과

정보기술, 인터넷을 적극 활용하여, 고객정보 취득, 분석이 용이하고, 비용을 절감할 수 있다. 또한, 기업에 이익을 주거나, 이익을 줄 가능성이 큰 고객을 집중적 관리하여, 이익이 안 돼는 고객에게 소요되는 비용을 절감할 수 있다. 품질이 평준화되어 있고, 고객의 이동이 많지 않을 경우, 고객 유지비용 절감 전략을 수립할 수 있다.

넷째, 가능성 높은 잠재고객을 신규고객으로 확보

기업의 고객을 분석하여 특성을 찾아내고, 이를 활용하여 신규고객이 될 가능성이 큰 소비자를 대상으로 집중적인 마케팅활동을 할 수 있다. 시장점유율이 작고, 잠재고객이 풍부할 때 신규고객 확보 전략을 쓸 수 있다.

다섯째, 신규사업, 제품에 대한 기회발견과 성공가능성 증진

CRM을 통해 고객과의 정보교류를 추진하여, 다양한 사업, 상품 아이디어를 발굴하고, 신규 상품의 가능성을 타진할 수 있다. 신규 상품에 대한 고객의 의견을 적극 반영하여, 시장에서 성공가능성을 높일 수 있다. 신규사업이나 제품 아이디어 발굴 전략을 수립할 수 있다.

기업은 다양한 효과를 기대하며 CRM 전략을 수립한다. 어느 한가지의 효과에 집중을 하는 전략이나, 복합적인 효과를 기대하는 전략을 수립할 수 있다.

여기서 중요한 것은 어떤 효과를 기대하든지, 기업이 처한 상황에서 가장 필요로 하는 효과이어야 하고, 그것이 반드시 전략수립시 반영이 되어야 한다는 것이다.

데이터마이닝(Data mining)이란 바로 이런 것

CRM에 대해서 이런 저런 얘기를 했는데, 수많은 고객의 데이터에서 어떻게 유의한 정보를 뽑아내느냐가 중요하다. '구슬이 서 말이라도 꿰어야 보배'라는 옛말이 있듯이 널려있는 고객의 정보를 잘 엮어서, 경영활동에 쓸 수 있는 정보를 찾아내야 한다. 바로 그런 것을 도와주는 것이 데이터마이닝 툴이다. 고객을 분석하는데 있어 핵심적인 역할을 한다.

고객의 니즈(Needs)는 다양하고, 잘 보이지도 않고, 변화가 심하기 때문에, 제대로 밝혀내기란 쉽지 않다. 따라서 기업의 입장에서 고객의 니즈를 보다 쉽게 밝혀내는 방법이 늘 필요하기 마련인데, 데이터마이닝이 그 역할을 해줄 수 있다.

데이터마이닝은 데이터(Data)와 마이닝(Mining, 채굴)의 합성어로써 광부가 흙과 바위투성이인 광산에서 귀한 광물이나 보석을 캐듯이, 여러 채널을 통해서 축적된 고객 데이터들 속에서 유용한 정보를 캐내는 작업을 말한다. 고객과 관련된 많은 데이터들 속에서 데이터간의 패턴, 관계, 규칙 등을 찾아내고, 모형화하여 유용한 정보로 변환시키는 일련의 과정을 데이터마이닝이라고 한다. 지식과 정보의 중요성이 부각되면서, 기업들이 많은 정보를 수집하고 있지만, 막상 무엇이 가치 있는 정보인지 분간하는 데는 상당히 애를 먹고 있다. 특히, 고객정보에 있어서는 더더욱 그러하다. 이런 기업의 어려움을 해결할 수 있는 것이 데이터마이닝이다.

IT경영의 성공사례로 월마트를 소개할 때, CRM 도입에 관하여 잠깐 언급한 바와 같이, 월마트의 경우 데이터마이닝 기법을 잘 활용하여, 경영활동에 접목하여 큰 성공을 거두고 있다. 세계 최대의 유통회사답게 수많은 매장에서 발생되는 엄청난 양의 데이터를 데이터의 저장창고라는 데이터웨어하우스(Data Warehouse)에 축적하고, 아무 상관이 없을 것 같은 데이터들 속에서 숨겨져 있는 관계와 유익한 분석정보를 밝혀내어, 마케팅과 영업활동에 적극적으로 활용하고 있다. 예를 들어, 비오는 날에는 자주 빛 립스틱이 잘 팔린다는 관계를 찾아내어 비오는 날에 매장 디스플레이에 반영한다던지, 옷을 새로 구입할 경우 립스틱도 덩달아 구매한다는 상관관계를 밝혀내고, 의류 근처에 립스틱을 진열한다든지 하는 것이다. 이렇게 데이터마이닝을 통해서 알아낸 유익한 정보를 기업경영에 반영할 경우, 매출이 증가하는 것은 두말할 필요도 없다.

데이터마이닝은 기업이 어떤 경영활동을 할 때, 예측하고 계획하는데 도움이 되는 정보를 제공하기도 한다. 소비자들의 구매정보를 축적하고 분석하여, 구매와 상관관계가 있는 정보를 도출하고, 이를 통해서 구매시점을 예측해서 수요와 재고관리를 하는데 활용할 수 있다. 새로운 영업기회를 발굴해내는데도 활용한다. 이런 일련의 기업 활동이 고객을 만족시키고, 고객의 충성도를 높이게 된다.

데이터마이닝을 도입할 때, 컨설턴트도 중요하고, 소프트웨어 자체도 중요하지만, 데이터에 대한 기업의 전반적인 태도가 무엇보다 중요하다. 무슨 말이냐면 기업전체의 참여와 협조가 요구된다는 것이다. 고객의 데이터를 수집하는 부서, 활용하는 부서할 거 없이 전사적인 시각에서 긴밀한 협조체계, 유기적인 관계를 구축하는 것이 필요하다.

고객은 항상 변화하고 있다. 한번 수집된 고객의 데이터는, 이를 반영하여 항상 최신 업데이트될 수 있도록 해야 한다. 그리고 수집되는 고객의 데이터 항목이 환경변화에 맞추어 추가되거나 변경될 수 있도록 유념해야 한다. 데이터마이닝의 원천인 데이터의 질이 나쁘면, 아무리 좋은 분석을 하더라도 좋은 결과를 얻을 수 없음을 명심해야 한다.

CRM의 구현 스텝(Step)

다른 정보시스템과는 조금 다른 Step을 가지고 있는 CRM의 구현 단계에 대해서 살펴보겠다. 주로 분석에 초점을 둔 CRM 관점에서 살펴보겠다. CRM 업체의 선정 등과 같은 준비단계의 절차는 ERP의 구현 Step에서 자세히 다루었으니 여기서는 생략하고, 주로 실질적인에 구축 과정에 초점을 맞추어 개략적으로 살펴보겠다.

Step1. 조직차원의 준비

모든 IT경영 솔루션을 구현하려 할 때, 반드시 필요한 과정이다. CRM도 예외는 아니다. CRM이 고객과 관련된 정보시스템이라고, 관련 부서만이 참여하면 안 된다. 고객이 기업의 모든 경영활동에 영향을 주고, 기업의 전략을 수립하는데 결정적인 기준이 되기 때문이다. CRM이 왜 조직에 필요한지를 명확히 하고, 기업전반에 동기를 부여하여 준비할 수 있도록 해야 한다. ERP만큼 전사적인 프로젝트라고 생각해야 한다.

Step2. CRM 전략 수립

CRM 시스템을 구축하기 전에, CRM의 나아갈 방향을 정립하는 과정이다. CRM의 어떤 부분에 상대적으로 중점을 둘 것인가를 전략적으로 결정하는 단계이다. 전략을 수립하기 위해 기업의 현재상황(As-IS)과 미래의 모습(To-Be)을 그려보고, 고객의 현재의 모습과 미래의 모습을 그려본다. 기업의 경영환경, 경제 환경, 조직 문화적 환경 등 내외부환경을 정의하고, 경쟁 환경, 경쟁사를 분석하고, 기술적인 환경과 한계를 분석한다. 이를 토대로 효과적인 고객관계관리를 위한 전략, 목표 등을 수립한다. 기업이 CRM을 통해서 가장 원하는 것이 무엇인가를 고민하고 고객의 가치를 극대화할 수 있는 전략을 수립한다. 몇 가지 CRM전략의 중심키워드를 예시하자면, 기존 고객과의 관계강화, 고객의 생애가치(LTV) 극대화, 신규고객 유치, 비활성화 고객 관계 강화 등이다.

Step3. 데이터모형과 프로세스 모형 정립

데이터의 수집과 분석, 활용 등의 모든 프로세스를 설계하는 과정이다. 영업, 마케팅, 고객센터 등 직접적인 고객 접점 업무에서, 기획, 개발, 구매, 생산 등 간접적인 고객 접점 업무에 이르기까지 고객관련 자료를 수집하고, 고객 정보를 업무에 반영하는 프로세스를 설계한다. 시스템으로 구축해야 할 CRM 모형을 총체적으로 설계하는 것이다.

데이터 모형 정립은 필요한 고객의 정보 항목과 이들 간의 관계를 정의하고, 경영활동에 활용할 수 있는 최적의 데이터 모형을 설계하는 것이다. 고객의 어떤 정보를 수집하고, 경영활동에 사용될 수 있도록 정보를 어떻게 분석할 것인지 정립한다.

프로세스 모형 정립은 데이터가 수집되는 경로를 설계하고, 어떻게 활용할 것인가를 결정하는 과정이다. 고객접점 부서를 포함한 모든 부서와 구성원의 고객관계 관리에 필요한 활동을 최적의 상태로 만들기 위한 프로세스를 정립한다. 그런 프로세스를 담은 시스템을 구축하고, 구성원 각자 시스템을 활용할 수 있도록 한다.

Step4. 시스템 구축

데이터 모형과 프로세스 모형을 통해 정립된 프로세스를 시스템으로 구축하는 단계이다. 다른 기간 시스템과 통합성을 유지하면서 구축해야 한다. 총 3가지 주요한 과정으로 이루어진다.

첫째, 고객 데이터베이스 통합 구축 과정이다.

기업이 보유하고 있는 고객과의 거래자료, 고객서비스, 웹사이트, 콜센터, 캠페인반응 등을 통해 생성된 고객반응정보, 인구통계학적 자료를 데이터웨어하우스 관점에 기초하여 통합하는 것이다.

둘째, 고객 특성 분석 도구를 실행하는 과정이다.

데이터마이닝(Data Mining), OLAP 등의 툴을 실행하고, 고객의 특성을 다차원적으로 분석할 수 있도록 한다.

셋째, 활용 프로그램 개발 과정이다.

고객데이터를 수집하고, 관리 대상 고객에 대한 정보를 조회하고, 실제업무에 반영할 수 있도록 도와주는 응용프로그램을 개발하는 것이다. 모니터에서 프로그램을 실행하여, 쉽게 CRM 시스템에 접속하고, 업무에 활용할 수 있도록 하는 소프트웨어이다.

시스템 구축이 완료되면, 시스템 오픈 전에 철저한 테스트를 통해, 오류를 수정하는 과정을 반복하도록 한다. 테스트할 때는, 고객데이터의 수집에서 분석 실행, 업무에 활용되는 전 과정을 시나리오로 작성하고, 그대로 테스트하여, 정보의 흐름과 활용이 원활히 진행되는지 잘 점검해야 한다.

Step5. 운영과 유지보수

다른 IT경영 솔루션과 마찬가지로 교육과 보상, 평가 등을 실시하여, CRM에 대한 적극적 활용이 이루어지도록 해야 한다.

고객과 기업의 환경은 항상 변화하기 때문에, 프로세스의 변화 등을 시스템에 반영할 수 있도록 유지보수하고, 시스템이 정상적으로 가동될 수 있도록 모니터하고, 문제발생시의 처리 방안을 준비토록 한다.

고객데이터의 통합관리에 초점을 둔 삼양사의 CRM

삼양사는 의약, 바이오, 화학, 식품, 환경 등의 분야에서 식품, 의약품, 배합사료, 화학제품 등의 기초소재 및 서비스를 주로 제공하는 복합기업이다. 총 8개의 사업 분야에서 7,500억 원(2000년대 중반 기준)의 연간 매출을 기록하였고, 국내의 17개 사무소에서 약 1,200여명의 직원이 상주하여 근무하고 있으며, 도쿄, 뉴욕, 상하이 에 위치한 해외지점, 사무소를 통해 글로벌 경영을 하고 있다.

삼양사에서 왜 CRM을 도입하려 했는가?

삼양사는 안정적인 수익기반이지만, 큰 성장을 기대하기 힘든 식품기초소재 분야에서 벗어나, 사업 다각화와 새로운 시장 개척에 중점을 둔 경영전략을 수립하게 된다. 이러한 전략을 달성하기 위해서는 고객관리와 영업의 경쟁력을 확보하는 것이 무엇보다 중요하다고 판단하게 된다.

그런데 현황을 점검해본 결과, 영업프로세스는 표준화되어 있지 않았고, 고객의 정보는 영업사원의 재량에 의해 각자 다른 형태로 저장, 관리되고 있었다. 필요한 정보에 접근하기 위해서는 몇 개의 데이터베이스를 거쳐야 하는 비효율적 업무가 반복되고 있었다. 삼양사는 이것을 해결하기 위해 두 가지의 목표를 수립한다. 첫째는 영업프로세스 혁신을 통한 고객 정보의 표준화와 통합화이고, 둘째는 빠르게 변화하는 고객의 니즈(Needs)에 즉각적으로 대응할 수 있는 능력 확보이다.

삼양사는 두 가지의 목표를 효과적으로 달성하기 위해 CRM 도입을 결정하게 된다.

CRM 추진 경과

삼양사는 각 사업단위 특성과 수준을 고려하여, 단계별 목표를 설정하고, 고객관리 및 영업프로세스 표준화와 선진화를 추구하였다. 추진경과는 다음과 같다.

첫째, 총괄 마스터플랜(Master plan)을 수립하였다. 2002년 상반기, 약 3개월간에 걸쳐 전문 컨설팅사로부터 컨설팅을 진행하여, CRM 과제를 도출하였다. 이를 토대로 프로세스를 개선하고 시스템을 구축하는 마스터플랜을 수립하였다.

도출된 과제를 요약하면 다음과 같다.

- 고객데이터베이스 통합 및 모바일 영업환경 제공
- 인터넷을 통한 직접적인 고객과의 커뮤니케이션 및 신속한 문제 해결
- 영업사원의 역할 모델 재정립(단순 판매사원이 아닌 자산운용자, 지식유통자, 시간 관리자로서의 능력을 갖춘 영업사원으로의 역할 변화 추구)
- 고객세분화 및 가치 분석
- 효과적으로 비즈니스 가치를 창출할 수 있는 시스템 개발 및 구축

이런 과제를 중심으로, CRM 관점에서 고객 중심적 서비스 프로세스 개선과 영업 프로세스 개선을 수행하였다.

둘째, 관리자의 편의가 최대한 반영된, 최적화 CRM 솔루션을 도입하였다. 2002년 9월~2003년 5월까지 약 9개월간 구축을 진행하여, 인터넷 기반의 자동화된 고객 관리 시스템, 영업업무자동화(SFA, Sales Force Automation) 시스템을 도입하였다. 사내 직원 대상 테스트 등을 거치고 2003년 7월 1일 CRM 시스템을 오픈하였다.

CRM 도입에 따른 성과는 무엇인가?

여러 가지 효과가 있는 것으로 평가하고 있는데, 그 중 몇 가지를 요약하면 다음과 같다.

첫째, 방대한 양의 고객사 및 거래담당자의 정보, 고객사의 서비스 요청이 통합 관리되어 데이터 접근 및 업무처리의 효율성이 25% 이상 증가하였다.

둘째, 단순고객정보 관리뿐 아니라, 수치화된 고객판매기회 도출을 통해, 비즈니스 가치를 창출하게 되었다. 고객의 가치를 분석하고, 세분화하여 경영자원을 효율적으로 배분할 수 있게 되었다.

셋째, 효율적 데이터 접근을 통해 전략적 의사결정을 지원하였다. 응용프로그램을 이용해 손쉽게 CRM 시스템에 접속하여, 필요한 고객 분석 정보를 획득할 수 있게 되었다.

넷째, 노트북을 통한 무선인터넷으로 CRM시스템에 접속하여, 원격업무처리를 지원하였다. 모바일 오피스 구현을 통한 업무효율화로 현장 영업력을 20% 이상 증대시켰다. 도입 초기에는 전통적인 영업방식에 익숙한 영업사원들에게 낯설 것을 우려하였으나 잘 정착되어 노트북을 활용한 영업회의가 진행되고 있다.

다섯째, 영업 프로세스가 표준화되었다. 표준화된 프로세스를 따르다보니 혼란이 줄고, 통합이 유연해 졌다.

여섯째, 영업시스템을 통해 객관적이며, 공정하게 영업부문 평가를 할 수 있게 되었다. 영업사원들의 모든 활동과 이에 대한 팀리더의 피드백이 영업업무자동화 시스템을 통해 이루어져 공정하고, 효율적인 성과관리가 되었다.

일곱째, 인터넷 웹사이트를 통한 고객과의 커뮤니케이션으로, 신속한 고객 대응이 가능하게 되었다.

삼양사는 CRM 구축을 완료한 후, 시스템 활용, 정보 축적, 고객만족, 기업성과, 직원만족 등 다양한 측면의 성과를 측정하였고, 그 결과를 기업 혁신의 방향을 설정하는데, 지속적으로 반영하였다. CRM을 통해 기업을 혁신하고, 미래를 설계하는 진정한 CRM 경영을 실천하고 있는 것이다.

비즈니스 측면을 강조한 현대백화점의 CRM

현대백화점의 CRM 사례를 하나 더 소개하려고 한다. 국내의 대표 백화점으로서 현대백화점은 업계의 치열한 경쟁에서 우위를 점하기 위해, CRM을 도입하여 성공한 사례로 꼽힌다.

현대백화점은 왜 CRM을 도입했는가?

1990년대 중반까지 백화점 마케팅은 일반 대중을 상대로 한 전통적 매스마케팅이 중심이었다. 그러나 IMF 터지고 외국 대형 유통할인점이 국내 유입되고, 백화점간 경쟁이 치열해 지면서, 불특정 다수의 고객이나 유동고객에게 의존하는 마케팅전략에 한계가 있음을 깨닫게 되었다. 대중매체 광고, 전단지 광고만으로는 고객의 지갑을 열수 없다는 것을 알게 된 것이다. 그러면서 과학적이고 체계적인 고객 관리를 해야 한다는 필요성이 대두되었다. 결국, 현대백화점은 기업내부와 고객 모두에게 CRM이라는 개념이 익숙하지 않았던, 1990년대 말경, 향후 디지털 환경으로의 변화를 예측하고, 과감한 예산투자를 통해 선진정보기술인 CRM을 도입하기로 결정하게 된다.

현대백화점이 도입한 CRM

현대백화점은 다른 경쟁 백화점들이 검증된 패키지를 바탕으로 CRM을 본격적으로 구현 시킬 때, 자사에 맞는 CRM에 관해 오랜 시간을 고민하였다. 편의점 업체인 세븐일레븐의 장바구니 분석이라는 데이터마이닝 기법과 미국 백화점 체인인 Nordstorm의 CRM 구축을 대상으로 벤치마킹 등을 실시하였다. 그런 과정을 통해 현대백화점 CRM TFT는 2가지 종류의 고객이 있다는 것을 발견하게 된다.

첫째는 가격에 민감한 고객이다. 이들은 가격을 기준으로 물건을 구매하는 고객으로서 백화점 보다는 할인점에 적합한 고객이다.

둘째는 관계에 기반 하는 고객이다. 가격보다는 나와 연관이 있거나 특별한 의미를 부여해 주는 곳에서 구매를 원하는 고객이다.

이전에는 고객을 백화점 이용고객과 비고객으로 분류하고, 고객은 다 비슷하다고 생각했지만 사실 고객은 저마다 다르다는 것을 인식하기 시작한 것이다.

결국, 현대백화점은 관계를 중시하는 충성도 높은 고객, 매출에 기여도가 높은 고객 중심으로 관리하는 전략을 수립한다. 즉, 백화점에 많은 가치를 주면서, 수준 높은 서비스를 기대하는 고객을 유치하고, 그들과 지속적으로 거래를 유지하기 위한 고객관리에 집중하기로 결정한다. 1회성 고객을 냉정하게 구분해 내기로 한 것이다.

이러한 전략을 중심으로, CRM 기획단계를 통해 16가지의 마케팅 방안을 세우고, 프로세스를 정립한 후, 1999년 9월에서 2000년 2월까지 약 7개월에 걸쳐 경인지역 5개 백화점을 대상으로 CRM 1단계 구축 프로젝트를 완료하게 된다.

현대백화점의 CRM 도입성과

첫째, 고정고객 확대라는 목표로 CRM을 활용한 타겟(Target) 캠페인을 통해, 대상 고객 중 45.7%의 내점율을 기록하는 성과를 거두었다.

둘째, 천호점의 경우 시스템 구축전과 비교했을 때, 18%의 매출이 성장한 것으로 나타났다.

셋째, 백화점 카드를 보유한 고객을 대상으로 한 프로모션을 진행하여, 카드 사용률이 14% 증가하는 성과를 거두었다.

넷째, 다양한 형태의 고객 관련 보고서를 즉각적으로 출력해 볼 수 있게 되었다.

다섯째, 현업에서는 CRM으로 인한 매출 신장율이 7.3% 증가한 것으로 평가하였다. 수조원에 이르는 백화점 매출에서 7.3%는 상당한 매출의 신장이다.

현대백화점 CRM 도입의 시사점

현대백화점이 CRM을 도입했을 때, 가장 어려웠던 점은 직원의 CRM 마인드가 부족했다는 것이다. 당시에 고객과 직원 모두에게 CRM은 생소한 개념이었고, 고객을 위한 최고의 배려는 가격세일과 판촉으로 생각하던 시기였다. 별안간 CRM 마인드로 변해가는 것이 어려운 것은 당연한 일이었다. 그러나, 조직원 전체의 CRM에 대한 이해와 마인드 확보는 상당히 중요하다. CRM을 도입할 때 반드시 명심해야 할 사항이다.

성공적으로 CRM을 도입한 것으로 평가받는 현대백화점은 두 가지를 중요하게 생각했고, 그것이 성공 요인이었다.

첫째는 '비즈니스가 먼저고, 기술을 두 번째(Business First, Technology Second)'라고 생각한 것이다. 기술적 측면 보다는 비즈니스적인 측면을 중시하였다. 시스템 구축은 누구나 가능하지만, 분석된 데이터를 어떻게 해석하고 활용할 것인가 하는 비즈니스적 실행관점을 중요하게 생각하고 실천한 것이다.

둘째, 장기적인 안목을 가지고 단계적으로 시행하는 것이 중요하다고 생각한 것이다. 어떤 상황에 대해 분석 결과를 추출해, 고객 캠페인에 반영한 후, 만약 이것이 성공하지 않는다면, 다른 방법을 찾는 등의 피드백 과정을 거쳐, 단계별로 CRM의 완성도를 높여 나간 것이다.

현대백화점의 CRM 도입사례는 정보시스템을 도입하는 기업의 정보화마인드가 얼마나 중요한지를 잘 방증하는 것이다. 정보화에 대한 의지, 시스템의 활용도를 극대화하려는 생각, 비즈니스적 시각, 장기적인 안목 등의 정보화마인드가 기업의 IT경영에 있어 중요한 성공 열쇠이다.

5 IT경영의 기본솔루션 III, SCM편

IT경영의 원리를 이해하기 위한 기본솔루션 마지막 편인 SCM(Supply Chain Management)이다. 기업 내부 각 부서의 전사적 활동을 지원하는 ERP를 얘기하였고, 기업 외부의 고객과 관계 활동을 지원하는 CRM에 대해서 얘기하였다. 그리고 지금부터 얘기할 SCM은 기업이 자주 거래를 해야 하는 외부의 협력업체, 거래업체 등과의 관련 활동을 지원한다.
SCM을 마지막으로 살펴보고 나면, 기업의 모든 활동을 지원하는 정보시스템을 하나씩 다 짚어본 것이다. 기업의 모든 활동은 ERP, CRM, SCM 이 3가지 정보시스템의 활용을 통해 효율화가 가능하다. 따라서 이 3가지 IT경영 솔루션에 대한 이해를 바탕으로, 기업의 활동을 지원하는 어떠한 새로운 정보시스템이 출현하더라도, 유연하게 적용할 수 있을 것이다. 또한, 기업 스스로가 새롭고 창의적인 IT경영을 실현할 수도 있을 것이다. IT경영을 하기위해 가장 기본이 되는 이 3가지 솔루션을 잘 이해해 두기 바란다.

SCM의 쉬운 이해

SCM(Supply Chain Management)은 공급망관리 시스템이다. 협업시스템이라고도 한다. 기업이 외부의 다른 업체들과 갖는 다양한 거래활동을 시스템으로 지원한다. 기업 외부의 협력업체 등과 협업체계를 구축하고, 모든 거래활동을 시스템화하여 가치를 증대시키는 정보시스템이다. 이것을 이해하려면, 먼저 공급망(Supply Chain) 개념을 알아야 한다.

공급망(Supply Chain)이란?

공급망이란 한마디로 특정제품이 생산되고, 고객에게 판매되기까지 거치는 모든 프로세스를 말한다. 부품(원자재) 공급업체, 제조(조립)업체, 유통 및 판매업체, 최종소비자 간의 사물, 정보, 자금의 흐름과, 상호작용이 이루어지는 전 프로세스를 말한다.

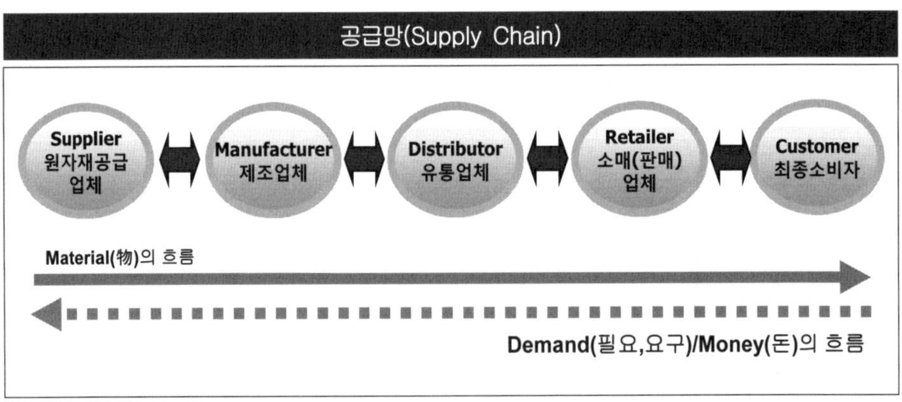

이러한 공급사슬(혹은, 공급망)상의 각 프로세스에서 거래가 이루어질 때마다 가치가 발생된다. 즉, 원자재공급업체와 제조업체가 거래할 때, 제조업체가 유통업체와 거래를 할 때 등의 모든 거래 프로세스에서 가치가 발생된다. 가치의 의미가 포괄적이라 쉽게 와 닿지 않는다면, 어떤 이익 혹은 수익 정도로 이해하기 바란다. 공급사슬을 구성하는 각 단계의 거래 프로세스에서 가치가 발생하기 때문에, 프로세스를 시스템으로 지원하여 가치를 극대화하고자 하는 것이 SCM(공급망관리)인 것이다.

제조업체가 중심이 되어 공급사슬을 시스템화하여 구축한다면, 제조업체는 원자재공급 업체와 유통업체와의 거래관계에서 발생될 수 있는 가치를 극대화할 수 있고, 직접적으로 거래하지 않는 소매업체와 최종소비자간 발생되는 가치까지도 흡수할 수 있다. 이와 같은 맥락에서 유통업체가 중심이 되어 공급망관리 시스템을 구축한다면, 유통업체의 가치가 더 극대화될 수 있다. 공급사슬의 성격과 공급망관리 시스템 누가 구축했느냐에 따라 구매중심의 공급사슬, 제조중심의 공급사슬, 유통 중심의 공급사슬로 구분하기도 한다.

공급사슬의 가치 공헌도

구 분	구매	제조	유통
소비재산업 (비누, 샴푸)	30~50%	5~10%	30~50% 이상
중공업산업 (산업기기, 항공, 방위산업)	50~60% 이상	10~15%	5~10%
내구소비재산업 (자동차, 세탁기)	30~50%	30~50% 이상	20~30%

〈출처 : 최낙훈, 우정사업의 SCM발전 과정, KISDI 2002〉

생필품 중심의 일반 소비재 산업은 주로 유통 중심의 공급사슬이 구성된다. 항공, 산업기기 등 중공업은 부품의 구매가 중요하기 때문에 주로 구매(조달) 중심의 공급사슬이 구성된다. 자동차, 세탁기 등 내구 소비재 산업은 제품의 생산이 중시되는 제조 중심의 공급사슬이 구성된다.

SCM의 개념

모든 기업은 저마다의 공급사슬을 가지고 있다. 달리 말하면, 어떤 공급사슬 상에든 기업은 속해있기 마련이다. 기업은 속해있는 공급사슬상에서 각자의 역할을 수행하고, 그 역할 수행의 대가로 수익, 즉 가치를 창출하게 된다. 그렇게 하나의 공급사슬상에서 기업은 분업화된 업무를 수행하고 있다.

분업화된 구조에서 하나의 제품이 만들어지고, 최종소비자에 전달되는 과정에는 여러 기업들이 참여하게 된다. 참여하고 있는 기업들 간의 어떤 물(物)의 교환이 이루어질 때마다, 거래비용이 발생하게 된다. 자, 여기서 한번 생각해 보자. 기업들이 제품의 공급가격을 조정하지 않으면서, 좀 더 높은 수익을 획득하려면 어떻게 해야 하는가? 공급사슬상 전(前) 단계의 기업으로부터는 보다 저렴하게 물(物)을 공급받거나 거래비용을 절감하면 된다. 다음 단계의 기업에게는 가치를 부가(附加)한 물(物)을 최적의 재고상태를 유지하면서, 제대로 된 가격에 공급하거나 거래비용을 절감하면 된다.

기업은 내부의 통제와 관리를 통해 비용을 절감하고, 수익을 높이는 가치 활동을 한다. 이런 기업 내부의 가치 활동의 폭을 기업 외부까지 넓혀 수익을 극대화하도록 지원하는 것이 SCM이다. SCM은 기업의 원재료(부품) 공급자에서 유통업체, 최종소비자까지 통제와 관리를 하여 거래 비용을 절감할 수 있도록 지원한다. 즉, SCM은 공급사슬의 전반적인 관점에서 비용을 줄이고 가치를 극대화는 방법을 제시하는 것이다.

이상의 이해를 바탕으로 SCM(Supply Chain Management)**을 정의하면**, 부품(원자재) 공급업체로부터 최종소비자에 이르는 공급사슬 전반에서 상호작용을 통해 발생하는 가치 활동의 흐름을 보다 유기적으로 연계하여 경쟁력을 높이고 수익을 극대화하려는 경영관리 기법이다. 그리고 그것을 정보시스템으로 구현한 것이다. 원자재의 공급, 생산, 유통(판매) 등의 과정을 각각 별개의 독립된 개념으로 보지 않고, 하나의 네트워크와 시스템으로 묶어 연계된 개념으로 보는 것이다. SCM이라는 정보시스템을 통해 공급사슬에 참여하고 있는 기업들이 네트워킹되어 서로 정보를 공유하기 때문에, 수요량 예측을 통한 최적화 생산, 거래비용 절감, 적시에 제품 공급 등을 실현할 수 있다. 여러 기업이 서로 협업하여, 마치 하나의 거대한 기업처럼 유기적으로 움직이기 때문에, 거래비용을 줄여서 더 많은 수익을 창출할 수 있다.

SCM은 공급사슬에 참여하고 있는 기업들 간의 네트워크를 구축하고, 기업 외부 거래 기업과의 업무프로세스 개선, 긴밀한 정보공유 등을 통해서, 공급사슬 전체에서의 소요되는 비용과 시간을 줄이고, 고객의 요구에 보다 잘 대응할 수 있도록 한다. 이를 통해 기업이 외부 요인에서도 가치를 획득하고 새로운 수익을 창출할 수 있는 것이다.

SCM의 등장배경

SCM 등장배경으로 첫째는 공급사슬상의 문제에 대한 인식을 꼽을 수 있다. 부품(원자재) 공급과 주문 이행 과정의 불확실성 제거가 필요하였다. 공급사슬상의 프로세스를 일일이 사람이 처리하다 보면, 납기 준수나 주문이행에 문제가 발생할 수밖에 없다. 따라서 품질에 대한 불확실성이 항상 존재한다. 이런 문제를 해결하기 위해 공급사슬상 정보공유, 상호협력 및 조정의 중요성을 인식하게 된 것이다. 또한 공급사슬의 마지막 단계인 소매단계에서 고객주문, 수요행태 등의 고객 데이터가 공급사슬을 거슬러 제조업체까지 전달되기에는 왜곡과 지연의 요소가 존재한다는 것을 인식하게 되었다.

둘째는 비즈니스적 관점에서의 필요이다. 기업이 창출하는 부가가치의 2~3배에 이르는 부가가치가 기업 활동 외부의 공급사슬에서 발생한다. 예를 들어, 주문 사이클에서 제조에 소요되는 시간보다, 그 외의 공급망상의 거래에 소요시간이 더 길게 나타난다. 공급망상 소요시간을 줄일 수 있다면, 더 많은 부가가치를 창출 할 수 있는 것이 당연하다.

기업 활동이 글로벌화 되면서, 공급망상의 리드타임이 길어지고 더욱 불확실해졌다. 언제 어디서 제품을 만들고, 부품조달, 유통, 운송을 어떻게 처리 할 것인가 등에 대해, 글로벌 시각의 계획과 실행, 관리 등이 요구되었다. 부품 조달비, 생산비, 물류비용 등은 국가별, 지역별 편차가 있기 때문에 공급망상 종합적으로 고려하여, 비용 절감을 하는 것이 필요하였다.

셋째는 고객요구의 다양화이다. 고객의 요구가 다양화되어, 단순 대량 생산과 공급 방식에 한계가 발생하였다. 기업의 취급품목이 많아져서, 재고, 물류, 생산관리를 효율적으로 처리할 수 있는 공급사슬관리 시스템이 필요하게 되었다. 기업 간 경쟁이 치열해지고, 고객 중심적 시장요구에 빠르고 탄력적으로 대응하는 것에 기업의 사활이 걸리면서, 공급사슬상 혁신이 대두되었다.

넷째는 정보기술의 발전이다. 인터넷 네트워크 속도가 빨라지고, 전자상거래, 인공위성 기술 등 SCM의 근간이 되는 정보기술이 급속히 발전하였다. ERP 등을 통해 기업 내 프로세스가 개선되고, 통합화되어 기업 내부가 정보화됨으로써 기업 간의 통합이 훨씬 수월해졌다.

SCM의 발전 과정

공급망상의 가치를 기업 내부화하려는 노력은 과거에도 있었고, 그러한 노력이 이어져 SCM으로 발전되어 왔다고 할 수 있다. 과거에 어떤 노력들이 있었는지 살펴보자.

첫째, QR(Quick Response, 신속대응)이 있었다. 1984년 미국 의류제조업협회 주도로 의류제품 제조 및 판매과정의 시간을 단축하여, 고객 및 제품 서비스의 경쟁력을 강화하려는 방안으로 QR이 제시되었다. 1980년대 초반에 개발도상국에서 저가의 수입제품이 밀려들어오자, 내수시장에서 경쟁력을 상실하게 된 의류업계가 판매과정의 시간을 단축하여, 고객 및 제품 서비스의 경쟁력을 강화하기 위한 방안으로 도입하였다. 한국과 일본에서도 90년대 중반 경에 도입이 시도되었다.

둘째, ECR(Efficient Consumer Response, 효율적 소비자 대응)이 있었다. 1990년대 미국 슈퍼마켓 등의 식품 유통업체들이 저가 공략의 대형 할인점에 대응하여, 기업 간 업무의 재정립 및 효율화를 통해 유통채널의 생산성을 높이기 위한 공동의 노력을 전개하였다. 유통과정에서 존재하는 시간과 비용의 비효율적인 요소들을 바코드, 판매시점관리(POS), 전자문서 교환(EDI), 부가가치통신망(VAN) 등 정보기술을 이용하여 제거함으로써 경쟁력을 향상시키고자 하였다. ECR을 통해 유통산업의 가치사슬을 구성하는 생산업체, 유통체인과 고객 사이의 정보와 물류흐름의 효율성이 증가되었고, 기업경쟁력이 강화되었다. 유통체인은 주문대신에 각 제품의 바코드, POS시스템으로부터 얻어지는 일일판매정보, 재고정보 등을 EDI를 통해 생산업체에 전달하게 되고, 생산업체는 공급량과 공급시기를 결정하여 적절한 시기에 납품을 한다.

POS(Point of Sales)

판매한 시점에서 그 상품의 판매에 관한 데이터를 컴퓨터로 처리하는 시스템으로 유통업체에 필수불가결한 일종의 정보시스템이다. 소비자가 음료수캔을 구매하면, 바코드 스캔을 통해 제조사, 제품명, 가격 등 단품별 상세정보가 기록되어, 판매중인 제품에 대한 정보를 정확하게 파악할 수 있다. 상품판매시기, 수량 등을 한눈에 파악할 수 있어 품절을 방지하고, 물류 효율성을 증대할 수 있다.

VAN(Value Added Network, 부가가치통신망)

한국통신과 같은 회선 사업자로부터 통신회선을 빌려 독자적인 망을 구축하고, 거기에 어떤 가치를 부가한 통신망을 일컫는다. 대표적으로 카드사와 은행과 가맹점간 전산중계를 통한 금융서비스를 들 수 있다. 카드소지자가 가맹점에서 물품이나 서비스구입 결제를 할 때 POS시스템, 가맹점조회기, 전화ARS 등을 통해 거래승인처리 또는 불량여부를 체크하는 서비스이다.

SCM의 구현 과정과 효과

이미 여러 기업정보화 시스템의 구현 스텝(Step)을 살펴보았다. SCM을 구현할 때도 비슷한 단계를 거치기 때문에, 여기서는 공통적인 구현 단계는 제외하고, SCM 구현에서만 필요한 세 가지 과정을 중점적으로 살펴보겠다. 그 세 가지 과정은 협업(Coworking), 계획(Planning), 실행(Execution)이다.

첫째, SCC(Supply Chain Coworking, 공급망 협업체계 구축)는 공급사슬상의 기업들과 최적의 협업체계를 구축하는 것이다. SCM을 통해서 여러 기업이 하나의 네트워크로 통합되려면, 사전에 충분히 협업에 대한 논의와 전략적 제휴 관계를 맺어야 한다. 이 과정에서 공급사슬상의 관계의 재정립과 신규기업의 참여, 기존업체의 탈락 등이 발생할 수 있고, 이것은 효율의 관점에서 이루어져야 한다.

둘째, SCP(Supply Chain Planning, 공급망 계획수립)는 구축된 최적의 협업체계를 통해 공급망상에서 필요한 계획을 수립하고, SCM의 운영 방향을 제시하는 것이다. Supply Chain을 구성하는 다양한 요소들, 즉 제조(Manufacturing Plant), 유통(Distribution Center), 부품 공급(Supplier) 등의 관계에 따라 시장 수요를 예측하는 등 Supply Chain 전체에 대한 최선의 계획(Planning)을 수립한다. SCM 전체의 의사결정과 계획입안 업무를 지원한다. 예를 들어, 복잡하고 어려운 기업 활동인 수요계획(Demand Planning), 재고계획(Inventory Planning), 생산계획(Manufacturing Planning) 등을 최적으로 수립할 수 있도록 지원한다.

셋째, SCE(Supply Chain Execution, 공급망 실행)는 SCC, SCP에 따라 시스템을 실행하여, 실제 물류현장에서 이루어지는 기업 간의 물(物)과 정보의 거래를 규명하고, 관리 및 지원하는 부분을 말한다. 참여기업을 네트워킹하고, 협업체계 실행을 위한 업무프로세스와 업무지원을 시스템으로 구현한다. 예를 들어, 주문처리, 물류관리, 영업관리 등을 지원하는 주문관리시스템(OMS : Ordering Management System), 창고관리시스템(WMS : Warehouse Management System), 차량관리시스템(TMS : Transportation Management System), 영업자동화시스템(SFA : Sales Force Automation) 등을 도입하여 구축하는 것이다.

SCM을 구성하는 이 세 가지 과정이 잘 실행되어야, 최적의 공급사슬을 구축할 수 있다. 이를 통해 정보가 원활하게 흐르고, 실제로 생산, 판매 등의 경영활동이 효율적으로 이루어져서 높은 가치를 창출할 수 있는 것이다.

SCM의 구성 요소

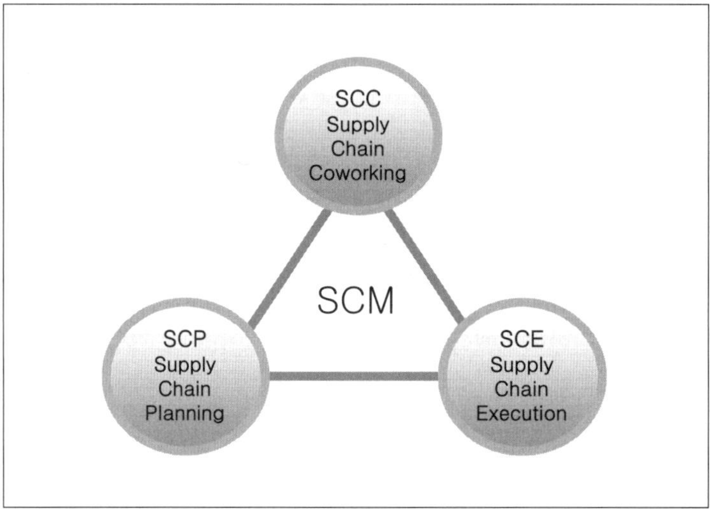

SCM의 효과를 다음과 같이 몇 가지로 정리하였다.

첫째, 유통(판매)업체로부터 제품의 판매정보가 제조업체에 자동으로 전달되어, 시장수요 예측을 실행하고 최적의 생산계획과 판매계획을 수립함으로써, 적정 재고를 유지할 수 있다.

둘째, 정확한 예측을 기반으로 한 생산계획에 따라 제품을 생산하기 때문에 불량률이 감소할 수 있다.

셋째, 기업 활동의 계획, 예측을 지원하기 때문에 인력, 설비 등을 최적으로 구성하여 생산원가, 구매원가를 절감할 수 있다.

넷째, 최종소비자의 목소리가 SCM의 네트워크를 통해 생산과정에까지 전달되기 때문에 고객만족도의 향상, 기능개선, 신제품 개발 리드타임 단축 등의 효과를 기대할 수 있다.

다섯째, 적시에 시장공급이 실현되어 매출이 증대하고, 판매수익의 증가를 기대할 수 있다.

새로운 형태의 협업 네트워킹에 주목하라

기업들 간의 협업이 중요해지고 있다. 분업화된 산업구조에서 기업과 기업 간의 단절은 비효율적인 생산구조를 가질 수밖에 없었다. 이런 비효율적 구조를 개선하려면, 일종의 표준화된 네트워크 플랫폼인 인터넷 같은 것을 활용하여, 기업 간의 단절을 연결하는 것이 필요하다. 이러한 네트워크 연결을 통해 기업 간 협업을 하고, 효율화를 꾀할 수 있다. SCM도 그런 필요에서 나온 것이고, **발전한 네트워킹 기술이 새로운 형태의 협업을 가능하도록 하고 있다.**

인터넷을 활용해 기업 활동에 고객을 참여시켜, 협업하는 열린 기업을 구축하기도 한다. 누구나 아이디어를 제안 하고, 다른 참여자들이 이를 수정하는 것을 반복하여, 고객이 기업의 아이디어 발굴 업무에 참여하고 있다. 피엔지(P&G)의 웹 네트워크인 이노센티브(InnoCentive)에는 수만 명의 외부 전문가들이 네트워킹되어 직원들의 어려운 문제를 해결해 주고 있다. 독일의 아우디(Audi) 자동차 역시 고객과의 협업 네트워킹으로 온라인 가상 연구소를 운영하여, 1,600여명으로부터 디자인 아이디어와 수백의 서비스 아이디어를 얻고 있다.

네트워킹과 표준화된 기술이 발달하면서, 지역적인 경계를 뛰어넘는 협업 모델이 계속해서 출현하고 있다. 지역적인 한계가 최소화 되면서, 기업이 공급사슬을 구성할 때, 보다 넓은 지역을 고려 대상으로 할 수 있게 되었다. 월마트가 전 세계의 지점을 인공위성망으로 연결하여 가장 저렴한 상품이나, 원료를 구입하여 공급하는 경우가 그것이다. 또한, 네트워킹을 활용하여, 기업 내부의 활동을 외부업체에 의뢰하여 수행하는 아웃소싱 협업 형태가 빈번히 출현하고 있다. 미국의 금융회사와 인도의 아웃소싱 전문기업인 엠파시스(Mphasis)는 협업네트워킹을 구축하여 금융 업무를 아웃소싱하고 있다. 고객센터 업무에서 주식분석, 보고서 작성 까지 다양한 업무를 수행하고 있다. 이를 통해 미국의 금융회사에서는 비용절감과 24시간 열려있는 서비스를 고객에게 제공할 수 있게 되었다.

앞으로도 새로운 IT 기술이 개발되고, 유무선의 인터넷과 같은 네트워킹 기술이 끊임없이 발전할 것이다. 가까운 미래에 유비쿼터스 시대가 되면 모든 사람과 사물이 네트워킹으로 연결될 것이다. 그렇게 되면 누구와 어떻게 연결할 것인 가는 문제가 되지 않는다. 정말 고민해야 하는 것은 어떤 협업 네트워킹 모델을 통해서 가치를 창출할 것인가 하는 비즈니스적 관점의 접근이다.

새롭게 출현하는 협업 네트워킹 모델에 주목하고, 그것을 참고하여 응용하거나, 새로운 협업 모델을 만들어 비즈니스에 접목하는 것이 가치 창출의 원동력이 될 것이다.

SCM 구현 시 주의할 점

SCM은 여러 기업들이 참여하고 많은 정보의 교환이 이루어지는 복잡한 정보 시스템이기 때문에, SCM을 통해 IT경영을 성공하기 위해서는 반드시 고려해야 할 몇 가지 사항이 있다.

첫째, 비용절감을 고려하여, 공급사슬상 단단한 전략적 파트너십을 맺어야 한다. 공급자, 유통자 등의 협력사와 전략적 제휴(Partnership) 결성을 통해 원가의 절감과 수익성 향상의 목표를 공유해야 한다. 또한, 이탈이 발생하지 않도록 단단한 관계를 맺어야 한다.

둘째, 최적의 공급사슬을 구축해야 한다. 제품의 생산에서 고객에 이르는 과정의 물(物)의 이동이 최단으로 이루어지도록 해야 한다. 완성된 제품이 고객위치에 근접할 수 있도록 하는 것이 좋다. 이를 통해 생산에서 소비까지 걸리는 제품의 리드타임을 단축할 수 있다. 고객의 요구를 분석하여 가장 수익성 있는 공급사슬(Supply Chain)을 구축하고 고객의 요구에 효율적으로 대응할 수 있는 네트워크 구성이 필요하다.

셋째, 고객 실수요기반의 최적의 수요계획(Demand Planning)수립이 필요하다. 공급사슬 각 접점 간 적기에 수요 정보를 공유하고, 공동으로 수요예측을 하여 최적의 자원 운용이 가능하도록 해야 한다. 수요계획에 따라 생산계획, 판매계획 등이 영향을 받기 때문에 정확하게 수립될 수 있도록 해야 한다.

넷째, 공급사슬 공동의 성과측정을 적용하여, 기업들의 적극적인 참여와 동기부여를 유도해야 한다. SCM을 통한 성과를 합리적으로 측정하기 위해서는 공급사슬에 참여하는 개별 기업 관점에서 벗어나, 공급사슬 전 영역에 적용할 수 있는 평가수단(Performance measure)을 도입해야 한다.

다섯째, 다양한 IT기술 활용을 지원해야 한다. 공급사슬상의 기업 간의 제품, 정보 등의 흐름이 정확히 이루어지고, 전달될 수 있도록 다양한 IT기술이 활용되어야 한다. 여러 수단으로 업무를 지원하고, 의사결정을 수행할 수 있도록 해야 한다. 예를 들어, 모바일 활용, 전자상거래 지원, ERP 연계 등 다양한 기술적 지원을 해야 한다.

이밖에 이전에 살펴본 ERP, CRM 등의 다른 주의사항을 참고하기 바란다.

성공적인 비즈니스모델을 지원한 델컴퓨터의 SCM

SCM 도입의 사례로 많이 소개된 것이 델(Dell)컴퓨터의 SCM이다. 그 만큼 성공적이었고, 이해하기 쉬운 사례이다. 여기서도 델컴퓨터의 사례를 소개하도록 한다.

델 컴퓨터는 1984년 20살 청년 마이클 델이 단 돈 1,000달러로 만든 회사이다. 델컴퓨터는 기존의 유통경로를 통해서 판매되는 패키지화된 PC대신, 고객이 온라인으로 주문한 제품을 맞춤식 제조하여 직접 판매하는 방식을 채택한다. 이런 새로운 판매 방식으로 미국 내 PC업계의 선두기업으로 자리 잡게 된다.

SCM 도입 결정

대형 유통 조직이나 소매상을 거치는 PC의 간접판매 방식을 혁신하여, 보다 저렴한 PC를 공급하기 위해 생산자와 소비자의 직접거래방식을 도입하면서, 주문에서 고객전달까지의 리드타임을 최대한 줄일 수 있는 방안이 필요하였다. 그래서 SCM을 도입하기로 결정한다.

델은 고객중심의 경영을 기치로 내걸면서, 1998년 SCM을 구축하여, 개인 및 법인 고객과 델, 부품공급회사의 정보연계가 실시간으로 이루어지고, 페덱스(Fedex)와 물류를 연계하여 신속한 부품배송과 고객 배송을 실현한다.

델의 SCM의 구조

델의 SCM은 공급사슬상 참여 기업과 고객 간의 유기적인 물(物)과 정보의 흐름을 보여준다. 아래 '델이 도입한 SCM의 구조'를 참조하기 바란다.

델(Dell)이 도입한 SCM 구조

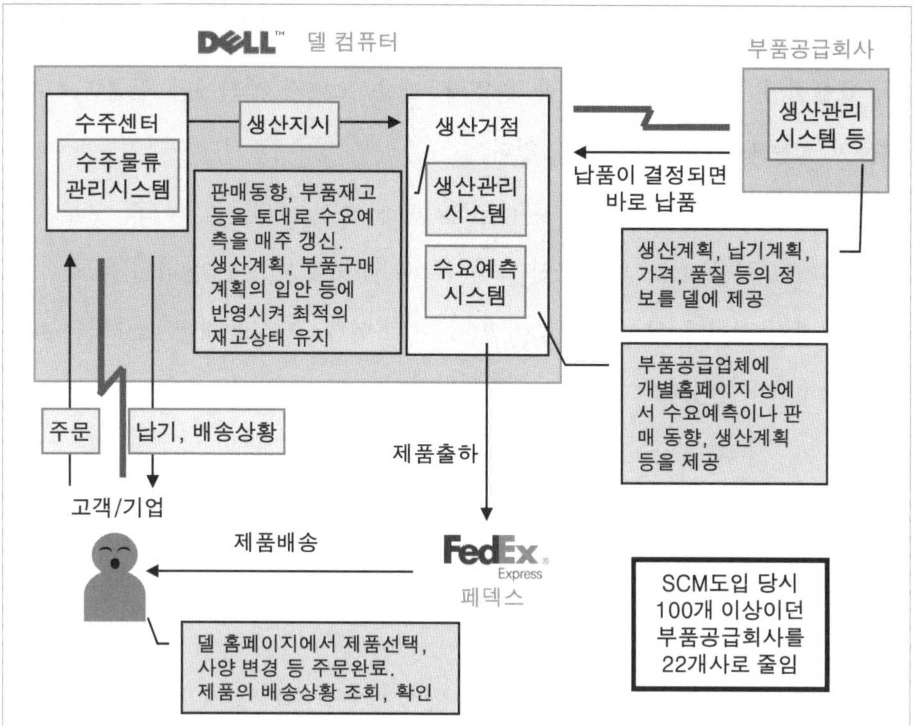

델은 주요 부품공급 회사를 위해 개별적으로 전용 홈페이지를 설치하고, 이를 이용해 정보연계를 밀접하게 추진한다. 델은 판매동향, 생산계획, 향후 수요예측, 현재의 생산 진척과 부품재고의 정보를 부품공급회사에 실시간으로 제공하고, 부품회사 역시 생산계획, 납기계획 등의 정보를 델에 제공한다.

델의 SCM의 도입 효과

먼저 정성적인 효과를 몇 가지만 들어보겠다.

첫째, 고객이 온라인으로 직접 주문한 맞춤형 제품을 생산자인 델이 제조하고, 이를 고객에게 전달하는 직접 판매방식을 통해 공급의 리드타임을 최소화하였고, 고객의 만족을 높일 수 있었다.

둘째, 델은 SCM을 통해 부품공급, 포장, 운송 등을 전문 업체와 협력함으로써, 효율적인 구매와 물류관리를 하였다. 델은 오로지 생산에만 전념함으로써, 제품의 성능과 질을 높일 수 있었다.

셋째, 고객은 웹사이트인 '델 온라인'을 통해 구매사양을 선택하고, 주문을 한 후 주문처리 현황 조회, 납기확인 등을 할 수 있다. 또한, '델 온라인'을 통해 고객의 서비스 신청과 처리가 이루어졌다. 이로 인해 고객 응대에 소요되는 비용을 절감할 수 있었다.

다음 몇 가지 정량적인 효과를 살펴보겠다.

첫째, 재고기간을 7~8일로 단축하였다.

둘째, PC조립시간이 11시간에서 5시간으로 단축되었다.

셋째, 현금전환주기의 마이너스 실현이다. 매출금 회수일과 재고일수를 더한 일수가 매입금 지불일수 보다 8일이나 짧았다. 즉, 출하된 제품의 대금회수기간이 부품공급업체에 대한 대금지불기간보다 약 8일이 짧아 금융이득을 볼 수 있었다.

SCM을 활용한 혁신적인 비즈니스 모델로 업계를 대표하는 기업으로 성장한 델. 다소 성장세가 둔화되고, 고객서비스의 약점이 드러나면서, 한편에서는 델의 위기가 지적되고 있기도 하지만 또 어떤 혁신으로 델의 저력을 다시 보여줄지 기대해 본다.

6 고객의 잠자고 있는 욕망을 깨워주는 인터넷

인터넷과 IT가 기업의 주요 경쟁력이자 제품으로 자리 잡고 있다. 인터넷으로 고객의 새로운 니즈(Needs), 아니 잠재되어 있는 니즈를 충족하여 새로운 가치를 창출하고 있다. 또한, 인터넷이 기존의 산업과 결합하면서, 전혀 새로운 사업을 탄생시키기도 한다.
지금까지 상상하지 못했던 고객의 숨겨진 욕망을 깨우기도 하고, 만족시켜주는 인터넷. 어떻게 그것을 하고 있는지 살펴보자.

참여하는 인터넷 웹 2.0

인류의 역사상 가장 큰 영향을 미친 것 중의 하나는 바로 인터넷이다. 이 책에서 이야기하는 eBusiness(e비즈니스), 기업정보화, 유비쿼터스, IT경영 등도 인터넷이 없으면 불가능한 것들이다. 이런 인터넷은 1993년 모자이크라는 최초의 웹브라우저가 개발되면서, 급속도로 발전을 하였다. 그런데 지난 10여 년간 세상을 변화시킨 인터넷이 지금 새로운 시대를 맞고 있다. 바로 웹 2.0이다. 기존의 인터넷을 웹 1.0이라하고, 새롭게 태동한 제2의 인터넷 물결을 웹 2.0이라고 칭하고 있다. 현재의 인터넷 현상을 직시하고, 미래의 인터넷을 준비하기위해 웹 2.0에 대해서 알아보자.

먼저, 기존의 인터넷과 웹 2.0이 어떤 차이가 있는지, 기술적 차원이 아닌 비즈니스적 관점에서 살펴보겠다. 웹 1.0에서는 포탈 사업자들이 디렉토리(Directory)를 분류해 놓고 제공하는 정보를 사용자들이 이용하였다면, 웹 2.0에서는 사용자가 적극 참여하여 콘텐츠를 생산하고 타인과 공유한다. 이를 가능하게 하는 온라인상의 공간과 도구는 사업자들이 제공한다. UCC(User Created Contents), 즉 사용자 제작 콘텐츠로 동영상을 올릴 수 있는 웹사이트를 만들어 성공한 유투브(YouTube) 등이 웹 2.0의 사상을 잘 반영하여 성공한 경우이다.

이런 웹 2.0은 몇 가지 특징을 가지고 있다.

첫째, 참여하는 인터넷이다. UCC 웹사이트, 개인이 직접 정보를 만들고 배포할 수 있도록 한 블로그(Blog) 서비스 등은 사용자의 적극적인 참여를 유도하고 있다. 사용자들이 직접 참여하여 만들어가는 열린 홈페이지 위키(Wiki)도 인기다. 미국의 카트리나 재난, 런던 지하철 폭탄테러가 발생했을 때, 가장 빠르고 살아

있는 정보를 제공했던 것은, 일반 대중매체가 아니라, 사용자가 직접 참여하여 발 빠른 뉴스를 전달한 위키뉴스(Wikinews)였다. 위키피디아(Wikipedia)는 사용자들이 수정하고, 편집을 반복하면서, 끊임없이 만들어지는 인터넷 백과사전으로서 전 세계 수십 개의 언어로 서비스되고 있다.

둘째, 공유하는 인터넷이다. 사용자 스스로 정보를 분류하고, 이를 제한 없이 공유한다. 따라서 사용자 관점에서 이해하기 쉽게 분류를 할 수 있다. 예를 들어 사회, 경제, 스포츠 등 영역 분류 중심이 아닌, 월드컵, FTA, 송파신도시 등의 키워드 중심의 분류를 할 수 있다. 이런 것은 콘텐츠에 해당되는 키워드 태그(Tag)를 달면 가능하다. 사업자에게 의존하던 방식에서 벗어나 사용자 스스로 분류하고, 공유를 할 수 있는 것이다.

셋째, 매쉬업(Mashup)하는 인터넷이다. IT 비즈니스가 주목해야 할 6가지 트랜드(Trend)에서도 소개한 '으깨서 반죽한다'는 매쉬업이 웹 2.0의 주요 특징이다. 다양한 서비스 혹은 콘텐츠를 서로 결합해서, 새로운 서비스를 만들어낼 수 있다. 대표적인 예로 지도서비스에 다른 콘텐츠를 매쉬업(Mash-up)하는 서비스가 많이 출현하고 있다. 지난 2005년 미국의 카트리나 재난 때, 탄생한 '카트리나 인포메이션 맵(Katrina Information Map)'은 네티즌들이 참여해서 만드는 위키뉴스(wikinews)와 구글지도가 결합한 사례로 지도에 콘텐츠를 매쉬업 한 좋은 사례이다. 매쉬업을 통해 지도가 평범한 서비스에서 특별한 서비스로 진화하고 있다. 지도를 기반으로 다양한 정보를 제공하는 채널역할을 수행하며, 새로운 서비스로 탈바꿈하고 있다. 싸이월드 지도서비스에서는 미니홈피 게시글이 매쉬업되어 지도를 이용하면서, 미니홈피 글을 볼 수가 있다. 단순 지도 정보가 아니라 사람들의 이야기가 있는 지도 서비스로 변신한 것이다.

웹 2.0 개념이 도입이 되면서, 일상생활은 물론이고 비즈니스영역에도 많은 변화를 가져올 것을 예상된다. 웹 1.0이 새로운 미디어의 역할을 했듯이, 웹 2.0도 그럴 것이다. 그에 따라 새로운 비즈니스 모델이 탄생되고, 고객을 만나는 방식에서도 많은 변화를 가져 올 것이다.

2005년 미국의 미디어 재벌 루퍼트 머독(Keith Rupert Murdoch)은 5억 8,000만 달러라는 거액을 들여 웹 2.0서비스의 대표주자인 미국의 마이스페이스(MySpace)를 인수하였다. 세계 최대의 동영상 공유 사이트인 유투브(YouTube)는 16억 5,000만 달러에 구글(Google)에 인수되었다. 거대 기업들이 성공한 웹 2.0 사업을 앞 다투어 인수하는 것이 웹 2.0의 파급력을 잘 방증하는 것이 아니겠는가?

롱테일(Long-tail) 마케팅의 확대

인터넷의 발달은 소비 소외 계층의 잠재된 니즈를 찾아 만족시켜 주고 있다. 기업의 마케팅이 주력 소비 상품에 집중되어, 비주력 상품에 대한 소비는 전혀 배려하지 않는 상황에서, 인터넷을 통해 비주력 상품에 대한 판매의 기회가 제공되고 있다.

상품의 종류와 수요 곡선

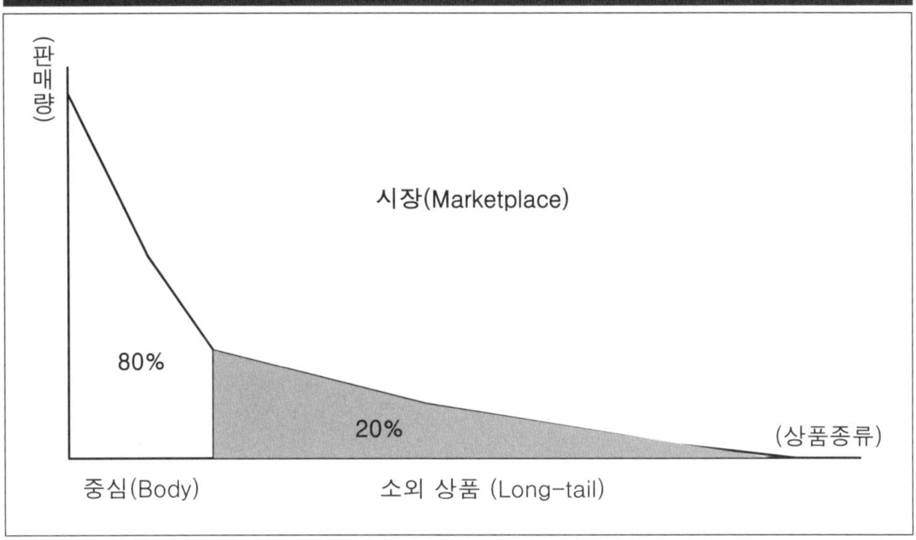

위의 그림에서 보는 바와 같이, 수요곡선상 몸체(Body)에 해당하는 다수 고객의 비슷한 니즈를 충족시키는 상품 마케팅으로 사업이 진행되어 왔다면, 롱테일 마케팅은 수요곡선상 우측의 길게 늘어선 꼬리에 해당하는 다양한 상품을 마케팅하여 잠재된 수요를 깨우는 것이다. 오프라인 기반의 시장구조에서 당연히 없

어질 만한 롱테일 상품들이 인터넷 서비스를 통해 히트상품으로 변하기도 한다.

롱테일 마케팅의 사례로, 인터넷 서적판매를 하는 아마존(amazon)을 들 수 있다. 서적판매의 20%는 판매순위에도 없고, 오프라인 서적 판매 매장에서 팔리는 10만여 권의 책들 외에서 발생된다고 한다. 아마존의 추천시스템은 존 크라카워(Jon KraKauer)의 '희박한 공기 속으로(Into Thin Air)'가 히트를 하자, 이 소설의 구매고객의 패턴을 분석하고, 비슷한 주제의 산악소설인 조 심슨(Joe Simpson)의 '친구의 자유를 끊어라(Touching The Void)'를 추천하였는데, 출판한지 10년이 지난 이 소설이 히트를 쳐서, 뉴욕타임즈 베스트셀러 목록에 14주나 링크되었다고 한다.

이렇게 인터넷은 큰 비용을 들이지 않고, 소외된 소비 상품에 대한 잠재된 욕구를 깨워, 새로운 니치(Niche) 마켓을 대상으로 비즈니스를 할 수 있게도 한다. 인터넷 시대에는 80%의 중심(Body) 시장을 차지하기 위해 치열하게 경쟁하는 것보다, 아무도 신경 쓰지 않는 20%의 롱테일 시장에 관심을 가지는 것이 현명할 수도 있다.

구글(Google)식 고객 잠 깨우기와 IT경영

하루에도 수많은 기업이 세워지고 사라지고 있다. 기업들은 항상 생존의 기로에서 살아 남기위해 전력을 기울이고 있지만, 쉽지 않은 것이 현실이다. 이러한 상황에서 단기간에 세계의 기업으로 성장한 구글(Google)의 이야기를 한번 짚고 넘어가고자 한다.

구글의 창업자 레디페이지가 1998년 작은 창고에서 사업을 시작한 후, 채 2년도 지나지 않은 2000년도에 구글은 하루 6,500만 명이 방문하는 거대한 검색엔진으로 급성장한다. 그리고 나스닥 상장 이후, 최단기간인 불과 14개월 만에 시가총액 1,000억 달러를 돌파를 한다. 구글 웹사이트의 작은 검색창이 하나가 그야말로 엄청난 보물 상자였던 것이다.

이후에도 성장과 진화를 계속하여, 정보통신 분야에서 큰 영향력을 가지게 된, 구글의 성공 비결에는 구글식의 고객 잠 깨우기 전략이 있다. 고객 스스로도 미처 생각지 못한 잠재된 욕구를 발굴하여 충족시키는 서비스를 제공하는 것이다.

책의 본문까지도 검색을 하게하는 북 서치(Book Search), 내 컴퓨터의 정보 검색을 도와주는 구글 데스크탑(Google Desktop), 200년 전인 1,700년대 신문기사도 볼 수 있게 하는 구글 뉴스 어치브 서치(Google News Achive Search), 전 세계의 모든 지역의 위성사진을 보여주는 구글어스(Google earth) 등은 고객의 잠재된 욕구를 찾아 충족시켜주는 대표적인 서비스들이다. 특히, 구글어스의 경우, 다른 검색 포탈들이 평면적인 지도에서 길찾기를 제공하는 것과 달리, 지구를 실제로 들여다보고 싶은 인간의 욕구에 초점을 맞추는 구글만의 상상력이 잘 반영된 서비스이다.

구글의 성공을 가지고온 검색엔진은 기능의 우수성을 떠나서, 구글식 고객의 잠재된 욕구 깨우기가 잘 반영되었다고 볼 수 있다. 기존 검색 포탈들이 다양한 메뉴와 정보를 제공하여 사용자가 오래 머무르게 하고, 트래픽이 증가하게 해서, 배너 광고 등의 노출시간과 페이지뷰(Page View)를 높여 광고수익창출에 집중할 때, 구글은 잠들어 있는 고객을 깨우기 위해 구글식의 발상을 한다. 사용자가 최대한 빨리 원하는 결과를 검색하고, 구글 웹사이트를 떠나게 하는데 집중을 한 것이다. 원하는 결과를 빨리 얻게 된 사용자는 구글에 다시 접속하게 되고, 결국 접속자가 폭발적으로 증가하게 되었다. 구글은 이것을 검색광고와 연결하여, 엄청난 수익을 챙기게 되었다. 자신의 욕구와 상관없이 검색 포털 사이트에 오래 머물렀던, 사용자들의 잠을 깨워, 구글에서 욕구를 충족하도록 한 것이다.

인간의 욕구에 대한 끊임없는 발굴 노력과 구글식의 상상력을 접목하여, 고객의 잠을 깨우는 전략이 구글 성공의 핵심이다. 이런 구글의 성공을 거울삼아, 고객의 잠을 깨울 수 있는 새로운 상품이나 서비스가 없는지? 다시 고객 중심적 관점으로 돌아가 골몰히 생각해 보아야 한다.

다른 모든 기업들이 비슷한 방식으로 비즈니스를 하고, 유사한 상품으로 경쟁을 할 때, 새로운 방식의 비즈니스와 상품으로 고객에게 다가간다면, 그리고 그런 비즈니스와 상품이 잠자고 있던 고객의 니즈를 깨워주는 것이라면, 제2, 제3의 구글 신화는 재현될 수 있다.

기업은 IT경영을 통해 기업 내외부의 업무를 효율화 하고, 이를 기반으로 고객의 숨겨진 욕구를 찾아서 채워주는 창의적인 경영을 할 수 있다. IT경영을 통해 기업 내외부의 정보가 체계적으로 분석되고, 이것이 경영활동에 반영되는 과정에서 고객의 잠재된 욕구를 발견할 수 있다. 그렇게 발견한 욕구를 IT경영 기반을 통해 보다 쉽고 빠르게 비즈니스에 적용할 수 있다.

이제 머리를 백지상태로 비운 채, IT로 경영을 하는 목적을 다시 한 번 생각해 보자. 덧붙여서 내가, 혹은 우리 기업이 할 수 있는 고객의 잠을 깨우는 창의적인 경영이 무엇인지 머릿속에 그려보자. 그리고 이제 **IT로 경영을 하라!**

용어 정리 및 색인

【가나다 순】

와이브로(WiBro : Wireless Broadband) ··········120
정지 및 이동 중에서도 언제, 어디서나 고속으로 무선인터넷 접속이 가능한 휴대인터넷 서비스.

웹 2.0 ··········298
참여, 공유, 매쉬업을 근간으로 하는 진화한 인터넷.

유비쿼터스(Ubiquitous) ··········102
'언제 어디서나 동시에 존재한다.' 또는, '도처에 널려 있다'라는 뜻의 라틴어에서 유래. 최근 정보통신 분야에서 새로운 관심을 끌면서 최고의 화두가 되고 있음. 거대한 패러다임.

유비쿼터스 TV ··········159
집에서 보던 TV방송 그대로를 집밖에서도 노트북, PDA 등을 통해 시청할 수 있는 방송서비스.

이노센티브(Innocentive) ··········290
피엔지(P&G)의 웹 네트워크.

인터렉티브 TV(Interactive TV) ··········46
시청자와 직접적인 교류가 가능한 TV. 대화면, 고화질, 입체음향의 고품질 방송을 제공하고, 비디오와 데이터 방송이 가능한 양방향 디지털 미디어 서비스를 제공.

임베디드 S/W(Embedded Software) ··········139
정보가전, 차량, 로봇, 산업기기, 의료기기, SoC 등 차세대 성장동력 분야의 제품에 내장되어 제품의 부가가치를 높이는 소프트웨어(S/W)를 말함.

정보화 ··········17, 172, 200
IT경영, 디지털 경영과 비슷한 개념으로 사용되는 용어. 주로 기업정보화를 의미함.

지식행정 ··········89
전자정부, 인터넷 행정 편의 제공 등 정보화된 정부의 행정을 총칭함.

컨버전스(Convergence) ··········26
이기종의 디지털기기간, 다른 네트워크간, 다른 서비스간의 융합을 의미.

코우즈의 법칙(Coase's Law) ··········38
영국의 경제학자 로널드 코우즈(Ronald H. Coase)가 1937년 그의 논문 〈기업의 본질(The Nature of the Firm)〉에서 주장. "기업이 조직되는 이유는 거래비용(Transaction Cost)을 절감하기 위해서이다"라고 함.

텔레매틱스(Telematics) ··········126, 134, 154
위치정보를 기반으로 무선통신망을 이용하여 교통안내 및 Infotainment 서비스를 제공하는 차량멀티미디어 서비스이자 차량의 긴급구난(緊急救難), 물류정보 등을 제공하는 이동형 정보 활용 서비스.

파레토의 법칙 ··········253
'전체 결과의 80%는 전체 원인 중 20%에서 비롯된다'는 법칙.

파인드어웨이(FINDAWAY) ··········19
세계 최초로 디지털오디오북을 개발한 회사.

플래쉬메모리(Flash memory) ··········37
전원이 없는 상태에서도 데이터가 계속 저장되어질수 있는 메모리.

협업네트워킹 ··········290
인터넷을 통해 기업과 기업간, 기업과 고객간 네트워킹하여 기업 업무를 협업하는 것.

홈 네트워크(Home Network) ··········125, 135, 145
TV, 컴퓨터, 오디오, 냉장고, 냉난방장치 등의 가전이 네트워크로 연결되어 시간, 장소에 상관없이 어떤 기기로도 다양한 홈 디지털 서비스를 받을 수 있는 미래의 가정환경을 말함.

【ABC 순】

ASP(Application Service Provider) ······186, 207
주로 웹기반으로 특정 업무용 소프트웨어를 임대 제공하는 사업자.

B2B ··········82
기업(Business, B)이 중심이 되어 다른 기업(Business)을 대상으로 하는 비즈니스모델.

B2C ··········82, 84
기업(Business, B)이 중심이 되어 일반 소비자(Customer)를 대상으로 하는 비즈니스 모델.

BcN 광대역통합망 ··········130
통신, 방송, 인터넷의 대통합 시대에 대응하고, 신성장동력산업의 발전토대 마련. TPS(통신, 방송, 인터넷 등 3대서비스)가 가능한 통합망.

BCS 광대역융합서비스 ··········121

광대역통합망(BcN)을 통해 다양한 콘텐츠를 실시간 및 주문형(On-demand)으로 송수신하는 새로운 융합 서비스. 방송, 통신, 인터넷 등을 융합하는 서비스.

BPR(Business Process Re-engineering) ······224

업무프로세스 재설계. 기업의 업무프로세스를 재설계하고, 개선.

C2B ··········85, 86

소비자(Consumer, C)가 직접 수행주체가 되어 기업을 대상으로 거래를 하는 비즈니스 모델.

C2C ··········85

소비자(Consumer, C)가 직접 수행주체가 되어 다른 소비자를 대상으로 거래를 하는 비즈니스 모델.

CDMA(Code Division Multiple Access ; 코드분할다중접속) ··········29, 152

디지털 이동통신 규격으로 국내에 1997년 휴대통신(PCS) 서비스가 시작되면서 최초로 상용화.

CDMA2000(Code Division Multiple Access2000) ··········118, 150

북미방식인 동기식의 3세대 이동통신 서비스 규격. LG텔레콤이 서비스 중.

CEM(Customer Equity Management) ··········256

고객공평관리.

CRM(Customer Relationship Management) ··········182, 250

고객관계관리. 기업의 고객관계관리를 지원하는 IT 경영 솔루션.

DMB(Digital Multimedia Broadcasting) ··········122, 159

고품질의 음성 및 영상서비스를 언제 어디서나 제공할 수 있는 이동 멀티미디어 방송에 대한 국민들의 수요에 부응하여 디지털방송기기, 콘텐츠 산업에 활력 불어넣는 서비스. 위성DMB, 지상파DMB가 있음.

DTV(Digital TV) ··········122, 124, 159

대화면, 고화질, 입체음향의 고품질 방송을 제공할 수 있는 서비스로 전국 방송망을 완성하여 지상파, 케이블 등 전체 방송의 디지털화를 추진.

e비즈니스(인터넷 비즈니스) ··········17, 50, 54

인터넷 관련 소프트웨어, 하드웨어를 개발하는 직접연관 비즈니스에서부터 인터넷 기반을 활용한 모든 간접 비즈니스를 포괄하여 의미.

e비즈니스 모델 ··········51, 80

어떤 제품을 소비자에게 공급하고, 어떻게 수익을 창출할 것인가 하는 계획 또는 사업 아이디어.

ECR(Efficient Consumer Response) ··········285

효율적 소비자 대응. 1990년대 미국 슈퍼마켓 등의 식품 유통업체들이 저가 공략의 대형 할인점에 대응하여, 기업 간 업무의 재정립 및 효율화를 통해 유통채널의 생산성을 높이기 위하여 구축한 정보시스템.

End-to-End 솔루션 ··········65

어떤 비즈니스 프로세스를 시작점에서 최종 완결되는 끝점까지 하나의 환경에서 수행할 수 있도록 통합한 솔루션.

ERP(Enterprise Resource Planning) ······181, 218

전사적 자원관리. IT경영 솔루션의 일종. 기업 내 모든 인적, 물적 자원을 효율적으로 통합 관리하여 주는 정보시스템을 ERP.

G2B ··········89

정부가 기업을 상대로 하는 비즈니스 모델.

G2C ··········89

정부가 일반 소비자를 상대로 하는 비즈니스 모델.

GPS(Global Positioning System) ··········156

위성위치추적시스템. 비행기·선박·자동차뿐만 아니라 자신의 위치를 세계 어느 곳에서든지 인공위성을 이용하여 정확히 알 수 있는 시스템.

GSM(Global System for Mobile communication) ··········152

유럽식 비동기식 이동통신 표준 규격.

HSDPA(High Speed Downlink Packet Access) ··········118

고속하향패킷접속 서비스. W-CDMA방식이면서, 속도가 더 빠르게 개선되어 3.5세대 이동통신이라고도 함.

IMT-2000(International Mobile Telecommunication-2000) ··········118, 150

하나의 단말기로 언제 어디서나 음성, 데이터 및 영상 등을 고속으로 주고받을 수 있는 유무선 통합 개념의 3세대 이동통신서비스의 약칭. 유럽방식인 비동기식(W-CDMA)과 북미방식인 동기식(CDMA 2000)으로 구분.

iPhone ··········46

2007년 출시한 애플의 휴대단말기. 전화통화, 뮤직

플레이어 등의 기능 탑재.

IPTV(Internet Protocol TV) ······················122, 159
TV나 컴퓨터 등 단말기 하나로 방송시청과 인터넷을 동시에 할 수 있는 서비스.

IT ··12
Information Technology(정보기술), Information Telecommunication(정보통신) 의미로 주로 사용.

IT가치사슬 ··31
서비스, 인프라, 제품으로 이루어지는 IT분야의 가치사슬.

IT경영 ···17, 172
모든 정보가 디지털화 되고, 네트워크를 통해 기업경영에 활용되어, 업무를 효율화하고 수익을 극대화 하는 것.

IT비즈니스 ··16
IT를 활용한 비즈니스.

IT서비스 ··128
정부 및 기업 고객을 대상으로 시스템 기획, 설계, 구축, 운영 등 IT와 관련된 일체의 서비스를 제공하는 산업.

IT839전략 ··114
국가의 새로운 성장동력으로 8가지의 서비스와 3가지의 인프라, 9가지의 제품개발 등 총 20가지의 전략적인 종목을 선정, 육성하겠다는 국가성장과 발전의 비전을 담은 정부의 미래핵심전략.

ITS(Intelligent Transport System) ····················107
지능형 교통시스템. 모든 도로와 자동차들이 네트워킹 되어 차간 거리나 속도를 조절할 수 있기 때문에 무인주행, 아주 근접한 상태에서 고속 주행 등이 가능.

IT SoC(IT System on Chip) ·····························138
하나의 칩(반도체) 안에 여러 시스템이 모두 들어있는 것을 의미.

LTV(Lifetime Value) ·································252, 262
고객의 생애가치. 고객이 기업과 평생 동안 관계를 맺고 거래를 하면서, 얼마나 많은 가치를 기업에 줄 것인가를 산정.

MRO(Maintenance, Repair, Operation) ··82, 185
원자재, 부품에서 일반소모품에 이르기까지 기업에 필요한 물품을 거래할 수 있는 마켓플레이스.

MRP(Material Resource Planning) ·················220
제품의 자재 소요량을 합리적으로 관리하고, 구매조달을 관리하기 위한 시스템.

OLAP(On-line Analytical Process) ·······260, 269
고객분석 툴. 사용자가 데이터에 직접 접근하여, 대화식으로 정보를 분석 하는 도구.

PG서비스(Payment Gateway Service) ··············60
온라인상에서 다양한 결제수단을 이용할 수 있도록 처리를 대신해주는 전자결제대행서비스.

POS(Point of Sales) ···286
판매한 시점 관리. 상품의 판매에 관한 데이터를 판매 시점에 컴퓨터로 처리하여 관리하는 시스템. 유통업체에 필수불가결한 일종의 정보시스템.

P to P(Person to Person, Peer to Peer) ·······93
인터넷에 접속하여 개인(Person, P)과 개인 간의 정보를 공유하는 유형을 말함.

PMP(Personal Multi-Media Player) ··················46
O/S를 내장하여 Computing 기능수행. 개인화 Digital Media 역할을 함.

QR(Quick Response) ··285
신속대응. 1984년 미국 의류제조업협회 주도로 의류제품 제조 및 판매과정의 시간을 단축하여, 고객 및 제품 서비스의 경쟁력을 강화하려는 방안으로 제시된 정보시스템.

RFID(Radio Frequency Identification)
···127, 137, 142
모든 사물에 전자칩을 부착하고, 무선통신 기술을 이용하여, 사물의 정보를 확인하고, 주변 상황정보를 감지하는 센서 기술을 말함.

RFP(Request Fer Proposal) ·····························231
제안요청서.

SCM(Supply Chain Management) ··········184, 280
공급망관리. 기업과 기업 간의 '협업시스템'이라고도 함. IT경영 솔루션의 일종.

SETI@home ··95
SETI는 'Search for Extraterrestrial Intelligence'의 약자.

SFA(Sales Force Automation) ··························272
영업업무자동화.

SWOT(Strength, Weakness, Opportunity, Threat)
···68
기업 내부 요인에서 강점, 약점을 분석하고, 외부환경적 요인에서 기회, 위기 요인을 도출하여 최적의 사업전략을 지원하는 기업환경 분석 매트릭스.

TDMA(Time Division Multiple Access) ··········153

시간분할다중접속 방식. 유럽식 이동통신 규격의 기술. 일정시간을 간격으로 동시에 하나의 채널을 여러 사용자가 쓸 수 있게 해주는 기술.

TFT(Task Force Team) ····························188, 205

임무수행을 위한 임시로 구성된 팀.

TPS(Triple Play Service) ·················121, 130, 159

방송, 통신, 인터넷 등을 융합하는 서비스.

u-센서 네트워크 USN(Ubiquitous Sensor Network) ···127, 131

각종 센터에서 감지한 정보를 수집할 수 있도록 구성된 무선 네트워크로서 사물 정보의 관리·연동을 위한 기본 인프라.

UCC(User Created Contents) ···········30, 87, 298

사용자들이 직접 제작한 콘텐츠. 개인들이 보관하고 있던 동영상을 서로 공유하여 폭발적으로 성장한 분야이기도 함.

u-Home 서비스(Ubiquitous Home 서비스) ······125

홈네트워크 서비스가 u-Home서비스로 명칭이 변경, 확대됨. 정보가정이 네트워크로 연결되어 기기·시간·장소에 구애 받지 않고, 다양한 서비스가 제공되는 미래 가정환경 제공 서비스.

u-IT839전략 ···115

국내외 IT환경 변화에 더욱 신속하고, 유연하게 대응(Speed & Soft)할 수 있도록 기존 IT839전략을 수정하여 2006년 2월에 새로 발표.

URC(Ubiquitous Robotic Companion) ·············137

언제 어디서나 이용자 요구에 부응하는 서비스를 지능적으로 제공하는 네트워크기반의 지능형 로봇 기술 및 기기.

VAN(Value Added Network) ····························286

부가가치통신망. 회선 사업자로부터 통신회선을 빌려 독자적인 망을 구축하고, 거기에 어떤 가치를 부가한 통신망.

W-CDMA(Wideband Code Division Multiple Access) ···118, 150

유럽방식인 비동기식의 3세대 이동통신 서비스 규격. SK텔레콤, KTF가 서비스 중.

참고 문헌

강한수, 《스피드경영의 5가지 비결》, 삼성경제연구소, 2006.5.

기업정보화지원센터, 《기업정보화 성공 가이드북 Volume1~3》, 정통부, 2004.

김남수 외, 《IMT-2000 CDMA 이동통신 공학》, 대영사, 2002.

김상범, 《경영의 영원한 화두, 스피드》, 삼성경제연구소, 2006.2.

김영렬 외, 《E-비즈니스 시대의 ERP AND SCM》, 대경, 2006.

김진우 외, 《인터넷비즈니스.COM》, 영진출판사, 1999.

류중경, 《ERP 및 e-ERP 구축방법》, 삼양미디어, 2003.

로리 윈드햄 저, 김영한 역, 《웹으로 성공하는 기업 망하는 기업》, 가야넷, 2000.

메리 J. 크로닌 외 저, 장은영 역, 《The Internet Strategy Handbook》, 세종서적, 2000.

무라야마 토오루 외 저, 권태경 외 역, 《CRM 고객관계관리》, 대청, 2000.

박광수, 《홈 네트워크로 안락한 생활 누린다》, 포커스, 2006.9.26.

박기윤, 《내 모든 것 '이'는 안다》, 포커스, 2006.3.10.

박형철, 《다차원으로 진화하는 온라인 맵》, AD TIMES, 2008.5.

박형철, 《인터넷 경제의 환경특성과 마케팅적 가치》, 전자상거래21, 2002.2.

백강녕, 《KT의 미래는 유비쿼터스》, 조선일보, 2004.8.31.

산업부IT팀, 《달려오는 유비쿼터스 시대》, 조선일보, 2004.8.3.

산업부IT팀, 《유비쿼터스, 컴퓨터 의식 못할 만큼 작아져 사물 속으로》, 조선일보, 2004.8.3.

스기우라츠카사 저, 황동언 역, 《IT경영 전략》, 이미지북, 2002.

스탠리 브라운 외, PWC컨설팅 역, 《세계 최고 기업들의 CRM전략》, 21세기북스, 2002.

안성협 외, 《e-Business 새롭게 배우기》, 대명, 2003.

유재복, 《e비즈니스 모델 특허》, 새로운 제안, 2000.

오라클솔루션연구회, 《e-비즈니스 시스템》, 교우사, 2001.

이경원, 《홈네트워킹 시장분석 및 발전 전망》, 정보통신정책연구원, 2004.4.

이광훈, 《차세대 성장동력으로서의 이동통신단말기 산업분석》, 정보통신정책연구원, 2004.4.

이국명, 《차세대 GPS 우리가 만든다》, 메트로, 2006.9.11.

이동훈, 《데이터마이닝으로 고객을 잡아라》, 삼성경제연구소, 2002.9.

이정호, 《세상을 바꿀 15가지 아이디어(1)》, 삼성경제연구소, 2006.2

이충열 외, 《디지털금융》, 도서출판 홍, 2000.

이해욱, 《풀어쓴 정보통신 기초지식》, 전자신문사, 2000.

이형국, 《전파와 CDMA란 무엇인가?》, 포인트, 2000.
이홍주 외, 《유비쿼터스 혁명》, 이코북, 2004.
이화직, 《CRM 이론과 사례》, 한국능률협회, 2000.
이희성, 《본격화 앞둔 '홈 네트워크'》, 중앙일보, 2004.7.30.
전경련 산업조사실, 《사례로 배우는 e비즈니스 II~IV》, 전국경제인연합회, 2006.
정통부 정책실, 《IT839전략》, 정보통신부, 2006.4.
차원용 외, 《디지털비즈니스 게임》, 청아출판사, 2001.
척 마틴 저, PWC E-BUSINESS PRACTICE 역, 《E-비즈니스.com》, 21세기북스, 1999.
최병삼, 《단순함에 몰입하라! 애플》, 삼성경제연구소, 2006.8.
최정환 외, 《죽은 CRM 살아있는 CRM》, 한언, 2001.
톰 머피 저, 임세윤 역, 《웹 법칙(인터넷과 고객관계혁명)》, 물푸레, 2000.
한국소프트웨어산업협회, 《KM & EDMS 편람》, 2001.
한국오라클 웹사이트, 《솔루션 도입사례》, 한국오라클, 2008.
홍명희 외, 《디지털 시대를 선도하는 컴퓨터의 이해》, 좋은소프트, 2003.
Afuah 외, 《Internet Business Models and Strategies》, McGraw-Hill, 2001.
Bligh, Philip 외, 《CRM Unplugged》, John Wiley&Sons Inc, 2004.
Commercenet Articles, 《www.commerce.net》, commercenet, 2008.
Douglas E. Comer, 《Computer Networks and Internets》, Prentice Hall, 1999.
Erik Banks, 《e-Finance》, Wiely, New York, 2001.
Fred A. Kuglin, 《Customer Centered Supply Chain Management》, Amacom, 1998
John Hagel III 외, 《Net Worth》, Harvard Business School Press, 1999.
Kotler, Philip, 《Principles of Marketing》, Prentice Hall, 2005.
Martin Christopher, 《Logistics and Supply Chain Management》, Pearson PTR, 2005.
Mint 저, 차영주 외 역, 《차세대 IT 비즈니스 컨설턴트 길라잡이》, 진한도서, 2003.
Naver 백과사전, 《http://opendic.naver.com》, NHN, 2008.
Peter S. Cohen, 《e-Profit》, Amacom, 2000.
Tapscott Don 외, 《Digital Capital》, Perseus Distribution Services, 2001.
The McKinsey Quarterly Articles, 《www.mckinseyquarterly.com》, 2008.
Westland J. Christopher 외, 《Global Electronic Commerce》, Mit Pr, 2000.